教育部高校示范马克思主义学院和优秀教学科研团队建设项目"法安天下、德润人心——法治和德治关系的理论与实践研究"（16JDSZK076）成果

法治与德治

关系研究

罗文

、编著

厦门大学出版社
XIAMEN UNIVERSITY PRESS

国家一级出版社
全国百佳图书出版单位

图书在版编目（CIP）数据

法治与德治关系研究 / 罗文编著. -- 厦门：厦门
大学出版社，2022.6
ISBN 978-7-5615-8620-4

Ⅰ．①法… Ⅱ．①罗… Ⅲ．①社会主义法治－研究－
中国②社会公德教育－研究－中国 Ⅳ．①D920.0
②D648.3

中国版本图书馆CIP数据核字(2022)第098039号

出 版 人	郑文礼
责任编辑	高　健

出版发行	厦门大学出版社
社　　址	厦门市软件园二期望海路 39 号
邮政编码	361008
总　　机	0592-2181111　0592-2181406(传真)
营销中心	0592-2184458　0592-2181365
网　　址	http://www.xmupress.com
邮　　箱	xmup@xmupress.com
印　　刷	厦门市竞成印刷有限公司

开本	720 mm×1 000 mm　1/16
印张	13.25
插页	1
字数	231 千字
版次	2022 年 6 月第 1 版
印次	2022 年 6 月第 1 次印刷
定价	66.00 元

本书如有印装质量问题请直接寄承印厂调换

厦门大学出版社
微信二维码

厦门大学出版社
微博二维码

目　录

绪　论

法律和道德、法治与德治是人类智慧的结晶,堪称人类的伟大发明。科学技术的发现和发明使人类学会了驾驭自然,而法律和道德、法治与德治的发明,则使人类学会了驾驭自身。法律和道德是人类社会活动遵循的基本规范,法治与德治是人类进行国家和社会治理的两种基本方式。如何正确对待法律和道德的关系、法治与德治的关系？法治与德治两种治理方式怎样才能相融合形成最佳的治理合力？这是国家和社会治理体系、治理能力现代化进程中需要深入研究与探索的重要课题。

一、法治与德治是人类治理国家和社会的智慧结晶

法治和德治都是人类社会发展到一定历史阶段的产物和文明标志,凝结着人类治理国家、治理社会的智慧。法治和德治有着共同目的,都是实现善治,进而实现天下大治的社会理想。

法治,是一种治国的方略、社会治理的基本方式。强调法律是国家和社会治理依据的基本规范,并且法律在社会生活中拥有最高的地位和权威,依靠法律调整和规范社会关系,定分止争,从而维护社会的稳定和国家的长治久安。

德治,也是一种治国的方略、社会治理的重要方式。强调通过发挥道德的教化作用,以其说服力和劝导力提高社会成员的思想道德觉悟,用道德调节社会关系,以道德引导和约束社会成员的行为,从而维护社会的和谐和国家的安定。

一般而言,德治就是以德治国,法治就是依法治国。但是,“德治”这个词主要表达的是一种状态,包括过程和结果,“以德治国”主要表达的是一种过程,即通过“以德治国”达到“德治”的状态;同理,“法治”这个词主要表达的也是一种状态,包括过程和结果,“依法治国”主要表达的是一种过程,即通过“依法治国”达到“法治”的状态。

党的十九大报告把十八大以来党的理论创新成果概括为习近平新时代中国特色社会主义思想,党的十九大通过的党章修正案把习近平新时代中国特色社会主义思想确立为我们党的行动指南。"新时代"一词是党的十九大报告中的高频词,出现了 37 次。与此同时,我们发现,"法治"和"依法治国"也是党的十九大报告中出现的高频词。"法治"一词在报告里先后出现了 33 次,"依法治国"一词出现了 19 次。这从一个侧面说明"法律是治国之重器,法治是国家治理体系和治理能力的重要依托"①,反映了全面加强法治建设已经成为一种新常态。

党的十九大报告指出:"中国特色社会主义进入新时代,我国社会主要矛盾已经转化为人民日益增长的美好生活需要和不平衡不充分的发展之间的矛盾。"这揭示了新时代全面依法治国、建设法治中国的基本社会条件。深入分析社会主要矛盾新变化在法治领域中的具体表现,就会发现法治领域的基本矛盾表现为人民群众日益增长的法治需求与不平衡不充分的法治发展之间的矛盾。

目前,我国正处于历史上一个非常重要的社会转型期,国家治理和社会治理更加需要强调法治与德治相结合,形成德法兼治的合力,加大治理的力度,以有效应对社会主要矛盾发生变化的大环境。"国无常强,无常弱。奉法者强则国强,奉法者弱则国弱。"习近平总书记指出:"历史是最好的老师。经验和教训使我们党深刻认识到,法治是治国理政不可或缺的重要手段。法治兴则国家兴,法治衰则国家乱。什么时候重视法治、法治昌明,什么时候就国泰民安;什么时候忽视法治、法治松弛,什么时候就国乱民怨。"②

因此,"我们必须把依法治国摆在更加突出的位置,把党和国家工作纳入法治化轨道,坚持在法治轨道上统筹社会力量、平衡社会利益、调节社会关系、规范社会行为,依靠法治解决各种社会矛盾和问题,确保我国社会在深刻变革中既生机勃勃又井然有序"。③

在国家和社会的治理体系中,法治与德治都发挥着极其重要的作用。

---

① 中共中央宣传部.习近平新时代中国特色社会主义思想三十讲[M].北京:学习出版社,2018:183.

② 中共中央文献研究室.习近平关于全面依法治国论述摘编[M].北京:中央文献出版社,2015:8.

③ 中共中央文献研究室.习近平关于全面依法治国论述摘编[M].北京:中央文献出版社,2015:11.

法律和道德都是规范人们行为的基本手段,但二者各有不同的特点和作用,两者相辅相成,都不可或缺,又不可相互替代。法治主要靠国家机器的强制力和权威起作用,德治主要靠人们内心信念和社会舆论起作用。二者殊途同归,目的都是调节社会关系、维持社会秩序、保护人的正当权益。法律是对人们行为的硬约束,而道德是对人们行为的软约束。事实上再完善的法律也不可能做到十全十美,疏漏之处就需要用道德来弥补。道德是一种特殊的社会意识形态,虽然表面上不具有法律那样的强制性,但它在实际中却做了法律的助手,起着法律所不能起到的作用。而道德的许多内容,尤其是要求人人遵守的基础性的道德又需要借助法律加以制度化、规范化,从而保障基本道德规范能够发挥应有的作用。因此,加强法治建设有利于促进道德建设,而加强道德建设,也有利于引导人们将对法律的认识内化为自觉意识和外化为自觉行动。

古代中国崇尚"德治",在历史上流传着许多领导者以德治国的佳话。在经济快速腾飞的当下,在构建法治社会的同时,一方面法律日益成为衡量人们行为的一把标尺,另一方面道德也面临滑坡的危险。因此,在强调依法治国的同时,德治也不可忽视,必须法治建设和道德建设两手抓、两手都要硬。

党的十九大报告中提出了新目标,在实现"第一个百年"奋斗目标的基础上,向"第二个百年"奋斗目标进军,这个过程规划为两个阶段。第一个阶段,从2020年到2035年,在全面建成小康社会的基础上,再奋斗15年,基本实现社会主义现代化。法治国家、法治政府、法治社会基本建成,各方面制度更加完善,国家治理体系和治理能力现代化基本实现。第二个阶段,从2035年到21世纪中叶,在基本实现现代化的基础上,再奋斗15年,把我国建成富强民主文明和谐美丽的社会主义现代化强国,实现国家治理体系和治理能力现代化。

全面依法治国是"四个全面"战略布局的重要组成部分,全面依法治国方略的形成发展同推进国家治理体系、治理能力现代化相适应。2019年10月31日,党的十九届四中全会通过了《中共中央关于坚持和完善中国特色社会主义制度　推进国家治理体系和治理能力现代化若干重大问题的决定》,提出:"坚持依法治国和以德治国相结合,完善弘扬社会主义核心价值观的法律政策体系,把社会主义核心价值观要求融入法治建设和社会治理。"

新时代也是我国日益走近世界舞台中央、不断为人类做出更大贡献的时代。中国特色社会主义法治道路、依法治国和以德治国相互融通的国家治理智慧，是我们为解决人类社会治理问题贡献的中国智慧、中国方案之一。

2020年2月5日，习近平总书记主持召开中央全面依法治国委员会第三次会议，再次强调："要坚持依法治国和以德治国相结合，把社会主义核心价值观融入法治建设，努力形成良好的社会风尚和社会秩序。"[①] 全面推进依法治国，是解决党和国家事业发展面临的一系列重大问题，解放和增强社会活力、促进社会公平正义、维护社会和谐稳定、确保党和国家长治久安的根本要求。[②] 因此，依法治国是中国特色社会主义建设中涉及国家和社会治理现代化的重大理论与现实问题，事关党执政兴国、人民幸福安康、国家长治久安。

当代中国已经进入了全面依法治国的新时代，走中国特色社会主义法治道路，坚持法治和德治相结合，是当代中国发展进步的重要保证，是全面建成小康社会、加快推进社会主义现代化建设、实现中华民族伟大复兴的必然选择。

二、国家和社会治理体系、治理能力现代化需要德法兼治

要提升国家和社会的治理水平，必须掌握治理规律，善用先进理念、专业方法、精准举措增强治理的效能。治理现代化的新目标，赋予了法治与德治关系新的时代气息。依法治国和以德治国相结合，是在我国改革开放和现代化建设实践的基础上，对建设中国特色社会主义规律性的再认识。德法兼治，依法治国和以德治国紧密结合，共同构成一个系统完备的治国方略。

2014年10月，党的十八届四中全会召开，这是中国共产党历史上首次专门召开研究法治建设的中央全会。会议通过了《中共中央关于全面推进依法治国若干重大问题的决定》，明确提出"全面推进依法治国，总目标是建设中国特色社会主义法治体系，建设社会主义法治国家"。《中共中央关于

---

① 习近平主持召开中央全面依法治国委员会第三次会议强调 全面提高依法防控依法治理能力 为疫情防控提供有力法治保障[N].人民日报，2020-02-06(01).
② 中共中央宣传部.习近平新时代中国特色社会主义思想学习纲要[M].北京:学习出版社，人民出版社，2019:97.

全面推进依法治国若干重大问题的决定》中指出,实现这个总目标,必须坚持五大原则,其中之一就是"坚持依法治国和以德治国相结合"原则。2017年10月,党的十九大召开,党的十九大报告中重申"坚持依法治国和以德治国相结合"。

为何要重视法治和德治的关系?因为这是国家和社会治理过程中必须面对的一个十分重要的理论与现实问题。为什么必须坚持依法治国和以德治国相结合?因为法治与德治相辅相成,不是对立而是互补关系。坚持依法治国和以德治国相结合,对于实现国家和社会治理体系、治理能力现代化意义重大,是全面推进依法治国进程中需要解决好的一个重大原则问题。

对此问题,习近平总书记十分关注,发表了一系列重要论述。社会各界高度关注,有关法治与德治关系的讨论和研究成了热点之一。

2013年2月23日,十八届中央政治局第四次集体学习时,习近平总书记就说:"要坚持依法治国和以德治国相结合,把法治建设和道德建设紧密结合起来,把他律和自律紧密结合起来,做到法治和德治相辅相成、相互促进。"①

2014年10月23日,习近平总书记在党的十八届四中全会第二次全体会议上讲话时强调:"治理国家、治理社会必须一手抓法治、一手抓德治,既重视发挥法律的规范作用,又重视发挥道德的教化作用,实现法律和道德相辅相成、法治和德治相得益彰。"②

2016年12月9日,十八届中央政治局举行第三十七次集体学习,就我国历史上的法治和德治进行专门研讨,习近平总书记发表了重要讲话,明确指出:"法律是准绳,任何时候都必须遵循;道德是基石,任何时候都不可忽视。在新的历史条件下,我们要把依法治国基本方略、依法执政基本方式落实好,把法治中国建设好,必须坚持依法治国和以德治国相结合,使法治和德治在国家治理中相互补充、相互促进、相得益彰,推进国家治理体系和治理能力现代化。"习近平总书记还指出:"法律是成文的道德,道德是内心的法律。法律和道德都具有规范社会行为、调节社会关系、维护社会秩序的作用,在国家治理中都有其地位和功能。法安天下,德润人心。法律有效实施

---

① 习近平:坚持依法治国和以德治国结合[EB/OL].[2021-11-30].https://www.guancha.cn/politics/2013_02_25_128137.shtml.

② 习近平谈坚持依法治国和以德治国相结合[EB/OL].[2021-11-30].http://www.qstheory.cn/2019-09/12/c_1124992853.htm.

有赖于道德支持,道德践行也离不开法律约束。法治和德治不可分离、不可偏废,国家治理需要法律和道德协同发力。"①

2017年5月3日,习近平总书记在中国政法大学考察时说:"中国特色社会主义法治道路的一个鲜明特点,就是坚持依法治国和以德治国相结合,强调法治和德治两手抓、两手都要硬。法学教育要坚持立德树人,不仅要提高学生的法学知识水平,而且要培养学生的思想道德素养。"②

2018年8月24日,习近平总书记在中央全面依法治国委员会第一次会议上发表重要讲话,再次强调:"要坚持依法治国和以德治国相结合,实现法治和德治相辅相成、相得益彰。"③

这些重要论述,全面深刻阐述了法律和道德的辩证关系,明确指出了国家和社会治理需要法治和德治共同发挥作用——德法兼治。在国家治理和社会治理中,既要重视发挥法律的规范作用,规范社会成员的行为,维护社会秩序,又要重视发挥道德的教化作用,提高社会成员的思想道德觉悟,调节社会关系。法治和德治都有其独特的地位和功能,就像车之两轮、鸟之双翼,不可偏废。

法律与道德,法治与德治都是社会上层建筑的重要组成部分,都是规范人们行为的重要手段。以德治国与依法治国本质上是一致的,但属于不同范畴,法治属于政治建设、属于政治文明;德治属于思想建设、属于精神文明。以德治国为依法治国奠定了思想基础和价值目标,依法治国则为以德治国提供了法律依据和制度保障。德治着力于通过提高人们内心道德觉悟来端正人的文明行为;法治则着力于通过约束人的外部行为规制人的文明行为。构建一个以法治为基本依托的国家治理体系,是深入推进国家治理体系和治理能力现代化、加快建设法治中国的内在需要。法治和德治都有其独特地位和功能,同时又是相辅相成、相互促进的,应始终注意把依法治国与以德治国紧密结合起来,形成合力,才能发挥更大的治理效能。

德治的实现需要法治的规范、支持,需要以法治体现道德理念、强化法

---

① 习近平在中共中央政治局第三十七次集体学习时强调坚持依法治国和以德治国相结合,推进国家治理体系和治理能力现代化[N].人民日报,2016-12-11.

② 习近平在中国政法大学考察时强调,立德树人德法兼修抓好法治人才培养,励志勤学刻苦磨炼促进青年成长进步[N].人民日报,2017-05-04.

③ 习近平.加强党对全面依法治国的领导[J].求是,2019(04).

律对道德建设的促进作用,法治本身也是社会主义核心价值观的重要内容,社会主义法治是建立、维护、实行社会主义道德的重要保障。全面推进依法治国的同时也要坚持不懈地加强社会主义道德建设,以社会主义思想道德来规范全体社会成员的行为,提高整个民族的道德水平。

可以说,坚持依法治国和以德治国相结合,是对历史经验深刻总结的结果,是发展社会主义市场经济的必然要求,是着眼于建设社会主义政治文明、精神文明的现实需要,是维护社会秩序稳定、构建和谐社会的重要保障,是国家和社会治理体系与治理能力现代化的具体体现,是依据我国国情探索具有中国特色的国家与社会治理方式的理性选择。

"法安天下、德润人心"日益被广泛认同,逐渐成为共识。法治中国建设应全面加强法治与德治的有机结合,着力从立法、制度建设和实施、监督等具体层面进一步予以强化,不断提高国家治理体系和治理能力现代化水平,夯实国家治理的制度基础和思想道德基础。纵观世界大势,唯有德法兼治,依法安天下则天下安,以德治天下则天下治。法治与德治二者结合方能取长补短,发挥标本兼治的最佳治理效果。

三、法治教育和道德教育是实现德法兼治的基础工程

党的十九大报告指出,要"坚持依法治国和以德治国相结合","提高全民族法治素养和道德素质","加大全民普法力度,建设社会主义法治文化"。那么如何才能使社会主义核心价值观和对法治的信仰成为全体人民的共同追求和自觉行动,提高全民的法治素养和道德素质?

依法治国,作为一种科学的、先进的治国方略与法律文化,是国家进步、社会文明的重要标志。需要通过全民、全社会的普法教育,提高大家的法律意识,树立正确的法治观念,营造有利于依法治国的法律文化氛围。法治观念的培育是建设社会主义法治的重要思想文化基础,它不是法治化过程结束后的副产品,而是实现法治化的基础条件。实现法治不仅表现为合理制度的确立,而且在深层次上表现为一个民族的价值选择、思维模式、行为方式等方面的深刻转变。唯有全社会绝大多数成员对于法律从内心的信仰与外在的行为一致时,这个社会才是真正建成为法治社会。

服从法律,不是对他人意志的服从,而是对法律本身的服从。美国法学家伯尔曼曾说过一句非常经典的话:"法律必须被信仰,否则它将形同虚设。"也就是说,尽管法治并不能完全保证公平正义的实现,现存法律也并非

绝对完美,还有不少瑕疵,亟待修订完善,但无论如何,你都必须坚持"信仰法律",不能对"法律至上"产生丝毫动摇。这种信仰法律的文化,恰恰是偏重实用主义的中国传统意识所缺乏的,也就导致中国现实社会中人们对法律的看法,更多是从实用主义角度出发。当法治的作用没有发挥出来的时候,人们对法治持怀疑的态度,但法治要充分发挥出作用,又需要人们相信法治、信仰法治、贯彻法治,这两者之间出现了悖论。

法国思想家卢梭说:"一切法律之中最重要的法律,既不是铭刻在大理石上,也不是铭刻在铜表上,而是铭刻在公民的内心里。"①法治原则、社会主义核心价值观都已经写入我国的宪法,但还必须烙印在观念里、落实到实践中,如此法治与德治相结合的善治才能真正从理想化为现实。正如习近平总书记指出的:"只有内心尊崇法治,才能行为遵守法律。只有铭刻在人们心中的法治,才是真正牢不可破的法治。"②因此,对全社会尤其是广大青少年学生开展法治教育和道德教育与国家未来发展息息相关,是实现德法兼治的基础工程。

"道德与法治""思想政治"等课程是当前我国中小学开展法治教育和道德教育的主要依托课程,高校开展法治教育、道德教育的主渠道、主阵地则是高校思想政治理论课中的"思想道德与法治"等课程。这些课程教育和引导广大学生树立正确的道德观和法治观,帮助广大学生逐步形成高尚的道德情操,增强社会主义法治观念,提高思想道德素质和法治素养。

法治教育,以了解和掌握法律基础知识为基本内容,以培育社会主义法治观为核心,以提高学生的法治素养为目标。法治教育引导广大学生把法律意识、法治观念镌刻到头脑里、熔铸在行动中,让"办事依法、遇事找法、解决问题用法、化解矛盾靠法"③成为一种自觉。

法律的权威源自人民的内心拥护和真诚信仰。而要树立法治信仰,需要弘扬法治精神,建设社会主义法治文化,增强全社会厉行法治的积极性和主动性,形成守法光荣、违法可耻的社会氛围。全社会认同法律、依靠法律、信仰法律,法律在社会中才能具有极大的权威,这是法治社会的基本特征。

---

① 卢梭.社会契约论[M].何兆武,译.北京:商务印书馆,2003:73.

② 中共中央文献研究室.习近平关于全面依法治国论述摘编[M].北京:中央文献出版社,2015:121.

③ 中共中央文献研究室.习近平关于全面依法治国论述摘编[M].北京:中央文献出版社,2015:109.

要实行依法治国,建设社会主义法治国家,就必须在全民族观念上实现更新,全面树立起对法治的信仰。

因此,建设社会主义法治国家,需要铸就全民对法治的信仰,培育具有较高法治素养的公民。必须在全社会深入开展普法宣传教育,让"尊法学法守法用法"的精神充分涌流,使全体人民成为法治的"忠实崇尚者、自觉遵守者、坚定捍卫者"。

党的十九大报告指出"全面依法治国是国家治理的一场深刻革命"。中国的法治建设历经曲折并在改革开放的进程中蓬勃发展起来,与改革的逻辑、进路是相一致的。依法治国方略是随着改革开放的全面深入而逐步被提出、确立和全面推行的,当代中国法治体系的建设发展更多地体现出变革的取向。

历史和现实都告诉我们,一场深刻的社会革命,通常需要一个较长的历史过程。中国特色社会主义法治事业需要一代又一代有志青年勇敢地、自觉地担当起继往开来的建设法治中国的历史重任。大学生作为我国社会主义事业的建设者和接班人,树立正确的社会主义法治观念和坚定的社会主义法治信念,不仅对其自身成长具有重要意义,而且对推进社会主义现代化建设,把我国建设成为社会主义法治国家具有深远的影响。

历史证明,只有社会主义才能救中国,只有中国特色社会主义才能发展中国。走中国特色社会主义道路,是历史的结论、人民的选择。中国既不能走改旗易帜的邪路,也不能走封闭僵化的老路,走中国特色社会主义道路是唯一正确的道路。而中国特色社会主义法治道路,就是中国特色社会主义道路在法治领域的体现。

习近平总书记指出:"独特的文化传统,独特的历史命运,独特的基本国情,注定了我们必然要走适合自己特点的发展道路。"①道路问题最具根本性,我们必须坚定不移走中国特色社会主义法治道路。正如毛主席所说,"世界是你们的,也是我们的,但是归根结底是你们的。你们青年人朝气蓬勃,正在兴旺时期,好像早晨八九点钟的太阳。希望寄托在你们身上。"法治中国的希望也寄托在青年人的身上。因此必需教育和引导青年一代坚定法治信仰,坚持走中国特色社会主义法治道路,这是新时代思想政治教育题中

①　中共中央宣传部.习近平新时代中国特色社会主义思想学习纲要[M].北京:学习出版社,人民出版社,2019:138.

的应有之义。

2014年10月23日,在党的十八届四中全会第二次全体会议上,习近平总书记指出:"全面推进依法治国,是着眼于实现中华民族伟大复兴中国梦、实现党和国家长治久安的长远考虑。"①习近平总书记在党的十九大报告中提出:"中国梦是历史的、现实的,也是未来的;是我们这一代的,更是青年一代的。中华民族伟大复兴的中国梦终将在一代代青年的接力奋斗中变为现实。全党要关心和爱护青年,为他们实现人生出彩搭建舞台。广大青年要坚定理想信念,志存高远,脚踏实地,勇做时代的弄潮儿,在实现中国梦的生动实践中放飞青春梦想,在为人民利益的不懈奋斗中书写人生华章!"青年兴则国家兴,青年强则国家强。青年一代有理想、有本领、有担当,国家就有力量,民族就有希望,法治梦就一定能实现。

法治梦是中国梦在法治领域的具体体现,实现民族复兴伟业的中国梦包含了实现法治梦在内。在这一追梦过程中,应当重视和加强兼具普法和思想政治教育功能的法治教育。这对于推动全社会弘扬法治精神,培养青少年学生树立社会主义核心价值观之法治观,成长为能够担当民族复兴大任的"时代新人"意义重大。

规制社会关系,仅仅依靠法律和法治宣传教育是不够的,它至多能使人们的行为不超出法律的规定范围。只有同时加强道德教育,用道德的自律性去引导人们自觉维护和执行法律,才能提高法治的效能并降低法治实施的阻力与成本,产生更佳的治理效果。从这个意义上说,法律和道德、法治教育和道德教育是相辅相成,相互促进,不可偏废的。一方面,法治建设需要借助于精神文明建设的推动;另一方面,法治教育本身又是社会主义精神文明建设中的重要内容之一。

道德、法律除了是中小学"道德与法治""思想政治"教学的重要内容,也是高校思想政治理论课特别是"思想道德与法治"教学的主要内容,其中必然涉及法治、德治及其关系的问题。

如何引导学生正确理解以德治国与依法治国的关系,厘清一些模糊甚至错误的认识,这就需要我们对此问题有比较深入的研究,并针对大学生思想认识中存在的问题进行答疑解惑,这样才能更好地开展相关教学,有效帮

---

① 中共中央文献研究室.习近平关于全面依法治国论述摘编[M].北京:中央文献出版社,2015:11.

助大学生正确理解这一问题。

对法治（依法治国）与德治（以德治国）关系问题的研究，已有从哲学、伦理学、法学、政治学、社会学等多学科角度开展研究，但还需要加强从思想政治教育学的角度出发，以思政课教育教学的需要为视角进一步开展研究。特别是教材中包含阐述依法治国与以德治国关系问题，需要我们加强这方面的研究，针对大学生对此问题的认知状况，以研究支撑教学，才能在教学中更好地解答法治与德治关系这一重大的理论与现实问题。

当代青少年学生的人生观、价值观的主流是积极向上的，但在法治素养和道德素质的具体方面仍还有不少的问题和缺失。因此，充分认识道德教育、法治教育在广大学生思想教育中的地位与作用，积极采取有效的教育形式，帮助青少年学生树立正确的道德观和法治观，是思想政治教育中不容忽视的问题。当代青少年学生的法治素养和道德素质如何，直接关系到未来中国的面貌，关系到我国社会主义现代化战略目标能否实现。我们应当站在历史的高度，充分认识法治教育和道德教育的长期重要性。

教育的根本是立德树人，时代新人的基本素质构成理应包括道德素质和法治素养。时代新人应当既是道德方面的"好人"又是法治方面的"好公民"。法治教育和道德教育都是思想政治教育的重要组成部分，彼此之间相互渗透、互为支撑。道德教育要注重培养广大学生与现代法治精神取向一致的道德观，让尊崇法治成为广大学生的道德追求，培养对法治的信仰；同时，法治教育中也要融入道德教育的内容，深化对社会主义核心价值观的学习践行。只有把道德教育与法治教育有机结合起来，统筹推进，才能实现新时代培育"时代新人"的目标。

新时代必须持续加强对在校学生的法治教育与道德教育，着力改善和提高法治教育和道德教育的教学质量。这不仅是贯彻依法治国和以德治国相结合理念的重要举措，夯实德法兼治的社会基础，而且有助于广大青少年学生成长为有理想、有本领、有担当的时代新人。

第一章　法治的理论与实践

央视政论片《法治中国》第一集"奉法者强"开篇如是说:"法治,就是用法律的准绳去衡量、规范、引导社会生活。""一个现代国家,必须是一个法治国家;国家要走向现代化,必须走向法治化。"坚持和完善法治对于实现中国的第五个现代化——国家和社会治理体系、治理能力现代化意义重大。可以说,走中国特色社会主义法治道路是中国现代化发展的必由之路。

第一节　法治含义辨析

一、法治的内涵

对于"法治是什么"这一问题,一般认为,法治是一种治国的方略、社会治理的基本方式。法治,英文 rule of law,意即"法的统治",强调的是法律作为一种社会治理规范并且在社会生活中拥有最高的地位和权威。在法治社会中,任何人都必须遵守法律,包括法律的制定者和执行者本身,没有任何人或社会组织可以凌驾在法律之上。

法治是一种治理国家和社会的理论、观念、原则与方法,是现代社会治理国家的价值观和方法论,是以民主为前提和基础,以严格依法办事为特征,以制约公权力为关键的法律治理体系。

法治的基本目标:一是实现对国家和社会的有效治理,建立稳定和谐的社会秩序,实现国家长治久安;二是定分止争,解决社会矛盾与纠纷,维护社会公平正义;三是良法善治,致力于保障和提高人民的福祉,促进国家和社会文明进步。

法治有明确性、可预期性、稳定性的特点。第一,法治具有明确性。法律的规定通过成文法或者判例的形式表现出来,其条文或者内容具有明确性,使人们清晰地知晓自己行为的后果,实现社会运作的规范和有序。第二,法治具有可预期性。在法治社会,法律一经公布,成为人们确定的行为规则,每个人都可以按照法律的规定去从事各种行为,而不必担心出现难以预见的后果。如此就可以为人们的行为提供长久的预期,使市场交易得以有序进行,能够减少社会交往中的成本,提高整个社会的效率,人们可以安居乐业。第三,法治具有稳定性。法治社会形成完整的秩序,这种秩序是通过法律确立起来的,受法律强制力的保障,具有长久的稳定性,其变动必须经过法律上的立改废释等活动才可以产生,所以具有程序上的严谨性,不因个人的变动而变更。以上几个特性都是法治的优势,有助于建立和维护安定有序的社会秩序,促进社会公平正义、增进人民福祉,保障人权,构建和谐社会。

通常认为法治的关键在于"法律至上"。那么"法律至上"的内涵又是什么?笔者认为,古罗马的西塞罗在其著作《法律篇》中的名言"人民的福祉是最高的法律"给出了最佳的诠释。

法律至上最根本的应该是体现和维护人民利益至上。在 2012 年十八届中央政治局常委与中外记者见面会上,习近平总书记一番情真意切的讲话,给世界留下了深刻印象,"人民对美好生活的向往,就是我们的奋斗目标"①深深打动了亿万国人的心。这既是对全党同志的谆谆告诫,也是对全体人民的郑重承诺。因此,在党的领导下制定法律,实行社会主义法治的根本目的,就是满足人民日益增长的美好生活需要,就是促进和保障人民幸福生活的实现。习近平总书记指出:"我们要依法保障全体公民享有广泛的权利,保障公民的人身权、财产权、基本政治权利等各项权利不受侵犯,保证公民的经济、文化、社会等各方面权利得到落实,努力维护最广大人民根本利益,保障人民群众对美好生活的向往和追求。"②

中国特色社会主义法治建设的根本目的是保障人民权益。③意味着法治就是要实现好、维护好、发展好最广大人民群众的根本利益,并以增进人民福祉、促进人的全面发展为最根本目的。《中共中央关于全面推进依法治国若干重大问题的决定》中指出,"人民是依法治国的主体和力量源泉……

---

① 人民对美好生活的向往就是我们的奋斗目标[N].人民日报,2012-11-16.
② 习近平.习近平谈治国理政:第 1 卷[M].2 版.北京:外文出版社,2018:141.
③ 中华人民共和国民法典[M].北京:法律出版社,2020:250.

必须坚持法治建设为了人民、依靠人民、造福人民、保护人民,以保障人民根本权益为出发点和落脚点"。

在中国特色社会主义发展进入新时代后,人民群众的物质文化生活得到了极大的改善,同时对民主法治、公平正义的需求也更加强烈,法治本身也成为人民群众对美好生活方式的一种追求,幸福安康的生活需要人人都有安全感、尊严感、公正感。在法治社会,法律面前人人平等,个人的正当诉求均能得到有效表达,个人的正当权利均能得到法律的保护。

荀子曰:"法者,治之端也。"法治中国成熟的标志主要体现在:具有完备的法律体系、健全的民主制度和监督制度、严格公正的行政执法制度和司法制度,执政党依法执政、政府依法行政,拥有高素质的执法、司法人员和律师群体,全民具有较高的法律意识。这些都是法治中国建设所追求的目标。

法治是科学的、先进的治国方略,是国家进步、社会文明的重要标志,是发展社会主义民主政治、建设社会主义政治文明、完善中国特色社会主义的客观需要和必然选择。我们必须高度重视法治、厉行法治,充分发挥法治固根本、稳预期、利长远的保障作用。

二、法治之"法"

古希腊学者亚里士多德在其《政治学》一书中指出:"法治应包含两重含义:已成立的法律获得普遍的服从,而大家所服从的法律又应该本身是制定得良好的法律。"①亚里士多德主张法治中的法律要得到普遍的遵守,且必须是"制定得良好"的法律,提出了法治之"法"应为"良法"的观点。

2014年,在中国共产党第十八届中央委员会第四次全体会议上,习近平总书记强调"法律是治国之重器,良法是善治之前提"。2017年,党的十九大报告在立法方面,除了继续要求推进科学立法、民主立法,首次提出"依法立法,以良法促进发展、保障善治",对立法的要求更加全面和准确,并提示了良法与善治之间的关系。

法治由良法和善治构成。良法才能实现善治,良法加善治才是真正意义上的法治。法治的价值追求目标"良、善"均体现了道德伦理的价值观,道德伦理价值观是法治正义的来源。法治对良法的追求,揭示了法律的内在价值与道德伦理价值观的吻合。道德对法律而言是一种内在的支配力量,

---

① 亚里士多德.政治学[M].吴寿彭,译.北京:商务印书馆,1981:199.

赋予法治以价值的合理性、正当性。当我们用良法来形容依法治国下的法律规范时，实际上是用了一个道德伦理价值观的形容词来确定法律的特征。从法律产生和发展的历史来看，法律源于风俗习惯和道德，不论是中国还是西方，法律都反映了一定的伦理价值取向和道德要求。

法治要求要依法治理，但这里所说的"法"，应当是体现人民意志和利益的法律。民之所欲，法之所系，判断一部法律究竟是不是良法，关键要看它在多大程度上体现了人民的意志、增进了人民的福祉。是否真正实现了良法善治应当以人民的评判为标准。正如习近平总书记所指出的，时代是出卷人，人民是阅卷人。人民才是检验和评判法治建设成效的主体。法治是不是真正反映中国的国情，是不是真正代表人民的意愿，是不是真正反映人民的意志，就要看法治建设的成果能否真正给人民带来安全感、幸福感、获得感。

良法的对立面是恶法，那么"恶法亦法"还是"恶法非法"？

"恶法非法"与"恶法亦法"之争的开端是苏格拉底之死。公元前339年，苏格拉底被雅典法庭判处死刑，罪名是"腐蚀和误导许多青年人"。在执行死刑前，他的朋友假借狱中探望的名义，悄悄告诉苏格拉底可以帮助他从监狱里逃走，苏格拉底没有必要去遵守这样一个荒诞的不公正的法律判决。但是苏格拉底却严词拒绝：人难道没有遵守任何一部法律的义务？已经做出的判决可以被个人无视和废除吗？最终，这位伟大的哲人从容赴死，用生命诠释了守法即正义的命题。在苏格拉底的眼中，守法比法律的公正性更为重要，即使判决不公也必须服从法律的判决。一个人若是不服从法律的判决就相当于亲手撕毁了这个人与国家订立的契约，毁约既是违法也是不道德的表现。

一般而言，恶法的恶，指不符合大多数人的利益，不符合大多数人的意志，不符合大多数人内心的道德。然而，我们的价值观是多元化的，没有一个绝对完全统一的标准。那么所谓的恶法在不同的解读下，就会有不同的认定。比如，为什么有的国家会规定堕胎违法呢？就是因为他们认为人的生命是从胎儿状态时便开始了，堕胎等于杀人。有的国家则是认为怀孕几个月后才算胎儿有了生命，在此之前堕胎并不违法，在此之后堕胎违法。还有的国家认为，人的生命始于娩出母体，所以堕胎不算违法。不同国家规定各不相同，若以此来评价，不同国家都会视他国法律的规定为恶法。所以法的善恶并非只是一个客观事实，而是基于已掌握的事实的一种价值判断。

为了维护秩序的稳定,就必须凡事讲规则,并且执着地遵守。虽然法律有"恶法亦法"和"恶法非法"之争,但是规则制定下来,即便是不合理的规则,在做出变更前仍需遵守和执行。这样做是为了最大限度保障秩序的平稳,概括而言就是法律的秩序性要优先于正义性。对于不合理的法律,可以积极争取修改完善,甚至推翻废除。但法律就是法律,法律面前人人平等,生效中的法律人人都得遵守,谁也不能逍遥法外,任何人都不能任意以恶法为理由而不遵守法律,否则法律秩序就会遭受破坏,就会陷入无休止的争论,法治也就难以维系。

人们的生活不可能离开秩序,我们对秩序的需求,要远远高于我们的想象。从维护社会秩序、保障社会稳定来说,法律具有不可或缺的重要作用。如果没有一套完整的法律系统去维护社会的秩序,结果就是没有人能过得好。你要担心有人偷你财产、害你性命,连人身安全都没法保证,那谁还有心思安心工作,安心科研,安心创作,所有的发展都会陷入停滞,甚至倒退。

虽然恶法也是法,但恶法是无法达到善治的治理目标的。所以,法律追求秩序性,同时也应追求公正性。要避免沦为恶法,法律就应当而且必须与时俱进,不断紧跟社会发展的步伐,及时回应和适应社会的实际需求。因此,必须按照一定规则适时修改法律,或者通过对现有法律做出解释合理变通,以解决法律实践中遇到的新问题、新情况。

三、法治与人治

习近平总书记指出:"法治和人治问题是人类政治文明史上的一个基本问题,也是各国在实现现代化过程中必须面对和解决的一个重大问题。综观世界近现代史,凡是顺利实现现代化的国家,没有一个不是较好解决了法治和人治问题的。相反,一些国家虽然也一度实现快速发展,但并没有顺利迈进现代化的门槛,而是陷入这样或那样的'陷阱',出现经济社会发展停滞甚至倒退的局面。后一种情况很大程度上与法治不彰有关。"①

(一)权大还是法大是个真命题

法治在英文里写作"法的统治"(rule of law),而不是"人通过法统治"

---

① 中共中央文献研究室.习近平关于全面依法治国论述摘编[M].北京:中央文献出版社,2015:12.

(rule by law)。亚里士多德在其所著《政治学》中说"法治应当优于一人之治"。从历史上看,人治在先,法治在后。如果没有搞清楚法治和人治的区别,也就不能真正理解法治的含义。

国家治理模式的设计和建立,无论是"人治"还是"法治",从理论上说,初衷都是为了追求实现善治。但是,实践证明,人治存在比较大的不确定性,因为它有赖于治理者的圣明,它的善治基础是依靠人的贤明,但人孰能无过? 谁能保证高高在上的统治者一定就是圣贤? 事实证明,很多所谓明君不过是自己给自己脸上贴金的虚伪的统治者。古往今来的历史经验已经表明,大多数统治者是平庸的,甚至是无能、无德的,以身作则、善于治理和有大作为的圣明君主只是极少数,这暴露出人治的弊端和不可靠性。因此,作为人类社会治理方式的进化升级版和人类社会政治文明进步的标志,法治孕育而生。虽然法治也不是万能的治理模式,依然存在短板和不足,但它是一种相对人治而言,更为合理的国家和社会治理的先进模式,更有可能保证国家的长治久安,也就更接近实现善治的目标。

人治,信奉权力至上、官本位,在人治的国度里,权比法大,最高统治者的权力不受法律的制约。法治,是基于民主制度的产物,信奉法律至上,在法治的国度里,法比权大,政府及官员的权力应受法律的制约。如果权力高于法律,人们就会向权力求助,靠关系去解决问题;如果法律高于权力,人们就会向法律求助,用规则去解决问题。

权大还是法大? 这是法治的关键问题。法治要坚持法律至上的原则,首先意味着任何权力都源于法律,并受到法律的制约。法律至上意味着法比权大,任何政府机关及其工作人员的行为都必须受法律的约束。其次,法律至上还意味着任何人都不能将个人意志凌驾在法律之上。法治是按照大多数人意愿治理国家的模式,法治本身体现的是人民的意志,而不是单个人的意愿。法治这种治理模式能够最大限度避免个人的专断、臆断和武断,按照法律办事就是按照最大多数人的意愿来办事。所以依法治国、依法执政从根本上说就是要按照广大人民群众的意志和利益来治理国家、治理社会。

(二)法治强化对权力的制约

法治作为与人治相对立的治国理念,强调依法治国、法律至上,权力必须在法治的轨道上运行,权力不能任性,权力运行必须受法律的制约,法比权大。权力必须在阳光下运行,受到监督,不受制约和监督的权力容易滋生腐败,绝对的权力意味着绝对的腐败。2013 年 6 月 28 日,习近平总书记在全国组织工作会议上的讲话中说:"权力不论大小,只要不受制约和监督,都可能被滥用。没有监督的权力必然导致腐败,这是一条铁律。建设中国特色社会主义法治体系,要以规范和约束公权力为重点。"①

在人治的国度里,民众必须守法,政府可以不守法。在法治的国度里,民众应当守法,政府也必须守法。从近现代西方国家法治产生和发展的历史来看,法治一开始是作为对政府权力的限制手段而出现的。

近现代西方法治文明的发展,基本上把宪法法律至上作为法治的基本原则。我国的政治实践经验也表明,依法治国首先是依宪治国。在 2012 年首都各界纪念宪法公布实施 30 周年大会上,习近平总书记明确提出要"维护宪法尊严、保证宪法实施"②。2018 年宪法修订,更是确定了国家公职人员宪法宣誓制度,从形式上进一步彰显了宪法的尊严和权威。

法律至上中的宪法至上原则保证了权力必须服从于法律,这是实现法治的关键。在西方历史上,从罗马帝国一直到洛克时代的英国和孟德斯鸠时代的法国,欧洲政治的基本格局一直是权力支配法律。而中国古代的法律,在本质上是帝王权力的延伸,法律是依附于权力的。要改变人治,实行法治,就必须完成权力的非人格化,即政府的权力必须由宪法来授予才具有合法性,宪法至少在形式上成为权力的来源,即所谓"权力法定"。对国家机构公权力的制约和监督,实质上就是法律对权力运行过程的控制。这种控制体现在三个方面:一是宪法对公民权利的确认;二是明确规定各个国家机构之间权力的相互协作及相互制约关系;三是明确宪法实施的监督机制。

人民主权原则是宪法中的最高原则。我国《宪法》第 2 条第 1 款规定:"中华人民共和国的一切权力属于人民。"这是对人民主权原则的庄严宣告,体现了我们国家权力的人民性。同时意味着,宪法确认公权力来源于人民,权力的行使应当为人民服务,受人民监督,接受人民群众的检验。公权力是法无授权即禁止,私权利是法无禁止皆可为。必须通过法律制约公权力的行使以防止权力被滥用、误用、私用、怠用,切实保障好人民的合法权利。

---

① 中共中央宣传部.习近平新时代中国特色社会主义思想三十讲[M].北京:学习出版社,2018:188.

② 习近平.论坚持全面依法治国[M].北京:中央文献出版社,2020:10.

党的十八大以来,党中央高度重视对权力的制约和监督。2015 年 2 月 2 日,在省部级主要领导干部学习贯彻党的十八届四中全会精神全面推进依法治国专题研讨班上的讲话中,习近平总书记指出:"纵观人类政治文明史,权力是一把双刃剑,在法治轨道上行使可以造福人民,在法律之外行使则必然祸害国家和人民。"①通过对权力的制约和监督,把权力关进制度的笼子里,才能真正做到权为民所用,利为民所谋。

(三)正确对待"人"在法治中的作用

实现良法与善治都需要充分发挥人的主观能动性。亚里士多德主张法治,但他反对的是"一人之治",并没有否定贤人的智慧和理智在治理国家中的作用。国家依靠法治并不是说不要发挥人的力量和人的作用,因为再好的法律也都需要靠人来执行和实现。但是,不可将"人的作用"与"人治"等同、混淆,两者是有根本区别的。法治与人治是不同的治国理念,人治允许把个人权力置于法律之上,而法治正好与其相反。

邓小平在谈及如何避免类似"文革"那样的错误时说:"我们这个国家有几千年封建社会的历史,缺乏社会主义的民主和社会主义的法制。现在我们要认真建立社会主义的民主制度和社会主义的法制。只有这样,才能解决问题。"②他还在不同场合、从不同角度反复批判了把一个党、一个国家的稳定和希望"寄托在一两个人威望上"的人治思想,不断强调要"处理好法治和人治的关系"。

现代西方的法治由限制王权反对人治发展而来,近现代西方国家尤其英美等国十分重视法官的作用,甚至认为法治就是法官之治。但是为了防止法官之治变成人治,则通过设计三权分立、法官终身制和高薪养廉等制度来确保法官的独立和清廉,以此保证司法的独立和公正。但事实是,无论法律技术规则如何设计严密,还是有漏洞。

法治优于人治,能够克服人治的主要缺陷,但法治也不是万能的,不能抱有不切实际的期望。其实法治实施还是离不开人的主观能动性,无论是德治还是法治,都无法回避人的因素。一方面通过规则的设计,在法治治理

---

① 中共中央文献研究室.习近平关于全面依法治国论述摘编[M].北京:中央文献出版社,2015:37-38.

② 邓小平文选:第 2 卷[M].北京:人民出版社,1994:348.

过程中控制人的权欲,降低和减少对社会公平正义的伤害;另一方面通过提高人的道德素质,增强人的自律自控,可以有效减低法治实施的成本。

四、法治与法制

(一)法治与法制内涵不同

法治和法制虽然只有一字之别,内涵却不相同。法制是国家的法律和制度的简称;法治则是国家和社会治理的理论、原则、观念和方法的统称。法制侧重强调法律、法规、规章等制度,是与经济制度、政治制度等制度并列而言的,属于制度范畴;法治则是强调依法治理,是相对于且不同于人治的一种治国的理论、原则和方法。法制主要指静态的法的规则和体系;法治则指动态的依法治理状态,包括立法、司法、行政执法及守法等动态的活动。法制强调依法制裁、控制,法治主张依法管理、治理。法制是个中性词,有古代封建专制的法制,也有现代民主的法制。而法治是个褒义词,法治代表良法和善治。有法制不一定有法治,但有法治必定先有法制,因为法制是法治的基础,法治是法制发展的最高境界。

通常认为,法制是法律制度的简称,法治是相对于人治而言的治理模式。法制与人治并非相悖,如封建专制国家可能有法制,却不是法治国家。因此,法制有两种类型,人治型法制与法治型法制。1982年,我国宪法在序言中首次规定"不断完善社会主义的各项制度,发展社会主义民主,健全社会主义法制"。2018年,十三届全国人大一次会议表决通过的《宪法修正案》将我国宪法序言里"健全社会主义法制"修改为"健全社会主义法治"。从"法制"到"法治",表面上看只是一字之改,实则却是观念的嬗变,其重大意义在于,明确了社会主义法制是法治之下的法制而非人治之下的法制,表明中国不光要加强法律制度的建设,更要从治国思想与模式上迈向法治,体现了我国法治建设理念的伟大跨越。从"法制"到"法治",是马克思主义法律思想中国化所取得的又一个重大理论创新。

(二)辩证把握法制与法治的关系

法制与法治,可以分别理解为法律制度与依法治理。法治国家和法治社会的完整治理是由法制与法治共同构成的。辩证把握法制与法治的关系,对于坚持和完善中国特色社会主义制度,推进国家和社会治理体系、治理能力现代化,把我国制度优势更好地转化为国家治理效能具有十分重要的意义。

法制与法治具有内在联系。一方面,法制是法治的依据。国家治理体系根据国家制度构建,治理体系的结构、联系、规则、运作等是由国家制度性质决定的,国家治理的一切工作和活动都是依据国家制度来展开的,国家治理的方向、道路也是由国家制度确定的。另一方面,法治是法制的充分与实现。例如,我国国家治理体系和治理能力是国家制度及其执行力的集中体现,其中治理体系是国家制度在国家治理中的具体化、实体化,治理能力是国家制度在贯彻落实中的主体化、应用化。

法制与法治相互依存,共同构成一个统一的有机整体。古人云:“凡将立国,制度不可不察也。”制度是关系党和国家事业发展的根本性、全局性、稳定性、长期性问题,只有建立好的制度,才能形成合理有效的治理。同时,治理的好坏直接关乎制度的存亡兴废。没有有效治理,再好的制度也难以发挥作用。但是,不能将国家制度和国家治理完全等同起来,并非国家制度健全了,国家治理水平就能自然而然地提高。只有不断提高国家的治理能力,才能充分发挥制度效能,彰显制度优越性。而治理能力和水平的提高,也会使制度进一步完善、发展。

从实践出发才能合理把握法制与法治的关系。先进的国家制度不是主观设定和随意创造出来的,而是根据社会发展规律形成和制定的。随着实践的发展,制度和治理也需要发展。一般来说,制度具有相对稳定性,但不能停滞不变。实践在发展,制度也需创新,以不断增强制度的适应性。与此同时,治理也必须面对社会实践中出现的新情况、新特点,切实改进方式方法,不断提高治理水平。制度建设要增强前瞻性,积极应对当今世界百年未有之大变局,多一些未雨绸缪。治理要增强协调性,提高精准性,实现精细化治理。随着制度体系和治理体系的发展和完善,治理状态逐步从粗放走向精准。

(三)民主与法治

“在民主的国家里,法律就是国王;在专制的国家里,国王就是法律。”法治作为一种规则之治,必须以民主政治制度为基础,才能与人治相区别。任何国家都存在一定的法制,但只有民主的国家才可能存在法治。法制与民主相结合,才能够避免人治,真正走向法治。

法治与民主息息相关。现代法治是建立在现代民主制度基础上的。只要是国家,都会存在一定的法律制度,因此任何国家都有可能成为“法制国家"。但是,只有实行民主制度的国家,才有可能发展成为"法治国家"。因为离开了民主,即便是强调法制,仍然脱离不了集权专制的人治,所谓法治也就无从谈起。只有把民主和法制紧密结合起来,一个国家和社会才能真正走向法治。民主是法治的前提和基础,法治是民主的体现和保障,二者相辅相成、不可分割。

如果没有健全的民主程序,法律不能代表社会的普遍利益,它就可能沦为少数人利用并驾驭社会的工具,并在实施过程中当然地受到各种抗拒和阻碍。这在古今中外并不少见,秦国和秦朝中央集权统治时期的法家所崇尚的"严刑峻法"就是一个例子,强求实现这样所谓的"法治",显然不能达到一种社会的理想状态。由此可见,真正意义上的法治前提必须是民主。法治的"法"应该是符合广大民意的良法,而不是牺牲公众利益、维护少数统治者利益的恶法。

发展社会主义民主政治,建设社会主义政治文明,是全面推进社会主义现代化建设的重要目标。民主是法治的前提和基础,法治是民主的确认和保障,二者相辅相成、不可分割。社会主义民主政治的本质是人民当家作主。依法治国,实行法治,不仅是发展社会主义民主的重要保障,而且是社会主义民主政治的重要组成部分。依法治国,建设社会主义法治国家,是发展社会主义民主政治的一项基本内容,是人民当家作主的根本保障。一方面,包括公民民主权利在内的各种权利都需由宪法和其他法律所确认和保护;另一方面,公民民主权利也必须通过法律的规定有序地行使,才能得以实现。只有法治才能有效保障人民当家作主的民主权利,才能有效保障社会主义民主政治的发展。因此,全面依法治国方略的深入实施,必将有力推动社会主义民主不断发展。

第二节　法治的前世今生

一、古代中国的"法治"

中国传统文化中的法治思想代表者是法家。法家是中国历史上先秦诸子百家中的一家,提出了富国强兵、以法治国的思想。法家对法律高度重视,强调"不别亲疏,不殊贵贱,一断于法"。法家思想起源于春秋时期,形成于战国时期。其思想源头可上溯春秋时的管仲、子产,战国时李悝、吴起、韩非、商鞅、李斯等人加以发展,遂成为一个有影响力的学派,韩非的名句"国无常强,无常弱。奉法者强则国强,奉法者弱则国弱"更是备受后人推崇。

(一)准确认识中国古代的"法治"性质

中华法系源远流长。早在公元前 21 世纪,中国就已经产生了奴隶制的习惯法。春秋战国时期,中国出现了自成体系的成文法典。唐朝时,中国形成了较为完备的封建法典,并为以后历代封建王朝所传承和发展。厦门大学易中天教授曾评价中国古代社会是"有法制、无法治"的社会。中国传统社会有法制,为何却不是法治社会?为何被认为是人治社会?

历史的真相是,君主是法外之人,可以凌驾在法律之上,拥有随时、随意制定、修改、废除法律的权力。将天下能否大治,归因于少数圣人、贤者,认为他们的"理性"和思想动机决定历史的发展,这其实就是典型的人治思维。也正因如此,清官文化在中国传统社会极为流行,百姓相信的不是法律,而是清官,所以才会有包青天、海青天的故事脍炙人口、流传下来。于个人而言,碰到青天是幸运的;于国家、社会而言,指望青天则是不幸的。因此,中国古代社会有人治的传统,也有法制却无真正意义上的法治。所有的统治者都自封为正义和道德的化身,自命是替天行道。因此,中国所谓的"德政",取决于统治者的觉悟。这也是中国几千年来言出法随,朝令夕改,有法制、无法治的主要原因。

法家认为"人性恶",认为人生来就是自私的,结合当时物资匮乏的实际,唯有法能制止世间的纷争,唯有法能维护社会的稳定。同时法家认为,圣明之君和昏庸之君都是少数,而平庸之君则为数最多,所以"法任而国治",依法管理是使国家走向富强的唯一途径。因此,法家强调法是治国的唯一手段,法令法规应该在国家和社会治理发挥关键作用,一切由法裁断。法律用强制力量规制广大民众的行为举止,以法律来约束人的行为。因此,法家思想的核心是"以法治国",有时也被简称为"法治",但需要指出的是,古代中国的"法治"内涵和现代意义的法治存在本质上的不同。

中国传统社会确切讲是有"法制"而非"法治"。中国传统的"法治"虽非现代依法治国意义之法治,但作为一种治国理政的方式,历经数千年的国家社会治理实践,有一套完整的范畴、逻辑体系和运作规律,并始终与德治并行。

在中国古代,"法"和"刑"两个字通义。传统中国社会治理的方式是礼法结合,或者说德法并蓄,"制礼以崇敬,立刑以明威"。在德治和法治关系上,一直是将德治与法治相结合的,但以德治为主导,即所谓"德主刑辅"。并且中国传统社会里无论德治(以德治国)还是法治(依法治国),都不以限制君权和人治为己任,相反是竭力维护君主专制统治的,倡导人治(贤人政治)的。

孔子在《论语·为政》中提出"道之以政,齐之以刑,民免而无耻;道之以德,齐之以礼,有耻且格"的主张,提倡圣人之治,以礼治国。同时认为德治必须以教化为基础,通过个人的道德修养,自我约束,可以达到"刑错而不用"的治理效果。法家的韩非则主张"不务德而务法","以法为教",提倡建立君主集权治国政体,通过颁布法令,赏功罚罪,强调个人必须严格遵守作为一般规则的法律规范。

秦亡汉立,儒法走向合流,法治与德治逐渐融合。唐代《唐律疏议》,开篇就言明"德礼为政教之本,刑罚为政教之用"。礼刑结合、德主刑辅的治国理政方式一直延续到了清末。中华法系始终倡导将传统的道德伦理作为法律实践的价值目标,道德监督法律的整个运行过程。这种社会治理方式延续了有上千年,对中国传统社会的稳定发展起到了积极作用。

传统农业社会,生产力水平低下,百姓吃了上顿没下顿,光是填饱自己的肚子都很费劲,哪能要求更多? 在这种情况下,百姓需要的仅仅是生存权,只要能满足他们的生存需求,对于谁当皇帝、制定什么样的法律,他们是没有更多要求的。但是,当社会生产力得到极大发展,人们的生存得到充分保障,权利意识就会觉醒,正所谓"仓廪实而知礼节"。面对各种权利的诉求,传统的统治方式就不再适宜了,治理方式的调整与变革也就势在必行了。

(二)正确认识法家的"法治"思想

商鞅变法的意义,就在于通过"法治"奠定了秦国能够一统天下的制度基础。历史上发生的商鞅变法无疑是法家将理论与实践相统一的标志性事件。一方面,商鞅变法奠定了秦国强大的制度基础,使秦国得以一统天下,结束了春秋战国数百年来的纷争,对实现统一功不可没,并为后世延续近两千年的封建中央集权统治模式奠定了法制基础,可称得上是开创古代中国中华法系的先驱者之一。法家倡导的公开、公平、公正原则,法不阿贵等主张,无疑是"价值正确",时至今日仍然具有积极的意义。

另一方面,我们也要看到,由于历史局限性的制约,法家商鞅等人所提倡的所谓"法治"以及由此做出的大量制度设计和法律规定,实质上还是为人治需要服务的,是为实现君主专制统治、成就所谓"霸业"服务的。或者可以说,法家的"法治"就是一种"以君主为中心"的思想而非"以人民为中心"的思想。因此,法家的"法治"和现代法治相比较,存在着重大差异,此法治非彼法治,不能简单等同视之。

而且法家所提倡的"法"本身也是由法、术、势三者构成,指的就是法律条文与治理方法。《商君书》和《韩非子》两本书中,用大量篇幅讲述的不是法的知识,而是君王的统治驾驭之术,而且不少方法手段极其"霸道",丝毫不讲"人道"。秦国能一统天下,但秦王朝却十分短命,其中缘由,某种程度上讲,成也法家败也法家。

商鞅变法的目的是"尊王",并且历史上的"重农抑商""灭族之法"均源于商鞅。商鞅在以法治国的名义下提出的一系列驭民之术,尤其是在《商君书》里提出的许多主张,从善良人性的角度看无疑是邪恶的,站在广大劳动人民的立场看无疑是反动的。对于如何看待和评价商鞅变法、商鞅其人以及法家思想,要坚持从历史唯物主义出发,运用唯物辩证法的观点进行科学合理的分析,脱离了具体历史条件过度抑或者扬都是不可取的。

二、现代法治的起源

虽然现代意义上的法治形成于近代西方,但其精神和传统可上溯至古希腊。古希腊尤其是雅典的城邦民主和法治达到了古典世界的辉煌,在公民范围内实现了较为彻底的民主和法治,但人的等级划分和奴隶制度的存在,又使它与现代的民主和法治有了分野。然而古希腊已在思想上和传统上为后来的西方民主和法治奠定了基础。

近代以来,西方思想家们对权力本质的深刻认识推动着西方法治理论与实践走向成熟。西方思想家拿出了"分权与制衡"的方案,将专制集权制度改造为以权力制约权力的分权体制,通过分权和权力制衡来实现法治。

西方近现代的法治首先是在英国逐渐形成发展起来的。13 世纪英国的贵族与英王之间的矛盾因赋税不断加重,爆发了战争,并迫使英王签下城下之盟——1215 年《大宪章》。《大宪章》中有一条明确规定:"国王征税必须同贵族会议商量并听取民众的意见;非经同级贵族依法审判,任何自由民不受拘捕、监禁、没收财产、剥夺公权、放逐、伤害、搜查和逮捕等。"这实际上是限制王权,从人治走向法治的开端。

在西方历史上曾长期存在人治与法治的论争,在启蒙运动时期论争达到顶峰。其间,以格劳秀斯、斯宾诺莎、霍布斯、哈林顿等为代表的政治家、思想家纷纷提出自己的思想主张。17、18世纪,欧洲启蒙思想家宣扬天赋人权、社会契约、自由平等、民主法治、三权分立等思想,成为资本主义国家法治建设的理论来源。到了19世纪,英国的法治理论已经十分成熟,英国的法学家戴雪总结了法治的三大特征:一是宪法至上;二是法律法定;三是法官治法。

什么是法治?如果按照西方资本主义国家的标准,首先,一个法治国家应当在宪法中保障个人权利,体现限制公权力、保障私权利的价值追求,并制定民主选举的规则;其次,它的政治制度必须要做到分权,以制约政府权力;再次,司法系统应当独立,从而能够在裁决中客观公正、不受政治力量干预,同时,司法还被赋予权力对立法机构进行合宪性审查;最后,法律面前应当人人平等。

可以看出,西方的法治是在与封建君主"人治"的针锋相对斗争中发展起来的,限制王权,依托契约论制定宪法以明确规范君王权力与公民权利的界限,确立法律高于权力的法治模式。这种治理模式对于政权的稳定,缓和社会矛盾,维护社会秩序,推动资本主义的发展起到了积极作用。

三、资本主义法治与社会主义法治

(一)法治"姓资姓社"的问题

关于法治发展道路的问题,有人提出"姓资姓社"的疑问。

一方面,法治是人类社会文明进步的成果与标志,在国家和社会治理现代化进程中选择法治,是社会发展的基本规律,是大势所趋、人心所向。无论资本主义国家还是社会主义国家,都应当走法治之路,法治之路是现代化的必由之路。

另一方面,改革开放以来,中国法治建设确实成功地吸收和借鉴了西方资本主义国家的许多法治经验和教训,这种吸收和借鉴容易造成一种错觉,似乎照搬西方的法治模式和理念,就能解决中国法治建设中的所有问题。但实际上,社会主义的法治和资本主义的法治在理论基础、实践基础以及本质特征等方面都有根本的不同。

西方资本主义国家一直将自己标榜为法治的发源地和坚定的捍卫者。但一国的法治总是由一国的国情和社会制度所决定。依法治国,建设社会主义法治国家,走中国特色社会主义法治道路,是中国共产党人的主张、理念,也是中国人民的法治道路选择与实践。国情如此不同,决定了不能照搬照抄,要真正实现法治中国的目标,就必须从中国实际出发,实事求是、因地制宜地建设法治中国,坚定走自己的路——中国特色社会主义法治道路。习近平总书记明确指出:"我国法治建设的成就,归结起来就是开辟了中国特色社会主义法治道路这一条。道路问题不能含糊。中国特色社会主义法治道路,从根本上保证了我国社会主义法治建设的正确方向。"①

当代中国的法治是中国特色社会主义法治。依法治国,是党领导人民治理国家的基本方略,是社会主义法治的核心内容。依法治国就是依照宪法和法律来治理国家,就是把社会主义民主与社会主义法制紧密结合起来,逐步实现社会主义民主的制度化、法律化,使这种制度和法律具有稳定性、连续性和权威性,使之不因领导人的改变而改变,不因领导人的看法和注意力的改变而改变。从而保障广大人民群众在党的领导下,依照宪法和法律的规定,通过各种途径和形式管理国家事务、经济文化事务和社会事务,保证国家各项工作都依法进行。

正如中国政府发表的《中国的法治建设》白皮书所表明的:"中国共产党领导中国人民成功地开辟了中国特色社会主义道路。在这条道路上,中国适应经济建设、政治建设、文化建设、社会建设不断发展的客观要求,坚持党的领导、人民当家作主和依法治国有机统一,坚持以人为本,弘扬法治精神,树立民主法治、自由平等、公平正义理念,建立和完善中国特色社会主义法律体系,全面实施依法行政,深化司法体制改革,完善权力制约和监督机制,保障公民的合法权益,维护社会和谐稳定,不断推进各项工作法治化。"②

1982年颁布的《中华人民共和国宪法》规定:"任何组织或者个人都不得有超越宪法和法律的特权。"1997年,党的十五大将"依法治国"确立为治理国家的基本方略。当代中国的法治的形式意义是主张依法治国、依法执

---

① 中共中央宣传部.习近平新时代中国特色社会主义思想三十讲[M].北京:学习出版社,2018:185.

② 中国的法治建设[EB/OL].[2021-12-05].http://www.gov.cn/zhengce/2008-02/28/content_2615764.htm.

政、依法行政、依法办事等治国方式、制度及其运行机制,在实质意义是强调法律至上、依宪治国、权力制约、保障权利等价值、原则和精神。

(二)社会主义法治和资本主义法治的根本区别

当代社会主义中国的法治不同于资本主义国家的法治,走的是中国特色社会主义的法治道路。中国特色社会主义法治道路,是中国特色社会主义道路在法治领域的具体体现,它具有三大鲜明的中国特色:一是坚持党的领导是中国特色社会主义法治之魂。党的领导是中国特色社会主义最本质的特征,是社会主义法治建设最根本的保证,必须把党的领导贯彻到依法治国全过程和各方面。二是具有中国特色社会主义的本质。中国特色社会主义是全面依法治国的根本制度基础,全面依法治国是中国特色社会主义的本质要求和重要保障。三是贯彻中国特色社会主义法治理论。中国特色社会主义法治理论是马列主义法律思想中国化的创新发展,是全面依法治国的行动指南。

"我国社会主义制度保证了人民当家作主的主体地位,也保证了人民在全面推进依法治国中的主体地位。这是我们的制度优势,也是中国特色社会主义法治区别于资本主义法治的根本所在。"①因此,以人民为中心,还是以资本为中心,这是社会主义法治和资本主义法治的根本区别。

中国特色社会主义法治理论的逻辑起点是"以人民为中心",而西方法治理论则是"个人主义"。在以资本主义国家为参照系的比较中,最突出的是中国特色社会主义法治道路对人民主体地位的坚守,这一道路真正践行了"发展为了人民、发展成果由人民共享"的国家建构原则。

马克思曾在《资本论》中引用《评论家季刊》的一段话来说明资本对利润的疯狂性渴求:"一旦有适当的利润,资本就胆大起来。如果有 10% 的利润,它就保证到处被使用;有 20% 的利润,它就活跃起来;有 50% 的利润,它就铤而走险;为了 100% 的利润,它就敢践踏一切人间法律;有 300% 的利润,它就敢犯任何罪行,甚至冒绞首的危险。如果动乱和纷争能带来利润,它就会鼓励动乱和纷争。走私和贩卖奴隶就是证明。"②资本主义国家与社

---

① 习近平.加快建设社会主义法治国家[J].求是,2015(01).

② 中共中央马克思恩格斯列宁斯大林著作编译局.马克思恩格斯文集:第 5 卷[M].北京:人民出版社,2009:871.

会主义国家的本质区别在于生产资料的所有制形式,前者实行生产资料的资本主义私有制,生产资料为个人所有;后者实行生产资料的社会主义公有制,生产资料归全民和劳动群众集体所有。唯物史观认为,经济基础决定上层建筑,资本主义与社会主义在生产资料所有制形式上的根本区别决定了它们在国家权力分配、权利归属以及运转方式上的差异,进而规定了两种不同类型的国家建构方式与发展道路。中国的国家性质是人民民主专政的社会主义国家,其本质特征是人民当家作主。同资本主义国家相比,中国特色社会主义道路的优越性体现为对人民主体地位的尊重与保障,将人民的选择、人民的判断、人民的追求置于首位。①

百年前的五四运动,来自西方的民主精神、科学精神对中国产生了巨大影响,"德先生、赛先生"被无数中国人视为学习和效仿的对象。人们通常把西方发达国家视为法治实践的楷模与法治精神的守护者。这个国家群体的领头羊是美国。然而,当我们认真审视之后,揭开表面上的华丽口号,美国法治中那些令人疑惑的事实开始浮现。例如,为什么美国国内的诉讼量如此之大?如果确有法治精神,诉讼量应该是更少而不是更多——因为大家都自觉依法办事,纠纷自然较少而不是较多。然而,美国却是世界上诉讼量最大的国家。2020年突如其来的席卷全球的新型冠状病毒肺炎疫情,彻底暴露了西方国家在治理上的问题,近代西方引以为傲的精神,诸如平等、自由、民主、法治、人权、诚信、契约精神等,如今却正在走向双标和衰败。

法治文明不是西方资本主义国家的专利。法治现今已成为大多数国家治国理政选择的标准模式。但显然各国的法治程度并不相同且各有特色,因而不能简单地套用西方法治的经验和标准来衡量全球各国的法治。现代法治是建立在更广泛的民主政治、市场经济和与传统相结合的理性文化之上的,西方的经验和标准只是其中一种,而不是全部,更不是唯一。

第三节 中国特色社会主义法治的历史轨迹

"法令行则国治,法令弛则国乱。"1840年鸦片战争后,中国逐渐沦为半

---

① 刘同舫.在比较中彰显中国特色社会主义制度的优越性[J].思想理论教育导刊,2020(04).

殖民地半封建社会。为了改变国家和民族的苦难命运,一些仁人志士试图将近代西方国家的法治模式移植到中国,以实现变法图强的梦想。但由于各种原因,他们的努力最终归于失败。在中国共产党的领导下,中国人民经过革命、建设和改革,新中国逐步走上了建设社会主义法治国家的道路。

厉行法治是一场由国家发起和推动的深刻革命,是国家治理方略的转变。从党的八大提出"逐步地系统地制定完备的法律"到党的十一届三中全会提出"发展社会主义民主、健全社会主义法制"基本方针,再到党的十九大明确提出"坚定不移走中国特色社会主义法治道路",回望新中国法治建设走过的七十多年不平凡的岁月,笔者认为,迄今为止的这段发展历程基本上可以分为改革开放以前三十年和改革开放后四十多年两个时期,如进一步划分,则经历了法治建设奠基起步时期、停滞倒退时期、恢复重建时期、依法治国新时期和全面依法治国新时代等历史阶段。

一、改革开放以前法治建设探索时期

在党的领导下,我国法治建设取得了显著成就,但也曾经遭遇了严重挫折。新中国成立后,经历近三十年的曲折摸索,到1978年党的十一届三中全会后,逐步找到法治建设的正确航道。

1949年中华人民共和国的建立,开启了中国法治建设的新纪元。新中国成立后即宣布废除旧中国的所有法律,百废待兴的新中国这时法律还很欠缺,依法治国的思想也尚未确立,新中国的社会主义法治建设处于探索时期。新中国成立初期是法治建设的奠基、起步阶段,即1949—1957年期间,在废除国民党的旧法统的同时,根据新民主主义革命时期根据地法制建设的成功经验,制定了以"五四宪法"为代表的一些法律,法治建设取得了良好的开局。

从1949年到20世纪50年代中期,是中国社会主义法制的初创时期。这一时期中国制定了具有临时宪法性质的《中国人民政治协商会议共同纲领》和其他一系列法律、法令,对巩固新生的共和国政权,维护社会秩序和恢复国民经济,起到了重要作用。1954年第一届全国人民代表大会第一次会议制定的《中华人民共和国宪法》,以及随后制定的有关法律,规定了国家的政治制度、经济制度和公民的权利与义务,规范了国家机关的组织和职权,确立了国家法制的基本原则,初步奠定了中国法治建设的基础。

但正当新中国初步发展的法治建设以党的八大确立的"逐步地系统地

制定完备的法律"的方针发展时,从 1957 年开始滋生的法律虚无主义思潮,伴随极左思想严重阻挠了法治建设。1957—1978 年期间,我国法治建设陷入了停滞、倒退的时期。正如邓小平同志指出的那样,"旧中国留给我们的,封建专制传统比较多,民主法制传统很少。解放以后,我们也没有自觉地、系统地建立保障人民民主权利的各项制度,法制很不完备,也很不受重视"[①]。十年"文革"动乱更使我国法治建设遭受重创,宪法被漠视,长期欠缺民法、刑法、民事诉讼法、刑事诉讼法等诸多基本法典,律师制度也被废除,甚至一段时期作为司法机关的法院、检察院都名存实亡。

二、法治建设恢复和重建时期

1978 年 12 月,党的十一届三中全会召开,中国共产党总结历史经验,特别是汲取"文化大革命"的惨痛教训,做出把国家工作重点转移到社会主义现代化建设上来的重大决策,国家拨乱反正,实行改革开放,从此我国法治建设得以从瘫痪、停滞状态中恢复和重建。

1978—1996 年这一时期法治建设的主要亮点:

（一）在发展社会主义民主、健全社会主义法制的基本方针指引下积极立法,初步实现了"有法可依"的要求

这期间制定了一系列重要的基本法律,如 1982 年 12 月 4 日颁布现行《宪法》,相继颁布实施《刑法》《民法通则》《婚姻法》《继承法》以及刑事、民事、行政三大诉讼法等,1979 年年底恢复律师制度。从 1978 年至 1996 年近二十年间,每年都有大批的法律、法规产生,其中 1995 年 2 月 28 日,八届全国人大常委会第 12 次会议创下了新中国立法史上两项纪录:一是同一天通过了 7 部法律,二是同一天施行 5 部新法律。随着立法数量的增加,中国特色社会主义法律体系初露端倪。

（二）法制与民主联系、统一起来

在总结我国社会主义法制建设的成功经验和深刻教训的基础上,党的十一届三中全会提出"发展社会主义民主,健全社会主义法制"的方针,把社会主义民主与社会主义法制紧密结合起来。邓小平同志揭示了社会主义民

---

①　邓小平文选:第 2 卷[M].北京:人民出版社,1994:332.

主和社会主义法制的辩证关系,指出"发扬社会主义民主,健全社会主义法制,两方面是统一的"。[①] "民主和法制,这两个方面都应该加强,过去我们都不足。要加强民主就要加强法制。没有广泛的民主是不行的,没有健全的法制也是不行的。"[②]邓小平同志深刻指出:"为了保障人民民主,必须加强法制。必须使民主制度化、法律化,使这种制度和法律不因领导人的改变而改变,不因领导人的看法和注意力的改变而改变。"[③]邓小平同志还从历史经验教训中指出:"……斯大林严重破坏社会主义法制,毛泽东同志就说过,这样的事件在英、法、美这样的西方国家不可能发生。他虽然认识到这一点,但是由于没有在实际上解决领导制度问题以及其他一些原因,仍然导致了'文化大革命'的十年浩劫。这个教训是极其深刻的。"[④]直到1992年邓小平退休以后仍然强调"还是要靠法制,搞法制靠得住些"[⑤]。

(三)国家开始重视对法治的宣传和教育

1982年党的十二大报告提出:"要在全体人民中间反复进行法制的宣传教育,从小学起各级学校都要设置有关法制教育的课程,努力使每个公民都知法守法。"1985年中共中央、国务院批转了《中央宣传部、司法部关于向全体公民基本普及法律常识的五年规划》,拉开了全民普法的序幕。同年11月22日,第六届全国人大常委会第十三次会议通过了关于在公民中基本普及法律常识的决议,正式启动全国范围第一个五年普法教育规划。为此1986年起高校还开设了针对大学生进行法治教育的公共课——"法律基础"。迄今已持续开展了八个五年普法教育规划,通过加强法治宣传和教育,国人的法治观念逐渐增强。

三、依法治国新时期

20世纪90年代,中国开始全面推进社会主义市场经济建设,由此进一步奠定了法治建设的经济基础,也对法治建设提出了更高的要求。1996年2月8日,中共中央举办的法律讲座结束时,江泽民同志就依法治国问题发

① 邓小平文选:第2卷[M].北京:人民出版社,1994:276.
② 邓小平文选:第2卷[M].北京:人民出版社,1994:189.
③ 邓小平文选:第2卷[M].北京:人民出版社,1994:146.
④ 邓小平文选:第2卷[M].北京:人民出版社,1994:333.
⑤ 邓小平文选:第3卷[M].北京:人民出版社,1993:379.

表了重要讲话,提出"实行依法治国,保障国家的长治久安","依法治国是社会进步、社会文明的一个重要标志,是我们建设社会主义现代化国家的必然要求"。① 1997 年,党的十五大正式将"依法治国"确立为治国基本方略,将"建设社会主义法治国家"确定为社会主义现代化建设的重要目标,并提出了建设中国特色社会主义法律体系的重大任务。1999 年,九届全国人大二次会议通过《宪法修正案》,将"依法治国,建设社会主义法治国家"的法治原则载入宪法。中国法治建设揭开了历史的新篇章,进入了依法治国的新时期。

进入 21 世纪,中国的法治建设继续向前推进。2002 年召开的党的十六大提出,要把坚持党的领导、人民当家作主和依法治国三者有机统一起来。2004 年,将"国家尊重和保障人权"载入宪法。2007 年召开的党的十七大提出,依法治国是社会主义民主政治的基本要求,强调要全面落实依法治国基本方略,加快建设社会主义法治国家。胡锦涛同志 2005 年提出"树立社会主义法治理念",即要坚持以依法治国、执法为民、公平正义、服务大局、党的领导为主要内容的社会主义法治理念指引政法工作。

1997—2012 年这一时期法治建设的主要亮点:

(一)确立依法治国基本方略,完成从"法制"到"法治"的观念嬗变

党的十五大报告提出"依法治国,是党领导人民治理国家的基本方略",依法治国基本方略的确立,是党执政理念的重大转变。党的十五大报告明确提出"依法治国,建设社会主义法治国家",从而正式把"社会主义"和"法治"紧密不可分割地联系起来。在党的十五大提出依法治国基本方略之前,对"法制"和"法治"这两个词的含义存在不同的认识和理解,因此对"法制"和"法治"两个词的使用不够规范、统一。自 1997 年党的十五大之后,对这两个词的内涵基本确定,使用上也就更加规范,即明确了法治与法制的内涵不同,法制是法律制度的简称,法治是相对于人治而言的治理模式。法治与人治是对立关系,而法制与人治却非对立关系。在实行人治的国度里,虽有法律,但崇拜权力,权比法大。而在实行法治的国度里,存在权力,但崇尚法律,法比权大。从"法制"到"法治"一字之改,表面上看只是名词之争,实际上却是观念的嬗变,其重大意义在于,明确社会主义法制是法治之下的法

---

① 江泽民.在中共中央举行第三次法制讲座上的讲话[N].人民日报,1996-02-09.

制,而不是人治之下的法制,反映了党的治国理政思想的重大转变,表明中国不仅要加强法律制度的建设,而且要从治国思想与方式上迈向法治。

(二)中国特色社会主义法律体系基本形成

建立以宪法为核心的中国特色社会主义法律体系,是依法治国的前提和基础。党的十五大报告明确提出要"加强立法工作,提高立法质量,到2010年形成中国特色社会主义法律体系"。1999年、2004年分别通过《宪法修正案》,完善现行宪法,1997年颁布新《刑法》,2001年颁布新《婚姻法》,还颁布了《合同法》《物权法》等大批重要法律,陆续修订了三大诉讼法,推进刑事司法制度改革。到2010年年底,我国已制定现行有效的法律236件、行政法规690多件、地方性法规8600多件,一个以宪法为核心,以民法、刑法等多个法律部门的法律为主干,由法律、行政法规、地方性法规等多个层次的法律规范共同构成的中国特色社会主义法律体系已基本形成,为改革开放和社会主义现代化建设提供了有力的法治保障。

(三)明确依法治国和党的领导、人民当家作主相统一,提出依法治国和以德治国相结合

党的十六大报告首次明确提出"发展社会主义民主政治,最根本的是要把坚持党的领导、人民当家作主和依法治国有机统一起来",指出"党的领导是人民当家作主和依法治国的根本保证,人民当家作主是社会主义民主政治的本质要求,依法治国是党领导人民治理国家的基本方略"。阐明了依法治国与党的领导、人民当家作主的关系,开创了一条以坚持党的领导、人民当家作主和依法治国有机统一为基本内涵的中国特色社会主义政治发展道路。

提出"依法治国"基本方略后,2001年江泽民同志又提出"以德治国",指出在依法治国的同时需要以德治国,强调二者相结合,二者缺一不可,也不可偏废。① 江泽民同志提出并阐述了依法治国和以德治国的辩证关系、互动机理,明确指出了依法治国属于政治文明,以德治国属于精神文明,二者相辅相成。以德治国为依法治国奠定了思想基础和价值目标,依法治国

---

① 江泽民.江泽民论有中国特色社会主义(专题摘编)[M].北京:中央文献出版社,2002:337.

则为以德治国提供了法律依据和制度保障。

四、全面依法治国新时代

随着中国特色社会主义发展进入新时代,法治建设也迈入了新时代,法治中国建设呈现全面加快发展的趋势,正蹄疾步稳向法治强国迈进。

2012 年,党的十八大报告明确提出"全面推进依法治国""加快建设社会主义法治国家",确认"法治是治国理政的基本方式",强调要更加注重发挥法治在国家治理和社会管理中的重要作用,规定了到 2020 年法治建设的五大阶段性目标任务,即依法治国基本方略全面落实,法治政府基本建成,司法公信力不断提高,人权得到切实尊重和保障,国家各项工作法治化。党的十八大提出"全面推进依法治国",吹响了在新的历史起点上加快建设社会主义法治国家的进军号,把依法治国方略提升到了一个新的战略高度。

2012 年 12 月 4 日,习近平总书记出席首都各界纪念现行宪法公布实施 30 周年大会并发表重要讲话,强调:"依法治国,首先是依宪治国;依法执政,关键是依宪执政。"①并提出了依法治国、依法执政、依法行政共同推进,法治国家、法治政府、法治社会一体建设的重要思想,之后写入了 2013 年党的十八届三中全会通过的《中共中央关于全面深化改革若干重大问题的决定》。2014 年 10 月,党的十八届四中全会召开,这是党史上首次专门召开研究法治建设的中央全会,会议通过的《中共中央关于全面推进依法治国若干重大问题的决定》,阐明了全面推进依法治国的总目标和路线图,这次会议的召开在我国法治史上具有里程碑式的意义。

2017 年,党的十九大召开,开启了新时代建设法治强国的新征程。党的十九大报告指出,党的十八大以来,在推进全面依法治国和民主法治建设方面迈出重大步伐,党的领导、人民当家作主、依法治国有机统一的制度建设不断完善,科学立法、严格执法、公正司法、全民守法深入推进,法治国家、法治政府、法治社会建设相互促进,中国特色社会主义法治体系日益完善,全社会法治观念明显增强。2017 年制定颁布了《民法总则》,2018 年修改《宪法》,制定《国家监察法》,成立了国家监察机关,司法体制深化改革取得重要进展。2020 年,《民法典》正式颁布。

---

① 习近平.在首都各界纪念现行宪法公布施行 30 周年大会上的讲话[N].人民日报,2012-12-05.

2012年以来,法治建设的主要亮点:

(一)提出了全面推进依法治国战略和中国特色社会主义法治理论

习近平总书记提出:"人无远虑,必有近忧。全面建成小康社会之后路该怎么走?如何跳出'历史周期率',实现长期执政?如何实现党和国家长治久安?这些都是需要我们深入思考的重大问题。"①这三个深刻、凝重的发问,是中华民族复兴之路上必须做出正确解答的重大考题。以习近平同志为核心的党中央为这三道重大考题给出了坚定而明晰的答案——全面推进依法治国。党的十八大将"依法治国基本方略全面落实,法治政府基本建成"作为全面建成小康社会的重要目标和任务。

党的十八大以来,中国特色社会主义法治理论逐步走向成熟。围绕全面推进依法治国,习近平总书记提出了一系列新理念新思想新战略。习近平总书记先后多次就为什么要依法治国、要走什么样的法治之路,以及怎样建设法治中国等重大问题做了系统的阐述,内容涵盖了新时代我国法治建设的本质、总目标、根本任务、战略布局等各个方面,深刻回答了中国特色社会主义法治建设的一系列重大问题。习近平法治思想进一步丰富和发展了中国特色社会主义法治理论,构成了中国特色社会主义法治理论的精髓。为新时代深化依法治国实践,加快建设社会主义法治国家指明了前进方向。

(二)明确了全面推进依法治国的总目标,形成了新时代全面依法治国的基本格局

党的十八届四中全会对法治中国建设进行了专题研究,提出了全面推进依法治国的总目标,即"建设中国特色社会主义法治体系,建设社会主义法治国家"。习近平总书记指出这个总目标"既明确了全面推进依法治国的性质和方向,又突出了全面推进依法治国的工作重点和总抓手,对全面推进依法治国具有纲举目张的意义"②。建设中国特色社会主义法治体系,就是在党的领导下,坚持中国特色社会主义制度,贯彻中国特色社会主义法治理论,形成完备的法律规范体系、高效的法治实施体系、严密的法治监督体系、

---

① 中共中央文献研究室.习近平关于全面依法治国论述摘编[M].北京:中央文献出版社,2015:11,12.

② 中共中央文献研究室.习近平关于全面依法治国论述摘编[M].北京:中央文献出版社,2015:33.

有力的法治保障体系,形成完善的党内法规体系。建设中国特色社会主义法治体系是全力推进法治中国建设的总抓手,是实现国家治理体系和治理能力现代化的重大战略部署。

推进全面依法治国,就要发挥法治在国家治理体系和治理能力现代化中的积极作用,提高党依法治国、依法执政能力,用法治保障人民当家作主,坚持和完善中国特色社会主义法治体系,更好发挥法治对改革发展稳定的引领、规范、保障作用,建设高素质法治工作队伍,逐步实现国家治理制度化、程序化、规范化、法治化。

全面推进依法治国是一项庞大的系统工程,必须统筹兼顾、整体谋划。党的十八大提出的"科学立法、严格执法、公正司法、全民守法"十六字方针展现了全面依法治国的基本格局。全面推进依法治国,必须从立法、执法、司法、守法四个方面统筹推进。党的十九大围绕这一基本格局对法治建设重点任务进行了具体部署:一要加强宪法实施和监督,推进合性审查工作,维护宪法权威。二要发挥立法的引领和推动作用,科学立法、民主立法、依法立法,以良法促发展、保善治。三要建设法治政府,依法行政,严格规范公正文明执法。我国各级行政机关是涉及面最广的执法主体,70%以上的法律法规实施都是通过行政机关的具体职能活动体现的。四要深化司法体制改革,全面落实司法责任制,维护司法公正。公正是法治的生命线,公正司法是维护社会公平正义的最后一道防线,要努力让人民群众在每一个司法案件中感受到公平正义。五要加大全民普法力度,建设社会主义法治文化,促进全民守法。

习近平总书记指出:"各级党组织和党员领导干部要带头厉行法治,不断提高依法执政能力和水平,不断推进各项治国理政活动的制度化、法律化。各级领导干部要提高运用法治思维和法治方式深化改革、推动发展、化解矛盾、维护稳定能力,努力推动形成办事依法、遇事找法、解决问题用法、化解矛盾靠法的良好法治环境,在法治轨道上推动各项工作。"[①]

（三）法治纳入社会主义核心价值观,强调全面依法治国必须坚持法治与德治相结合

推进以德治国必须弘扬社会主义核心价值观,党的十八大把"法治"确

---

① 中共中央文献研究室.习近平关于全面依法治国论述摘编[M].北京:中央文献出版社,2015:109.

立为社会主义核心价值观的重要内容之一。习近平总书记明确指出:"治理国家、治理社会必须一手抓法治、一手抓德治,既重视发挥法律的规范作用,又重视发挥道德的教化作用,实现法律和道德相辅相成、法治和德治相得益彰。"①

2016年12月,中共中央办公厅、国务院办公厅印发《关于进一步把社会主义核心价值观融入法治建设的指导意见》,强调要把社会主义核心价值观融入法治建设,切实发挥法治的规范和保障作用,推动社会主义核心价值观内化于心、外化于行。要增强法治的道德底蕴,把法治教育与道德教育结合起来,深化社会主义核心价值观学习教育实践,弘扬社会主义法治精神,增强全民法治观念。正如习近平总书记所言:"发挥好法律的规范作用,必须以法治体现道德理念、强化法律对道德建设的促进作用。……发挥好道德的教化作用,必须以道德滋养法治精神、强化道德对法治文化的支撑作用。"②

改革开放40多年来,我国法治建设从恢复到加强,不断加快发展,走出了一条中国特色社会主义法治道路,在依法治国方面所取得的一系列显著成就和成功经验,为我们继续坚定不移地走中国特色社会主义法治道路增添了自信和定力。

第四节　发展和完善中国特色社会主义法治理论

中国特色社会主义法治理论是中国特色社会主义理论体系的重要组成部分,是马克思主义理论及其中国化和中国法治具体实践相结合的产物,是适应中国国情和时代发展要求的一整套科学治理国家和社会的理论体系。中国特色社会主义法治理论具有鲜明的中国特色、实践特色和时代特色,是走中国特色社会主义法治道路的理论指南。深化中国特色社会主义法治理论的研究和教育,包括深化法治与德治相结合的理论研究和实践运用具有十分重要的意义。

---

① 中共中央文献研究室.习近平关于全面依法治国论述摘编[M].北京:中央文献出版社,2015:30.

② 中共中央文献研究室.习近平关于全面依法治国论述摘编[M].北京:中央文献出版社,2015:30.

一、中国特色社会主义法治理论的形成发展

中国特色社会主义法治理论的形成和发展，是在中国特色社会主义法治建设的实践基础上，总结我国法治建设的经验，加以学理化的理论凝练，构筑起的具有中国特色的社会主义法治理论体系。

中国特色社会主义法治理论是对马列主义法治思想的继承和发展。马克思的世界观转变，是从批判黑格尔的法哲学开始的。写于1843年七八月间的《黑格尔法哲学批判》正是马克思从唯心主义法律观向唯物主义法律观转变的重要标志。1845年秋至1846年5月左右，马克思和恩格斯共同撰写《德意志意识形态》，科学阐述了马克思主义法学的基本原理，标志着马克思主义法律观的初步形成。1848年《共产党宣言》的发表，标志着马克思主义法律思想的确立，坚实奠定了马克思主义法学的理论基础。马克思主义法学理论是建设社会主义法治国家的理论基础，是开展全面依法治国的理论基石。中国特色社会主义法治理论是运用马克思主义法学基本原理解决中国现实问题的过程中逐步形成的理论，是在全面总结我国法治建设历史经验、全面推进依法治国实践中形成的法治理论。

中国特色社会主义法治理论在形成过程中，继承和发展了马列主义的法治理论，汲取了中华传统法律文化的精华，借鉴了其他国家的优秀法治成果，并结合法治中国建设的具体实践经验对社会主义法治理论进行了完善和创新。

当代中国马克思主义者在法治理论上最重要的贡献，在于将社会主义与法治有机地结合起来。虽然法治思想并不是马克思主义首先提出的，但中国的实践证明，法治并非只能存在于资本主义社会，社会主义国家同样也可以而且必须实行依法治国。现代法治诚然是从西方起步的，但法治并非西方的专利，法治是人类政治文明进步的成果，中国在现代化进程中选择法治，是历史发展的必然规律。将社会主义与法治紧密结合起来，在国家治理和社会治理体系中确立"依法治国，建设社会主义法治国家"的基本方略，这是马克思主义中国化在理论和实践上的一个重大创新。

中国特色社会主义法治理论发端于邓小平理论，发展于"三个代表"重要思想和科学发展观，成型于习近平新时代中国特色社会主义思想，是马列主义法治理论中国化创新发展的成果。法治是人类政治文明发展进步的成果，将社会主义与法治紧密结合起来，在国家治理和社会治理体系现代化进

程中选择法治,确立"依法治国,建设社会主义法治国家"的命题,这为发展和完善科学社会主义提供了原创性贡献。习近平总书记指出:"坚持从实际出发,就是要突出中国特色、实践特色、时代特色。要总结和运用党领导人民实行法治的成功经验,围绕社会主义法治建设重大理论和实践问题,不断丰富和发展符合中国实际、具有中国特色、体现社会发展规律的社会主义法治理论,为依法治国提供理论指导和学理支撑。"①

中国特色社会主义法治理论与实践还为实现良法善治的全球治理提供了中国方案、中国模式、中国经验,从此不再仅把西方话语体系的法治理论、法治道路、法治模式奉为圭臬。

时光荏苒,回顾历史,我们看到,新中国成立以来,为了发展社会主义民主、建设社会主义法治,党带领人民进行了不懈探索,取得了巨大成就,也走过一些弯路。

习近平总书记指出:"全面推进依法治国,是深刻总结我国社会主义法治建设成功经验和深刻教训作出的重大抉择。我们党对依法治国问题的认识经历了一个不断深化的过程。新中国成立初期,我们党在废除旧法统的同时,积极运用新民主主义革命时期根据地法制建设的成功经验,抓紧建设社会主义法治,初步奠定了社会主义法治的基础。后来,党在指导思想上发生了'左'的错误,逐渐对法制不那么重视了,特别是'文化大革命'十年内乱使法制遭到严重破坏,付出了沉重代价,教训十分惨痛!党的十一届三中全会以来,我们党把依法治国确定为党领导人民治理国家的基本方略,把依法执政确定为党治国理政的基本方式,始终把法治放在党和国家工作大局中来考虑、来谋划、来推进,依法治国取得重大成就。"②

新中国成立 70 多年来,我国法治建设取得的成就,可以从法治道路、法治理论、法律制度和法治实践四个方面进行总结,即开辟了中国特色社会主义法治道路、创立了中国特色社会主义法治理论、形成了中国特色社会主义法律体系、构建了中国特色社会主义法治体系。中国特色社会主义法治是道路、理论、制度、文化的四位一体。

改革开放以来,党汲取历史的经验教训,始终高度重视法治。1978 年,

---

① 习近平.习近平谈治国理政:第 2 卷[M].北京:外文出版社,2017:117,118.
② 中共中央文献研究室.习近平关于全面依法治国论述摘编[M].北京:中央文献出版社,2015:8.

党的十一届三中全会提出"发展社会主义民主、健全社会主义法制"的重大方针。邓小平无疑是中国特色社会主义法治道路的开创者,邓小平民主法制思想为依法治国方略的确立奠定了思想理论基础。在 20 世纪 70 年代末至 90 年代初,邓小平陆续创造性地、系统性地阐述了一系列关于建设社会主义民主法制的思想,1978 年 12 月 13 日,邓小平同志在中央工作会议闭幕式上发表重要讲话《解放思想,实事求是,团结一致向前看》,这个讲话实际上是党的十一届三中全会的主题报告,其中在法律观方面,有三点值得我们特别加以重视:一是"宪法和党章规定的公民权利、党员权利、党委委员的权利,必须坚决保障,任何人不得侵犯"。二是"为了保障人民民主,必须加强法制。必须使民主制度化、法律化,使这种制度和法律不因领导人的改变而改变,不因领导人的看法和注意力的改变而改变"。三是提出社会主义法制建设的"十六字方针",即"有法可依,有法必依,执法必严,违法必究"。①

1982 年,现行宪法制定颁布实施。1997 年,党的十五大报告第一次以党的正式文件形式明确提出:"依法治国,建设社会主义法治国家。"1999 年,九届全国人大二次会议通过《中华人民共和国宪法修正案》,将"依法治国,建设社会主义法治国家"载入宪法,使之成为一项宪法原则。依法治国正式成为中国共产党领导人民治国理政的基本方略。2002 年,党的十六大提出,发展社会主义民主,最根本的是要把坚持党的领导、人民当家作主和依法治国有机统一起来。2007 年,党的十七大提出依法治国是社会主义民主政治的基本要求,强调要全面落实依法治国基本方略,加快建设社会主义法治国家。到 2010 年,中国已基本形成以宪法为核心的中国特色社会主义法律体系,奠定了依法治国的制度基础。

随着依法治国实践的不断深入发展,建立在实践基础上的中国特色社会主义法治理论逐步形成。特别是党的十八大以来,中国共产党从坚持和发展中国特色社会主义全局出发,从实现国家治理体系和治理能力现代化的高度,提出了全面依法治国这一重大战略部署,进一步加快了全面推进依法治国的步伐,也大力推动了中国特色社会主义法治理论的发展和完善。

2012 年,党的十八大确认"法治是治国理政的基本方式",强调要更加注重发挥法治在国家治理和社会管理中的重要作用;明确提出法治建设的"新十六字方针"——科学立法、严格执法、公正司法、全民守法;规定了到

---

① 邓小平文选:第 2 卷[M].北京:人民出版社,1994:147.

2020年法治建设五大阶段性目标任务,即依法治国基本方略全面落实,法治政府基本建成,司法公信力不断提高,人权得到切实尊重和保障,国家各项工作法治化。

2012年12月4日,习近平总书记出席首都各界纪念现行宪法公布实施三十周年大会并发表重要讲话,习近平总书记在讲话中提出了依法治国首先是依宪治国,依法执政关键是依宪执政,提出了坚持依法治国、依法执政、依法行政共同推进,法治国家、法治政府、法治社会一体建设的重要思想。

2014年4月,习近平总书记在十八届中央政治局第十四次集体学习发表重要讲话时指出:"要全面推进依法治国,更好维护人民群众合法权益。对各类社会矛盾,要引导群众通过法律程序、运用法律手段解决,推动形成办事依法、遇事找法、解决问题用法、化解矛盾靠法的良好环境。"①

为加快建设法治中国,2014年党的十八届四中全会召开,这是在党的历史上第一次召开的专题研究依法治国问题的中央全会,会议通过的《中共中央关于全面推进依法治国若干重大问题的决定》,明确提出全面推进依法治国,阐明了全面依法治国的总目标和路线图,系统阐述了中国特色社会主义法治理论的基本内容,全方位绘制了建设中国特色社会主义法治的蓝图。

2016年,党的十八届六中全会专题研究全面从严治党重大问题,强调了依法治国与依规治党的有机结合的重要意义。

2017年党的十九大提出全面依法治国是中国特色社会主义的本质要求和重要保障。必须把党的领导贯彻落实到依法治国全过程和各方面,坚定不移走中国特色社会主义法治道路。习近平总书记在党的十九大报告中提出了"十四个坚持"基本方略,其中第六条就是坚持全面依法治国。全面依法治国是中国特色社会主义的本质要求和重要保障。必须把党的领导贯彻落实到依法治国全过程和各方面,坚定不移走中国特色社会主义法治道路,完善以宪法为核心的中国特色社会主义法律体系,建设中国特色社会主义法治体系,建设社会主义法治国家,发展中国特色社会主义法治理论,坚持依法治国、依法执政、依法行政共同推进,坚持法治国家、法治政府、法治社会一体建设,坚持依法治国和以德治国相结合,依法治国和依规治党有机

---

① 习近平:切实维护国家安全和社会安定 为实现奋斗目标营造良好社会环境[EB/OL].[2021-06-08].http://www.gov.cn/xinwen/2014-04/26/content_2667147.htm.

统一,深化司法体制改革,提高全民族法治素养和道德素质。

至此,中国特色社会主义法治理论基本成型。中国特色社会主义法治理论是在中国特色社会主义法治建设的实践基础上发展起来并与时俱进、不断完善的理论。中国共产党基于马克思主义法学理论,结合我国具体法治实践,以解决中国治理问题为导向,推进马克思主义法学理论的中国化发展,形成了具有中国特色的社会主义法治理论。

二、习近平法治思想是中国特色社会主义法治理论的精髓

(一)习近平法治思想的确立

中国特色社会主义法治理论凝聚着党治国理政的理论成果和实践经验,是集体智慧的结晶,其中习近平同志做出了突出的贡献。党的十八大以来,以习近平同志为核心的党中央高度重视法治工作,加快推进我国社会主义法治建设,推动形成全面依法治国的总体格局,全面依法治国实践取得重大进展。在总结党的十八大以来法治工作实践和法治理论创新的基础上,习近平总书记创造性提出了全面依法治国的一系列新论述和新理念,明确了全面依法治国的指导思想、基本原则、发展道路、总体目标、工作布局、重点任务等,形成了内容丰富、内涵深邃的新时代法治思想理论体系。

习近平法治思想是马克思主义法治理论中国化的最新成果,是习近平新时代中国特色社会主义思想的重要组成部分。党的十九大报告概括凝练的"八个明确""十四个坚持"是习近平新时代中国特色社会主义思想的核心内容。[①]"八个明确"之一,即明确全面推进依法治国总目标是建设中国特色社会主义法治体系、建设社会主义法治国家;"十四个坚持"之一,即坚持全面依法治国。

习近平法治思想创新发展了中国特色社会主义法治理论,使中国特色社会主义法治理论趋向完善和成熟。2020 年 11 月,中央召开首次全国全面依法治国工作会议,确立了习近平法治思想及其在全面依法治国中的指导地位。习近平法治思想既是社会主义法治建设迈入新时代产生的重大理论创新成果,又是新时代法治中国实践的根本指南,深刻回答了新时代为什

---

① 中共中央宣传部.习近平新时代中国特色社会主义思想三十讲[M].北京:学习出版社,2018:7.

么实行全面依法治国、怎样实行全面依法治国等一系列重大问题,是中国特色社会主义法治理论的精髓,为全面推进依法治国指明了前进方向。

时代是思想之母、实践是理论之源。中国特色社会主义的发展进入了新时代,当代中国社会正发生有史以来最为深刻的变革。新时代召唤新思想、新理论,习近平法治思想正是在推进全面依法治国这场国家治理变革的实践中逐步形成和完善起来的。正如栗战书同志所指出的那样,这一思想最为集中地体现在党的十八大报告、党的十八届四中全会文件、党的十九大报告、党的十九届二中全会文件,以及习近平总书记在中央全面依法治国委员会第一次会议上的讲话和 2020 年 11 月在中央全面依法治国工作会议上的讲话中。① 同时依据"马克思主义研究和建设工程重点教材"的《思想道德与法治》中关于习近平法治思想形成发展的论述②,以及发表在求是网的理论文章《习近平法治思想的形成和发展》的相关观点③,笔者综合编制了反映习近平法治思想形成过程的一份表格。表 1-1 的内容反映了自党的十八大以来习近平法治思想形成过程中的一系列关键节点。

表 1-1 习近平法治思想的形成过程

时间	会议	有关内容
2012 年 11 月	党的十八大	提出全面推进依法治国
2014 年 10 月	党的十八届四中全会	专门研究全面依法治国,审议通过《中共中央关于全面推进依法治国若干重大问题的决定》,对全面依法治国进行顶层设计、描绘了宏伟蓝图
2017 年 10 月	党的十九大	确立了包含法治思想内容在内的习近平新时代中国特色社会主义思想,提出到 2035 年基本建成法治国家、法治政府、法治社会,明确了新时代法治中国建设的路线图、时间表
2018 年 1 月	党的十九届二中全会	专题研究宪法修改,由宪法及时确认党和人民创造的伟大成就和宝贵经验,更好发挥宪法的规范、引领、推动、保障作用

---

① 栗战书.习近平法治思想是全面依法治国的根本遵循和行动指南[J].求是,2021(2).

② 本书编写组.思想道德与法治[M].北京:高等教育出版社,2021:190.

③ 是说新语.习近平法治思想的形成和发展[EB/OL].[2022-07-04].http://www.qs-theory.cn/laigao/ycjx/2021-01/21/c_1127007141.htm.

续表

时间	会议	有关内容
2018 年 2 月	党的十九届三中全会	站在加强党对全面依法治国的集中统一领导的高度,决定组建中央全面依法治国委员会,统筹推进全面依法治国工作
2018 年 8 月	中央全面依法治国委员会第一次会议	习近平总书记在会议讲话中提出"十个坚持",系统阐述了全面依法治国的若干重大理论和实践问题
2019 年 10 月	党的十九届四中全会	从推进国家治理体系和治理能力现代化的角度,对坚持和完善中国特色社会主义法治体系,提高党依法治国、依法执政能力作出专门部署
2020 年 10 月	党的十九届五中全会	在制定"十四五"规划和 2035 年远景目标建议时,对全面依法治国作出再部署,对立足新发展阶段、贯彻新发展理念、构建新发展格局立法工作提出新的要求
2020 年 11 月	中央全面依法治国工作会议	确立了习近平法治思想及其在全面依法治国中的指导地位,习近平总书记在会议讲话中提出"十一个坚持",全面阐述了习近平法治思想的核心要义

需要特别指出的是,在习近平法治思想的形成过程中,对这一新时代的法治思想体系的称呼表述有一个逐步演化的过程,即从 2015 年党中央提出"习近平关于全面依法治国重要论述",到 2018 年进一步提出"习近平全面依法治国新理念新思想新战略",再到 2020 年 11 月中央全面依法治国工作会议明确提出"习近平法治思想",这一演进过程体现了理论体系的逐步成熟和内在逻辑的精准化。

(二)习近平法治思想的理论精髓

1.坚持党对依法治国的全面领导

党的十九大报告指出,"中国特色社会主义最本质的特征是中国共产党领导,中国特色社会主义制度的最大优势是中国共产党领导","全面依法治国是中国特色社会主义的本质要求和重要保障。必须把党的领导贯彻落实到依法治国全过程和各方面,坚定不移走中国特色社会主义法治道路"。特别是宣布"成立中央全面依法治国领导小组,加强对法治中国建设的统一领导"。根据 2018 年 3 月中共中央印发的《深化党和国家机构改革方案》,组建中央全面依法治国委员会,加强党中央对法治中国建设的集中统一领导。

习近平总书记在中央全面依法治国委员会第一次会议上强调:"全面依法治国必须正确处理政治和法治、改革和法治、依法治国和以德治国、依法治国和依规治党的关系。"

法治作为一定社会上层建筑的重要组成部分,具有鲜明的政治属性,世界上从来都不存在超阶级、超政治的法治,党法关系折射出政治与法治的辩证关系。习近平总书记深刻指出:"党和法的关系是政治和法治关系的集中反映。法治当中有政治,没有脱离政治的法治。"①

党的十九届四中全会提出坚持和完善党的领导制度体系,提高党科学执政、民主执政、依法执政水平。科学化、民主化、法治化是党的十九届四中全会公报中特别强调的关键词。在全面依法治国的各个领域、各个方面坚持党的领导,是中国特色社会主义法治的最大政治优势。把党的领导贯彻到依法治国全过程和各方面,是我国社会主义法治建设的一条基本经验。

党的领导是实现依法治国根本保证。把党的领导贯彻到依法治国全过程和各方面,具体体现在党领导立法、保证执法、支持司法、带头守法上。把依法治国基本方略同依法执政基本方式统一起来,把党总揽全局、协调各方同人大、政府、政协、审判机关、检察机关依法依章程履行职能、开展工作统一起来,把党领导人民制定和实施宪法法律同党坚持在宪法法律范围内活动统一起来。党本身模范地遵守宪法和法律,自觉在宪法和法律范围内活动,就能够发挥引领和表率作用,极大地推动依法治国方略的落实。

习近平总书记指出"党大还是法大"是一个伪命题。这是因为当代中国法律的本质是党的主张和广大人民意志相统一的体现,党和法、党的领导和依法治国是高度统一的,要始终坚持党的领导、人民当家作主、依法治国三者相统一。党作为一个执政整体,领导人民制定宪法法律、党领导人民执行宪法法律,党自身也必须在宪法法律的范围内活动。因而将党与法分割对立起来、片面比较谁更重要是一个伪命题。

习近平总书记还指出"党大还是法大"是个伪命题,但"权大还是法大"却是个真命题。习近平总书记指出:"我们说不存在'党大还是法大'的问题,是把党作为一个执政整体而言的,是指党的执政地位和领导地位而言的,具体到每个党政组织、每个领导干部,就必须服从和遵守宪法法律,就不

---

① 中共中央文献研究室.习近平关于全面依法治国论述摘编[M].北京:中央文献出版社,2015:34.

能以党自居,就不能把党的领导作为个人以言代法、以权压法、徇私枉法的挡箭牌。"①因此,不能把党的领导作为个人以言代法、以权压法、逐利违法、徇私枉法的借口,这个界线需要划分清楚。

2.人民至上、法治为民

"法治"有时被阐释为"依法治理",那么治理权应该归属谁? 法治究竟为谁而治? 中国特色社会主义法治理论的回答是,法治的出发点和归宿都在于法治为民。

人民性是马克思主义法治理论的鲜明品格。马克思指出:"只有当法律是人民意志的自觉表现,因而是同人民的意志一起产生并由人民的意志所创立的时候,才会有确实的把握,正确而毫无成见地确定某种伦理关系的存在已不再符合其本质的那些条件,做到既符合科学所达到的水平,又符合社会上已形成的观点。"②习近平总书记指出:"我国社会主义制度保证了人民当家作主的主体地位,也保证了人民在全面推进依法治国中的主体地位","坚持人民主体地位,必须坚持法治为了人民、依靠人民、造福人民、保护人民"。③习近平法治思想继承并发展了马克思主义法治理论,明确了人民在新时代社会主义法治建设中的主体地位,体现了尊重人民主体地位、发挥人民主体作用、彰显人民主体价值和维护人民主体利益的系统内涵。

人民中心论意味着人民不仅仅是守法的主体,不仅仅是被管理和规范的对象,而是一切国家权力的来源,是国家和社会治理的主体。法治的主体是人民,坚持人民的主体地位是法治的内在要求。人民权益要靠法律保障,法律权威要靠人民维护。

在社会主义法治国家,人民是依法治国的主体和力量源泉,坚持人民主体地位是依法治国的基本原则。必须把人民当家作主贯彻到依法治国的全过程之中,保证人民的广泛参与。坚持人民主体地位,必须坚持法治建设为了人民、依靠人民、造福人民、保护人民,以保障人民根本权益为出发点和落脚点,要把体现人民利益、反映人民愿望、维护人民权益、增进人民福祉落实到依法治国的全过程。法为民而治,说明了法治的实质目标,明确了法治的

---

①　中共中央文献研究室.习近平关于全面依法治国论述摘编[M].北京:中央文献出版社,2015:37.

②　中共中央马克思恩格斯列宁斯大林著作编译局.马克思恩格斯全集:第1卷[M].北京:人民出版社,1995:349.

③　习近平.加快建设社会主义法治国家[J].求是,2015(01).

主体是人民。

党的十九届六中全会通过的《中共中央关于党的百年奋斗重大成就和历史经验的决议》指出:"党强调,全面依法治国最广泛、最深厚的基础是人民,必须把体现人民利益、反映人民愿望、维护人民权益、增进人民福祉落实到全面依法治国各领域全过程,保障和促进社会公平正义,努力让人民群众在每一项法律制度、每一个执法决定、每一宗司法案件中都感受到公平正义。"习近平总书记指出:"要把体现人民利益、反映人民愿望、维护人民权益、增进人民福祉落实到依法治国全过程,使法律及其实施充分体现人民意志。"①这一论述集中体现了以人民的意志、意愿和利益作为法治追求的鲜明价值定位。以人民为中心,法为民而治,就是要让法治真正成为人民美好幸福生活的可靠保障。

3.全面依法治国是治国理政的基本方略

明确依法治国是"党领导人民治理国家的基本方略"。坚持党领导人民制定宪法法律、党领导人民实施宪法法律、党自身也必须在宪法法律范围内活动。坚决把权力关进制度的笼子,依法设定权力、规范权力、制约权力、监督权力,让权力在阳光下运行,确保国家机关按照法定权限和程序行使权力,把国家各项事业和各项工作纳入法治轨道。

全面依法治国的"全面"含义,至少包括了三层意思。一是全方位,从立法到法律实施,从监督到法治保障,以及执政党的党规约束;二是全主体,法治建设包括法治政府、法治社会、法治国家的建设;三是全过程,包括立法、执法、司法、守法等法治运行的所有环节。

4.走中国特色社会主义法治道路

始终坚持走中国特色社会主义法治道路。明确全面推进依法治国的总目标是建设中国特色社会主义法治体系,建设社会主义法治国家。"全面推进依法治国涉及很多方面,在实际工作中必须有一个总揽全局、牵引各方的总抓手,这个总抓手就是建设中国特色社会主义法治体系。"②建设中国特色社会主义法治体系的基本内容包括建设完备的法律规范体系、高效的法治实施体系、严密的法治监督体系、有力的法治保障体系和完善的党内法规

① 习近平.加快建设社会主义法治国家[J].求是,2015(01).
② 中共中央文献研究室.习近平关于全面依法治国论述摘编[M].北京:中央文献出版社,2015:25.

体系。法律规范体系、法治实施体系、法治监督体系、法治保障体系和党内法规体系建设相互促进、共同发展。这些法治体系内容体现了良法善治的基本要求,涵盖了法治从立法、执法、司法、守法到监督的运行全过程。

5.依法治国首先要依宪治国

依宪治国是全面依法治国的首要任务。宪法是国家的根本法,是治国安邦的总章程,具有最高的法律地位。我国宪法是党和人民意志的集中体现,是国家各项制度和法律法规的总依据,具有最高法律效力。党的十九大明确指出要加强宪法实施和监督,推进合宪性审查工作,维护宪法权威。法治权威能不能树立起来,首先要看宪法有没有权威。必须切实在宪法实施和监督上下功夫,把宣传和树立宪法权威作为全面推进依法治国的重大事项抓实抓好。

任何组织和个人都不得有超越宪法法律的特权,都必须尊重宪法法律权威,都必须在宪法法律范围内活动,都必须依照宪法法律行使权力和权利、履行职责和义务。绝不允许以言代法、以权压法、逐利违法、徇私枉法。必须以规范和约束公权力为重点,加强宪法实施和监督,推进合宪性审查工作,维护宪法尊严、权威。做到有权必有责、用权受监督、违法必追究,坚决纠正一切违反宪法的行为,坚决纠正有法不依、执法不严、违法不究行为。

6.构筑"新十六字方针"的法治基本格局

党的十八大提出了科学立法、严格执法、公正司法、全民守法的法治建设基本格局要求,加快建设执法、司法、守法等方面的体制机制。立法机关要民主立法、科学立法、依法立法,不断提高立法质量,逐步建立起完备的法律体系。建设法治政府,行政机关要严格依法行政。进一步完善行政权力制约体系,严格规范公正文明执法。深化司法体制综合配套改革,全面落实司法责任制。坚持司法公正,努力让人民群众在每一个司法案件中感受到公平正义。把社会主义核心价值观融入法治建设,构建社会主义法治文化。坚持普法教育,增强全民法治观念,提高全民法治素养。

强调"公正是法治的生命线"。这是党的十八届四中全会首次提出的重大理论命题,创造性地将公正提升到生命线的高度,突出强调了公正是法治的价值诉求。公正同时也是社会主义核心价值观的不可或缺的重要组成部分,是中国特色社会主义的内在要求,更是新时代人民群众对于美好生活的要求之一。"以促进社会公平正义、增进人民福祉为出发点和落脚点",司法公正对社会公正具有重要引领作用。新时代法治建设强调司法公正,就要对我国现行司法体制存在的问题进行大刀阔斧的改革,切实保障司法机关依法独立公正地行使司法权。

司法是匡扶社会正义的最后一道防线。在现代社会,法治的实践状态在很大程度上体现在司法上。立法只不过是将纷繁复杂的人类行为归纳抽象为一般的、普遍的行为规范,而司法则是从抽象到具体的过程,将这些抽象的规范运用于具体的案件处理中,赋予具体的个案实际的规范效果。因此,司法对法律的适用是最为直接的也是最为关键的环节。习近平总书记一再强调"努力让人民群众在每一个司法案件中感受到公平正义"。

司法机关必须严格公正司法。公正是对司法的基本要求,是法治的生命线。唯有司法公正,法律才有权威,人民才会相信法治;司法不公,则导致社会丧失对法治的信任,维护法律权威将成为一句空话。

司法公正,包括程序公正和实体公正,二者相互依存,缺一不可。实体公正以程序公正为前提,程序公正以实体公正为依归。没有实体公正,程序公正就会失去价值,而没有程序公正,实体公正也会成为泡影。因此,需要大力推进司法体制改革,发挥律师的积极作用,提高司法公信力,更好地维护社会公平正义。

公平正义是社会主义法治的价值追求,执法和司法机关应当惩恶扬善、伸张正义。人民群众对美好幸福生活的向往包括了实现社会公平正义。社会越公平、越正义,人民群众就越有安全感、幸福感。因此,司法机关和执法机关在法律运行中都应当以实现公平正义作为最高的价值追求。2020年全国两会上,《最高人民检察院工作报告》提到了多个典型案例,其中提到"指导地方检察机关查明涞源反杀案、邢台董民刚案、杭州盛春平案、丽江唐雪案等影响性防卫案件事实,依法认定正当防卫"。最高检的工作报告一口气点出了四起正当防卫案例,让人们意识到检察机关鼓励公众依法保护正当权益,彰显社会正义的决心。在一些地方,正当防卫制度一度处于"沉睡"状态,我国关于正当防卫的立法其实已经比较完整。强化责任担当,依法适用正当防卫,激活正当防卫制度,既是顺应人民群众对公平正义、正当权益保障的期待,更有利于彰显依法防卫者优先保护的理念,鼓励公民依法保护自身合法权利,让"法不能向不法让步"深入人心,才能坚定公众对法治的信仰。

7.坚持依法治国和以德治国相结合

党的十八大报告、党的十九大报告都明确提出全面推进依法治国必须坚持依法治国和以德治国相结合的原则。坚持依法治国与以德治国相结合的原则,就是在中国共产党的领导下,充分发挥法律与道德各自的作用,使法治与德治协同并举、同向发力,为建设中国特色社会主义提供有力保障。

德法兼治理论是习近平法治思想的重要组成部分,是法治中国建设逐步走向成熟的重要体现。德法兼治是有利于提升国家和社会的治理效能的重要举措,国家和社会治理现代化的新目标,赋予了法治与德治关系新的时代气息。全面深化改革背景下的中国,社会利益格局深刻调整,诸多复杂的矛盾问题无法回避。国家和社会治理愈加需要加强德法兼治,以形成人人遵从法律、人人崇尚道德的和谐氛围,进而形成治理的合力,加大治理的力度,提高治理的效能,才能有效应对复杂多变的社会环境,有力维护社会大局的稳定,保障中国特色社会主义道路的顺利通畅。如此方为治国之上策,国家发展才能行稳致远。

坚持德法兼治是中国特色社会主义法治道路的鲜明特色。经过长期的实践与理论探索,中国的法治建设走出了一条中国特色的法治之路,这条法治之路的重要特征之一就是坚持依法治国和以德治国相结合。习近平总书记指出:"治理国家、治理社会必须一手抓法治、一手抓德治,既重视发挥法律的规范作用,又重视发挥道德的教化作用,实现法律和道德相辅相成、法治和德治相得益彰。"①这是依据我国国情探索具有中国特色的国家与社会治理方式的理性选择、最佳选择、必然选择。

8.坚持依法治国和依规治党有机统一

形成完善的党内法规体系,是中国特色社会主义法治体系的有机组成部分,体现了全面从严治党的法治化、制度化要求。

依法执政是新的历史条件下中国共产党治国理政的基本方式,是全面推进依法治国的必然要求。而坚持依法执政的基本要求,就是"全面提高党依据宪法法律治国理政、依据党内法规管党治党的能力和水平"。坚持依法治国与依规治党统筹推进、一体建设,深刻反映了中国特色社会主义法治发展的内在机理。

党的十八大以来,以习近平同志为核心的党中央深刻把握治国理政的规律,把党内法规制度建设摆在重要位置,对统筹推进依法治国与依规治党一体建设提出顶层设计方案,为加强新时代党内法规制度建设、坚持依法治国与依规治党有机统一提供了理论指引和行动指南。习近平总书记强调,

①　习近平.加快建设社会主义法治国家[J].求是,2015(01).

要正确处理好依法治国与依规治党的辩证关系,"发挥依法治国和依规治党的互补性作用,确保党既依据宪法法律治国理政,又依据党内法规管党治党、从严治党"。①

完善党内法规,是中国特色社会主义法治体系的重要组成部分,是法治体系建设中最具中国特色的一项。党内法规既是管党治党的重要依据,也是建设社会主义法治国家的有力保障。党内法规与国家法律应当相互衔接相互协调,但党规不同于国法,党规是遵纪守法中的"纪",性质属于纪律。党纪严于国法,对共产党员的党内纪律约束以党章和党内法规为依据,应当比普通公民承担的法律义务更加严格。纪律不能抵触宪法和法律,但纪律可以严于国法。这是新时代下依法治国、依法执政提出的新要求。打铁还需自身硬,必须高标准、严要求,要以高于国法要求的标准强化党内法规体系建设,加强对党员尤其是党员领导干部的行为规范、权力规制。

9.从社会主义初级阶段的国情条件出发建设法治中国

中国特色不等于中国例外。从普遍性和特殊性的哲学原理看,法治具有普遍性和特殊性。法治的普遍性表现在各国法治具有共性的一面,如维护公平正义、保障人权等。学习借鉴世界上优秀的法治文明成果,是要增强对法治普遍性的共识。而坚持法治的中国特色是因为法治又具有特殊性,这是由各国自身历史传统、社会条件、国家发展目标等背景和条件决定的。习近平总书记指出:"坚持从实际出发,就是要突出中国特色、实践特色、时代特色。要学习借鉴世界上优秀的法治文明成果,但必须坚持以我为主、为我所用,认真鉴别、合理吸收,不能搞'全盘西化',不能搞'全面移植',不能照搬照抄。"②

固然要吸收借鉴人类法治文明的有益经验和成果,但更为重要的是要从中国的实际情况出发,尤其要从我国长期处于社会主义初级阶段这个最大的国情实际出发,积极稳妥地推进全面依法治国的伟大实践。习近平总书记指出:"走什么样的法治道路、建设什么样的法治体系,是由一个国家的基本国情决定的。"他强调:"全面推进依法治国,必须从我国实际出发,同推进国家治理体系和治理能力现代化相适应,既不能罔顾国情、超越阶段,也

---

① 习近平.加强党对全面依法治国的领导[J].求是,2019(04).

② 中共中央宣传部.习近平新时代中国特色社会主义思想学习纲要[M].北京:学习出版社,人民出版社,2019:100.

不能因循守旧、墨守成规。"①

中国的法治建设能够取得成功,离不开一定的社会基础。但是,当前的法治建设仍然面临着社会基础不够坚实的挑战。法治不仅取决于目标、机制设定是否合理、适度,也取决于是否能够促成实现法治的社会条件的产生。例如,《中华人民共和国老年人权益保障法》当中有关于"常回家看看"的规定,虽然立法力图解决现实问题,从立法目的、法理上能够成立,但是社会条件和经济因素制约了儿女们"常回家"的可能性。换句话讲,法律如果真要让子女"常回家",就必须改变当前就业形势下职业潜规则所造成的不敢回家、不能回家的种种限制。

(三)习近平法治思想的重大意义和重要价值

习近平法治思想"为建设法治中国指明了前进方向,在中国特色社会主义法治建设进程中具有重大政治意义、理论意义、实践意义"②。同时,习近平法治思想对科学社会主义、中国特色社会主义法治理论、建设法治中国的实践具有重大意义和重要价值。

1.习近平法治思想为发展和完善科学社会主义做出了贡献

法治是一个国家和社会政治文明发展进步的重要标志,社会主义中国所创造的经济长期高速发展、社会长期保持稳定的"两个奇迹"与我国在法治领域的历史性发展息息相关。习近平法治思想提出"法治中国"的命题,强调必须厉行法治,将法治与社会主义紧密结合起来,重视发挥法治对中国特色社会主义"固根本、稳预期、利长远"的保障作用,指明了在国家和社会治理现代化进程中必须依托法治,明确了依法治国是发展和完善中国特色社会主义的客观需要和必然选择等一系列的重要论断。这些马克思主义法治理论中国化的新成果为发展和完善科学社会主义做出了独创性、原创性、集成性的贡献。

2.习近平法治思想创新发展了中国特色社会主义法治理论

习近平法治思想继承和发展了马克思主义的法治思想,开创了马克思主义法治理论的新境界,实现了马克思主义法治理论中国化的新飞跃。习近平法治思想是习近平新时代中国特色社会主义思想的重要组成部分,深

---

① 习近平.加快建设社会主义法治国家[J].求是,2015(01).
② 本书编写组.思想道德与法治[M].北京:高等教育出版社,2021:190.

刻回答了新时代为什么实行全面依法治国、怎样实行全面依法治国等一系列重大的理论与现实问题,是顺应实现中华民族伟大复兴时代要求的重大理论创新,是中国特色社会主义法治理论创新发展的最新成果。习近平法治思想是逻辑构成严密、系统科学完备的理论体系,凸显了中国特色社会主义法治理论的精髓,展现出法治领域的中国话语、中国智慧、中国气派,是对以往法治观点和理论层次的超越。法治中国建设的理论与实践还为实现良法善治的全球治理提供了中国方案、中国模式、中国经验,使得世界不再仅把西方话语体系的法治理论、法治道路、法治模式奉为圭臬。

3.习近平法治思想是新时代引领建设法治中国的根本遵循和实践指南

习近平法治思想的产生有着深厚的理论基础和现实的实践逻辑。其生成是建立在以马克思列宁主义的法学理论和法治思想为指导的基础上,同时还批判继承了中国传统法律文化精神,借鉴了人类社会迄今创造的优秀法治文明。习近平法治思想是在法治领域"把马克思主义基本原理同中国具体实际相结合、同中华优秀传统文化相结合"的"两个结合"的集中体现,是马克思主义法学思想理论中国化及其创新的重大成果。习近平法治思想既是重大的理论创新成果,又是法治中国实践的根本遵循。坚持以科学理论为引领,是成功建设法治中国的根本保证。2020 年 11 月中央召开全国全面依法治国工作会议,确立了习近平法治思想及其在全面依法治国中的指导地位。在历史发展的关键时期,习近平法治思想的确立,为深入推进全面依法治国、加快建设社会主义法治国家,提供了科学的思想理论指引。

三、习近平法治思想的基本要义与理论体系

(一)习近平法治思想的基本要义

习近平法治思想内涵丰富,其核心思想是全面依法治国,基本要义可以总结概括为"三个核心要义"、"五个原则"和"十一个坚持"以及"一个灵魂"等。

1."三个核心要义"

习近平总书记指出:"坚定不移走中国特色社会主义法治道路,关键是坚持党的全面领导,坚持中国特色社会主义制度,贯彻中国特色社会主义法治理论。……这三个方面实质上是中国特色社会主义法治道路的核心要

义,规定和确保了中国特色社会主义法治体系的制度属性和前进方向。"①
中国特色社会主义法治道路,是社会主义法治建设成就和经验的集中体现。
习近平总书记特别强调"决不能在根本性问题上出现颠覆性错误"。在走什
么样的法治道路问题上,必须向全社会释放正确而明确的信号,指明全面推
进依法治国的正确方向,统一全党全国各族人民认识和行动。②

2."五个原则"

《中共中央关于全面推进依法治国若干重大问题的决定》中提出坚持走
中国特色社会主义法治道路、建设中国特色社会主义法治体系的五个原则,
即坚持中国共产党的领导,坚持人民主体地位,坚持法律面前人人平等,坚
持依法治国和以德治国相结合,坚持从中国实际出发。

3.从"十个坚持"到"十一个坚持"

在 2018 年中央全面依法治国委员会第一次会议上,习近平总书记提出
全面依法治国必须把握"十个坚持":坚持加强党对依法治国的领导;坚持人
民主体地位;坚持中国特色社会主义法治道路;坚持建设中国特色社会主义
法治体系;坚持依法治国、依法执政、依法行政共同推进,法治国家、法治政
府、法治社会一体建设;坚持依宪治国、依宪执政;坚持全面推进科学立法、严
格执法、公正司法、全民守法;坚持处理好全面依法治国的辩证关系;坚持建
设德才兼备的高素质法治工作队伍;坚持抓住领导干部这个"关键少数"。③
在此基础上,2020 年 11 月 16—17 日在北京召开的中央全面依法治国工作会
议上,习近平总书记进一步提出了"十一个坚持",深化和拓展了中国特色社
会主义法治理论。④

4."一个灵魂"

上述的第一条内容都是关于党的领导,《中共中央关于全面推进依法治
国若干重大问题的决定》明确指出社会主义法治必须坚持党的领导,党的领
导必须依靠社会主义法治。依法治国始终必须坚持党的领导,党的领导是
中国特色社会主义法治建设的根本保证。因此,坚持党的领导被称为中国

① 中共中央宣传部.习近平新时代中国特色社会主义思想三十讲[M].北京:学习出版
社,2018:186.

② 习近平.论坚持全面依法治国[M].北京:中央文献出版社,2020:93.

③ 习近平.习近平谈治国理政:第 3 卷[M].北京:外文出版社,2020:284-287.

④ 习近平.坚定不移走中国特色社会主义法治道路 为全面建设社会主义现代化国家
提供有力法治保障[J].求是,2021(05).

特色社会主义法治之魂。

（二）习近平法治思想的理论体系

习近平法治思想主要体现在党的十八大以来习近平总书记的一系列报告、讲话、文章、批示、指示等重要文献之中。习近平总书记2020年11月在中央全面依法治国工作会议上的讲话中强调的"十一个坚持"是习近平法治思想的核心要义。"十一个坚持"包括：第一，坚持党对全面依法治国的领导。第二，坚持以人民为中心。第三，坚持中国特色社会主义法治道路。第四，坚持依宪治国、依宪执政。第五，坚持在法治轨道上推进国家治理体系和治理能力现代化。第六，坚持建设中国特色社会主义法治体系。第七，坚持依法治国、依法执政、依法行政共同推进，法治国家、法治政府、法治社会一体建设。第八，坚持全面推进科学立法、严格执法、公正司法、全民守法。第九，坚持统筹推进国内法治和涉外法治。第十，坚持建设德才兼备的高素质法治工作队伍。第十一，坚持抓住领导干部这个"关键少数"。[①]

研究分析"十一个坚持"的内在逻辑，可以从三个层面理解把握：一是从政治方向的高度规定了全面依法治国的性质和方向，明确了全面依法治国的根本保证、根本目的、根本道路，体现在第一至第三个的"坚持"；二是围绕全面依法治国总目标展开战略部署，明确了全面依法治国的总抓手、工作布局和重点任务，体现在第四至第九个的"坚持"；三是从营造良好条件的角度，分析并强化全面依法治国的保障体系，明确了全面依法治国的所需条件、人才支撑等，体现在第十至第十一个的"坚持"。

"学习贯彻习近平法治思想，首先是要吃透基本精神、把握核心要义，把握住全面依法治国的政治方向、重要地位、工作布局、重点任务、重大关系、重要保障。"[②]从学理上讲，以问题导向为研究范式，可以将习近平法治思想的理论体系概括为六个主要方面，即关于全面依法治国的政治方向的论述、关于全面依法治国的重要地位的论述、关于全面依法治国的工作布局的论述、关于全面依法治国的重点任务的论述、关于全面依法治国的重大关系的

---

① 习近平.坚定不移走中国特色社会主义法治道路 为全面建设社会主义现代化国家提供有力法治保障[J].求是,2021(05).

② 栗战书.习近平法治思想是全面依法治国的根本遵循和行动指南[J].求是,2021(02).

论述、关于全面依法治国的重要保障的论述。① 在这六个主要方面包含了具有层次递进关系与内在逻辑联系的一系列重要观点,其中涵盖了"十一个坚持",从而勾勒出习近平法治思想的理论体系的构成谱系(参见表1-2)。

表1-2 习近平法治思想的理论体系

理论层面	主要观点
1.全面依法治国的政治方向论	法治领导观:坚持党对全面依法治国的领导,党的领导是推进全面依法治国的根本保证; 法治人民观:坚持以人民为中心,推进全面依法治国的根本目的是依法保障人民权益; 法治道路观:坚持走中国特色社会主义法治道路。
2.全面依法治国的重要地位论	法治方略观:法治是党领导人民治国理政的基本方式,全面依法治国是新时代坚持和发展中国特色社会主义的基本方略; 法治本质观:全面依法治国是中国特色社会主义的本质要求和重要保障; 厉行法治观:全面依法治国是国家治理的一场深刻变革,提出法治中国的命题。
3.全面依法治国的工作布局论	法治治理观:坚持在法治轨道上推进国家治理体系和治理能力现代化; 法治体系观:明确依法治国的总目标和总抓手,坚持建设中国特色社会主义法治体系; 法治系统观:坚持依法治国、依法执政、依法行政共同推进,法治国家、法治政府、法治社会一体建设。
4.全面依法治国的重点任务论	宪法权威观:坚持依宪治国、依宪执政; 法治格局观:坚持全面推进科学立法、严格执法、公正司法和全民守法; 法治全球观:坚持统筹推进国内法治和涉外法治。
5.全面依法治国的重大关系论	党法统一观:党法关系; 依法改革观:改革和法治; 德法兼治观:依法治国和以德治国; 依规治党观:依法治国和依规治党。
6.全面依法治国的重要保障论	法治人才观:坚持建设德才兼备的高素质法治队伍; 法治干部观:坚持抓住领导干部这个"关键少数"; 法治文化观:加强法治研究、法治教育和普法宣传,构建社会主义法治文化。

---

① 编写组.习近平法治思想概论[M].北京:高等教育出版社,2021:15,16.

第二章　德治的理论与实践

康德说,道德不是教导我们如何使自己幸福,而是教导我们如何无愧于幸福。也就是说,道德教导人们认识对自己、对家庭、对他人、对社会、对国家应负的责任和应尽的义务,教导人们正确认识社会生活的规律和原则,从而正确选择自己的生活道路并规范自己的行为。假如没有道德或者失去道德,人类生活就不可能是美好的,只能是一个弱肉强食的动物世界,人们也就无理性、无智慧可言。

第一节　道德与德治

一、道德与德治的概念

道德看似人的一种本能,其实是后天养成的合乎理性的行为规范和准则。人类的文明很大程度是靠道德的建立来保障的。道德要求我们、帮助我们,并在生活中约束着我们。道德是人类进化成熟、脱离原始蒙昧、精神获得升华的重要标志。

（一）道德的概念

教育部统编 2021 年版《思想道德与法治》教材中将道德表述为:"道德是一种特殊的社会意识形态,它是以善恶为评价方式,主要依靠社会舆论、传统习俗和内心信念来发挥作用的行为规范的总和。"[①]并从三方面展开论述:"道德是反映社会经济关系的特殊意识形态","道德是社会利益关系的

---

① 本书编写组.思想道德与法治[M].北京:高等教育出版社,2021:131.

特殊调节方式","道德是一种实践精神"。① 道德不仅是一种社会意识形态,还以一种调节方式成为社会治理的手段;道德不仅是一种社会规范,同时还作为实践精神形成个体对于内心的把握。

道德是社会矛盾的调节器。人生活在社会中总要和自己的同类发生这样或那样的关系,不可避免地要发生各种矛盾纠纷,这就需要通过社会舆论、风俗习惯、内心信念等特有形式,以一定的善恶标准去调节社会中人们的行为,指导和纠正人们的行为,使人与人之间、个人与社会之间关系能够臻于和谐。

道德是一种社会意识,是一种特殊的调节规范体系。马克思主义认为,道德不是人的自然本质固有的"善良意志",而是建立在一定社会经济基础上的思想关系,是一种特殊的社会意识形态或上层建筑。它作为思想关系,就其一般本质而言,是对社会物质关系的反映,是由社会物质生活条件特别是经济关系所决定并为其服务的社会意识形态。而作为一种特殊的社会意识形态,道德又具有区别于其他意识形式的特殊本质和规定性,从而使道德成为一种凭借善与恶、公正与偏私、诚实与虚伪等观念来把握现实世界的"实践精神"。马克思主义的这一道德本质观,为我们认识当今社会的错综复杂的道德现象提供了基本的理论依据和方法指导。

(二)德治的概念

德治,指通过发挥道德的教化作用,以其说服力和劝导力提高社会成员的思想道德觉悟,用道德调整社会关系,以道德引导、约束和规范社会成员的行为,从而维护社会的和谐稳定和国家的长治久安。

道德主要是通过人们内心的道德信念和对思想活动的引导来影响人们的外部行为。道德教化是使人扬善弃恶的基本途径。与法治中的法律不同,德治中的道德实施不是依靠强制性手段,而是通过道德教化的柔性手段,以其说服力和劝导力来影响和提高社会成员道德觉悟,使人们自觉地遵守这些行为规范。德治着重的是通过人们内在思想的觉悟以致外部言行举止的自律,强调的是通过自我道德修养达到"真善美"人格塑造的目的。所谓"说服力",指通过启迪人们的道德觉悟、激励人们的道德情感、强化人们的道德意志、增强人们的荣辱观念,培养和形成古人所说的"羞耻心",从而使人们

---

① 本书编写组.思想道德与法治[M].北京:高等教育出版社,2021:134-135.

在内心深处形成道德行为的内在动因。所谓的"劝导力",指通过形成广泛的道德舆论,培养良好的道德环境,增强人们的道德责任感,使人们认识到,如果一个人不能履行自己应尽的道德义务或者违反了社会的道德要求,就必定要受到舆论的谴责和公众的批评,甚至招致事业的挫折和失败。

社会舆论的力量是无形的,却是不容忽视的。强大的社会舆论,能够对社会的一些重大问题产生重要影响。它能够在潜移默化中,改变人的思想道德意识,改变社会的风气,形成某种道德的氛围。这种社会舆论,一旦同内心信念相结合,就能发挥出强大的作用。

二、道德和法律的关系

道德、法律都是社会规范,并且都是涉及每个人的适用范围最为广泛的规范,对调整社会关系、形成与维系社会秩序起基础性作用,因此堪称社会基本规范。道德和法律作为规约人类社会行为的两大准则,二者既相互区别又相互联系。

(一)道德与法律的异同

道德和法律都具有规范人们行为、调节社会关系、维护社会秩序的作用,在国家和社会治理中都有其不可替代的地位和作用。道德与法律的相同之处,主要表现在:

1.道德与法律都是调节人们行为、协调人际关系、维护社会秩序的基本社会规范。

2.道德与法律都是社会上层建筑的重要组成部分,通过调节社会关系、规范人的行为,共同服务于经济社会的有序发展。

道德与法律各自又有不同的特点和作用,在调节领域、调节方式、调节目标等方面发挥的作用和方式存在很大不同,彼此不能相互取代。道德与法律的不同之处,主要表现在:

1.产生方式不同。法律是由国家创制的,具有鲜明的国家意志性特征;道德是在社会实践中逐步形成和发展的,或者说是"约定俗成"的。

2.表现形式不同。法律大多条文化,以成文化的方式存在,要求比较具体、明确,其现实的可操作性较强,惩罚幅度的伸缩性较小,因此法律具有确定性的特征。相对于法律的这种确定性,道德则作为一种价值观念存在于人们的意识之中,显示出具有一定的模糊性的特点。道德大多以不成文的习惯的方式存在,要求比较原则、模糊、抽象,操作上有一定的弹性、柔性。例如,我们提倡集体主义道德,要求热爱集体。热爱集体要热爱到什么程度才合乎道德标准?是仅以不损害集体利益为标准呢,还是以牺牲小我成全集体为标准?如果是以牺牲小我为标准,那么要做出多大的牺牲才算是达到了道德规范的要求?这些都无法去做出一个十分具体的规定,而这种道德标准的歧义,往往又会引起争议。而法律却不同,它要定分止争,什么是合法的,什么是不合法的,什么是允许的,什么是禁止的,必须规定清楚而明确。

3.调节的着力点不同。法律调节的着力点在人的外部行为,对人的内在思想有重要影响,但无法直接调整。道德调节的着力点在人的内在思想,并通过思想支配行为,进而调整人的外在行为。道德作为一种规范既调整、约束人的行为,也直接调整、约束人的思想。法律作为一种规范,虽然也会影响人的思想,但就法律本身的性质而言,这种影响是间接的,法律直接的着力点是调整、约束人的外部行为。道德既管人行也管人心,不仅协调社会利益关系及其矛盾,而且深刻触及人们的心灵世界和行为动机。

4.调整的范围不同。法律因其强制性、刚性、一元性,适用范围有一定的局限性,不能调节所有的社会关系。虽然覆盖了大多数主要的社会关系,还是有些层面的问题并不完全适用法律来解决,例如亲情、爱情、友情等涉及情感伦理的问题。相比之下,道德的适应性、适用面更广泛。从这个意义上说,道德是法律的补充。法律调整不到的关系,道德可以发挥调节作用。从作用范围来看,道德比法律适用范围更广,受道德谴责的,未必会受法律的制裁,但受法律制裁的,几乎都是道德所谴责的。道德和法律调整社会关系的范围有交叉,但各有各的调整功能、作用、方式、方法,不能相互取代。

5.调节的方式不同。法律以权利和义务为基本内容,通过权利和义务调节人们的行为,马克思指出"没有无权利的义务,也没有无义务的权利"。然而,道德主要依靠善恶引导人们的行为,一般只规定人们的义务,却不指明对应的权利。

6.依靠的力量不同。法律主要依靠国家强制力推行,是由国家强制力保障实施的行为规范,具有强制性的特征。而道德主要依靠社会舆论、风俗习惯和对道德的信念,以及个体的自律所形成的内在约束力来维持,具有非强制性的特征。法律规范和道德规范都具有行为规范的功能,但各自起作用的机理不同。法律规范主要依靠国家强制力作为后盾而发挥强制的作用,道德规范主要靠社会舆论和人的良心而发挥劝导和教化的作用。

7.道德是自律的,法律是他律的。法律侧重于调整人们的外部活动,由国家强制力保证实施,靠外部强制性的约束,是一种他律;道德侧重于调整人们的思想活动,是发自内心的自我约束和社会舆论的外力作用于内心活动的内外结合结果,是一种自律。

8.存在的时间不同。从道德和法律的起源看,先有道德后有法律,道德存在的时间更为久远。原始社会就存在道德,但原始社会没有法律,法律是伴随着阶级、国家的出现而产生的。

(二)道德与法律的联系

道德和法律关系密切,彼此之间存在天然的、内在的联系。习近平总书记指出:"法律是成文的道德,道德是内心的法律。"

"法律是成文的道德"或"法律是显露的道德"意思:法律是道德的载体之一,法律体现了一定的道德要求。法律以道德作为价值基础,包含着道德的要求。之所以用"成文""显露"这样的词,是因为相对于道德来讲,法律表现形式比较具体,通常用书面的形式记载,是由国家创制并以国家强制力保障实施的。而道德相对比较笼统模糊,大多存在于一个社会的风俗习惯之中。

"道德是内心的法律"或"道德是隐藏的法律"意思:在行为的调整过程中,道德和法律一样起着一定的调节作用,只是和法律对行为的强制性调节不同,道德依靠人的自律调节行为,但自律的效果并不比他律的效果弱,有时甚至效果更好。所以说道德是一种"内心的""隐藏的"的法律。

究其本质,道德无外乎是将外在的客观规律转化为内在的人的素质而形成的一种精神特质,是人类对于自身生存和发展状态的一种规范、设计和引导。正是由于这种自我意识,人才能在自己的内心"立法",以道德来指导自己的行为,完善自己的人格。法律以其权威性和强制性规范,约束社会成员的行为,道德以其感召力和劝导力提升社会成员的思想觉悟,共同引领社会成员的行为。法律和道德关系密切,相辅相成、相互促进。道德是法律的价值基础,没有道德的法律,只是建筑在沙滩上的建筑物,是不可能稳固的。道德为法律提供了思想基础和价值标准,法律则为道德提供了法理依据和制度保障。

法律有助于强化人们遵守基本道德,道德有利于增进人们守法的自觉性。法律是对人们行为的硬约束,而道德是对人们行为的软约束。事实上法律不可能是十全十美的,其疏漏就需要用道德来弥补,而道德的许多内容又被法律吸收,加以制度化、规范化。因此,加强法治建设有利于道德建设,而加强道德建设,又有利于人们将对法律的认识内化为人们的思想意识,与道德融为一体,增强人们守法的自觉性。

一般而言,法律是底线的道德。对一个人的行为进行道德的调整,当道德调整显示出无力并且已经触及底线时,就需要使用法律来进行规制,强化对行为的调整。从这个意义上说,法律是道德的底线。但如果仔细分析,会发现并非完全如此。法律在形式上既有义务性规范,包括命令性规范(必须做什么)和禁止性规范(不能做什么),还有授权性规范(可以做什么),其中授权性规范,显然不全然是底线性的道德。并且法律的部分内容,特别是在技术性的部分,本身无关善恶的问题,与道德没有交集,自然也不属于底线的道德。另外,不是所有的底线性道德都会成为法律,这里不是必然性关系而是选择性关系,如果道德不入法,底线性道德也就不可能成为法律。如同我们说法律体现统治阶级的意志,但统治阶级的意志并不一定都表现为法律。总之,法律和道德属于不同的领域,二者那些看似"交叉"或"重合"的部分实际也有着不同的属性和要求。

法律规定了下限,是谁都不可以触碰的底线,而道德则是一把高度尺,是引导人们向文明高峰迈进的标杆。随着社会文明的发展,向上向善的标准会逐渐提高,法律的底线也会随之逐渐升高,这样人类社会文明才会越来越进步。

真理往前再跨一步就会成为谬误,任何关系的处理都必须适度。尽管法律与道德存在千丝万缕的联系,但也要注意克制以道德破坏法治、以道德之名干预法律的冲动,同时法律作为道德的底线,不能违背道德的价值取向。总之,既不能割裂法律和道德两者之间的联系,又不可搞两者相互替代。

(三)道德与法律关系的若干规律

1.法律和道德的要求标准不同

法律的要求,是法律面前人人平等;道德的要求,是多元和分层次的。社会不同层次的群体有不同的道德标准,但法律强调的是在法律面前人人平等,非经法律的规定,不允许存在特殊的群体。无论在哪一个社会发展阶段,由于生产力发展的不平衡性都会有不同的社会关系并存。在同一生产关系下,还存在着不同的利益集团或阶层。用马克思主义的观点来分析,不同的阶级、不同的利益集团由于其所处的社会地位不同,利益不同,会有不同的道德观。特别是我国正处在社会主义初级阶段,生产力发展水平还不平衡,从生产关系上看,既有国家所有制,也有集体所有制,还有私人所有制,多种所有制形式并存。因此,即使剥削阶级作为阶级已经被消灭了,但是不同的利益群体或利益集团还是存在的,这些不同的利益群体或集团,由于其具体利益不同,也就必然会有不同的道德观。这也是需要加强社会主义核心价值观建设,寻求和谐社会最大公约数的重要原因。同时,即使在同一生产关系之下,同一利益集团之中,由于个体环境的不同,个体的道德水平也有所不同。正是道德的这种多元性和多层次性,决定了我们不可能只用同一种道德标准去要求每一个人。否则,德治只能是一种乌托邦式的幻想。

2.不能用道德的原则和道德评价取代法律的规则和司法审判

大部分情况下,法律和道德还是相适应的。但毕竟道德和法律存在着差异性,不管是法律还是道德同样受到各阶层不同利益的制衡,在某一阶段认为是符合道德准则,却不一定符合法律规范,另一阶段可能判定为不符合道德规范,却符合法律规则,这就产生了道德与法律之间的张力。这也是现实中出现合法不合德、合德不合法困境的主要原因。例如,改革开放后,允许私营企业雇佣工人做工,私营业主获取了工人的剩余劳动价值,如果用社会主义道德来衡量,剥削是不道德的行为。但从国家和社会发展的实际需要看,只有允许存在此类一定"获取"的情况,才能最大限度地促进生产力的发展,才能充分调动人们创造财富的积极性,才能增加更多的就业机会。然而,这种人们认为不符合道德的现象,从更好更快地发展社会生产力的需要出发,法律不仅不禁止,反而视其为合法收入加以法律保护。

在现代社会条件下,法律与道德发生冲突的时候,法律应当优先适用。现代社会是法治社会,法治要求"法律至上"。法律与道德产生冲突时,不能用道德的原则和道德评价取代法律的规则和司法审判。道德和法律不能混为一谈,决不能以德代法,但法律本身也要注意遵循道德的价值取向。如我国古代"二十四孝"中有"埋儿奉母"的说法,在道德上说,"百善孝为先",尽孝道是值得肯定的,如此行为在古代社会被作为典范广为宣传,而从现代法治看,这显然是违法行为,即使是为了孝顺父母,也不可以剥夺子女的生命作为代价,否则必定要受到法律的严惩。

3.道德与法律是互补的关系

法律与道德相互补充,可以达到刚柔并济的效果。道德催人向上,法律防人向下。法律与道德犹如车之两轮、鸟之两翼不可分离。两者都有它独特的存在价值,不是谁比谁更重要的问题。道德可以是指引法律走向完善的工具,却不应是用来突破法律底线的借口。强调"以德治国",但不能过分夸大道德的社会作用,把道德说成是万能的。法律同样也不是万能的,法律也有其局限性,需要道德的补充。充分运用法律与道德两种机制调整社会关系,才能形成合力,提高治理效能,有效调节社会关系、维护社会秩序。

法律与道德相互渗透。我们可以将此现象概括为法律的道德化和道德的法律化。道德的法律化,是将人类的道德理想、原则、规范等纳入法律的过程;法律的道德化,是使法律规定内化为道德要求的过程,是法律得以被社会主体普遍遵守乃至信仰的过程。有了法律的形式,道德才能被更为有效地遵守;有了道德的内核,法律才能为人们真正信服并践行。从一定意义上说,法治教育也是一种法律道德化的过程,通过教育使得法律内化成为人们思想的一部分,影响人的思想与信仰,改变人的意识和精神,进而调整和规范人的行为。

三、德治和法治的关系

(一)德治与法治的区别

法治和德治虽然有广泛的联系,但两者始终是两种不同的治理国家和社会的方式,二者不可混淆。从法律和道德的区别中就可以看出法治和德治有明显不同,如二者产生的条件不同,表现形式不同,实施方式不同,调整范围不同等。

在治理的手段上,德治以说服力和劝导力来规范人的行为,法治以其强制力来规范人的行为。法治带有权威性和强制性,保证社会生活有序运行和公民合法权益不受侵犯;德治则更多地依靠社会舆论、风俗习惯、价值评判、良知觉悟,通过说服、劝导来规范人们的行为,在社会生活中有极强的渗透力和影响力。法治的背后是国家强制力的支持,法治是制度性的硬约束,具有强制性特征。德治是非制度性的软约束,不依靠国家强制力约束,特征上是非强制性。

从治理机制上看,法治是依法律而治,德治是以道德而治。国家靠法院、警察机关等带有强制性的国家机器来保证法律的实施,强调用法律制度来治理国家,用强制的手段来约束人们的行为,这是法治的主要特点。道德的实施不是依靠强制性手段,而是通过道德教育的手段,发挥说服力和劝导力来影响和提高社会成员的道德觉悟,使人们自觉地遵守这些行为规范。因此,法治只能约束外部行为,而德治不仅可以约束外部行为,还可以从内部约束人们的思想意识。

法治和德治对社会成员都具有约束作用,但约束作用的内在要求和表现形式不同,行为人违反两种规范所承担的后果也并不相同。法治主要依靠法律的预测作用、惩罚作用、威慑作用和预防作用对公民和社会组织的行为进行约束,并对违反法律的行为追究法律责任、给予法律制裁;德治发挥作用主要通过人们的内心信念、传统习俗、社会舆论等进行道德教化,并对违反道德的行为进行道德谴责、引起主体的内省。

从作用力看,德治着力于通过提高人的内心觉悟和建设人的动机文明来端正人的文明行为;法治则着力于通过约束人的外部行为和建设人的行为文明来发掘人的内心文明。德治着力于建设个体文明,通过榜样的力量促进社会群体文明水平的提高;法治则着力于建设群体文明,通过群体文明的提高,防范、震慑个体的越轨行为。德治着力于强调人的义务意识、责任意识;法治致力于维护人的权利,强调人的权利意识。

从实现途径上看,法治和德治的实现方式和实施载体不同。法治主要依靠制定和实施法律规范的形式来推进和实施,国家要保护什么、不保护什么,倡导什么、禁止什么,都得有明确的法律依据,法有禁止不得为,体现的是规则之治。德治主要通过培育和弘扬道德等途径来推进和实施,以价值、精神和理念等形式表现出来,用善恶引导人们自觉地在行动上符合道德要求,体现的是自律之治。

此外,法治强调的是"依法治国",德治强调的是"以德治国"。依法治国中的"依"是"依据"的意思,即依据什么进行治国的意思;以德治国中的"以"是"用"的意思,解释为"手段",即用什么手段进行治国的意思。

(二)德治与法治的联系

法治和德治都是一种规范形式,一种治理方式,两者虽然形态各异,但在内容上相互渗透,追求"善治"的目的也是一致的,因而二者是相辅相成,辩证统一的关系。

1.德治与法治关系密切

法治与德治是国家治理、社会治理的两种手段,二者密切联系、相互配合。作为一种他律,法律的主要功能在于"惩恶",而"扬善"则主要应依靠道德的自律来进行,因而在"扬善"方面,法律有着自身先天的不足,需要道德来加持。同时,法律的创制和运作也必须以正确的思想道德观念为指导。同样,德治也离不开法治的支持与配合。道德作为一种规范,主要是依靠社会舆论、风俗习惯和人们的内心信念来推动。对于某些严重违反社会基本道德规范的行为,客观上需要运用法律的强制力,才能有效制止失德的行为。

一般来说,违反法律规范,同时就意味着违反道德规范,而违反道德规范,则不一定同时违反法律规范。从这个意义上说,法律规范可以理解为道德规范的"底线"。社会通常是把一些最基本、最重要的行为规范,用国家强力机器作后盾的法律形式加以规范化,以防止社会成员超越这道最后的防线,破坏社会的基本秩序。

2.德治与法治都以维护一定的社会秩序为使命

秩序是德治与法治存在的价值基础,又是二者可以并举的理论依托。法治与德治之所以能够被人们认同成为两种治国理论和治理模式,主要就在于它们能够给人们带来秩序,而秩序的意义在于它是人类得以生存和发展的前提和保障。

因此,德治与法治都是实现国家稳定和长治久安的重要保障。国家的稳定和长治久安,既离不开法律也离不开道德。法律可以利用其背后的国家强制力保证政治决策的民主化、科学化,合理配置各种资源,及时解决市场经济发展过程中人民内部的各种矛盾和纠纷,有力打击各种危害国家和社会的颠覆和破坏活动等。而道德则可以利用其内在的意识影响力来防止各种邪恶思想的产生,可以限制人们的某些欲望,减少其利益冲突,以加强人们的团结,增强社会凝聚力,还可以对法律的创制和实施提供有力的支持、配合和协调。

3.德治与法治是互补关系

"法治"与"德治"的最终归宿都在治国上,但二者在治国的侧重点上却截然不同。法治与德治,一个靠国家机器的强制和威严来起作用,一个靠人们的内心信念和社会舆论来起作用,二者殊途同归,其目的都是要达到调节社会关系、维护社会稳定的作用,对于一个正常社会的健康运行,各自起着独特、不可替代的作用。

如果说法治主要是靠外在的力量、从强制的角度来规范人的行为的话,德治就是主要从人的内心、从人的思想觉悟上要求自觉地遵循这些规范。以德治国的"德"以"扬善"为重要的目标,而依法治国的"法"以"抑恶"为重要的指向,国家和社会的治理必须把"扬善"与"抑恶"有机统一。将法律的规范作用和道德的教化功能充分发挥出来,做到刚柔并济,协同合力,才能提高对国家、社会的治理效能。由于道德本身没有国家的强制力支撑,一旦有人违反了道德准则,不仅没有受到应有的惩罚,相反,道德败坏者还能从中得到某种程度的好处。这种行为必然会影响道德教化的效果,甚至会起到反教化作用。如果仅靠道德的约束,显然无能为力,因此,必须借助法律的强制力,只有通过法治的"惩恶",才能达到德治所要达到的"扬善"目的。

作为一种行为规范,法只是约束人们的外在行为,对人的内心世界则无法有效约束。人的内心世界建构还需要靠人本身,再好的法律,假如没有具备应有素质的人去执行,仍无异于一纸空文。尽管法律具有确定性、稳定性等优势,但仅靠法治的局限性也非常明显,例如立法的滞后性、法律的不完善以及实施过程的人为干扰因素等。因此,单纯"治法"不足以"治人",要实现法治的理想目标,还需要配合德治"治人",提高人的素质。

法治和德治不是互相排斥的关系。一个健康的社会应当法治和德治并存。如果只有德治而没有法治,那么站在道德制高点的人就可以随意对别人进行道德绑架,就会成为胡适所说的"一个伪君子遍布的肮脏国家",到最后社会必然分崩离析;如果只有法治,那么社会也会变得无人情味,治国的方式没有一点温度,整个国家就会变成一架冰冷的机器,人人自危,这样的社会迟早也会毁灭。人人遵从法律,人人崇尚道德,法治与德治有机统一,方为治国上策。

(三)构建法治、德治、自治相融合的社会治理体系

一般来说,社会治理依靠法治、德治和自治三条路径来实施。法治建立在法律规范的基础之上,是基本的社会治理规则;德治以道德为基础,以社会舆论、传统习俗和内心信念来调节社会关系;自治则是通过法律赋予一定的自主权,社会主体以自我教育、自我管理、自我服务和自我监督的方式自觉地参与社会治理。三种治理方式各有优势和特色,具有很强的互补性。

从对行为的规范角度看,法律和道德都是一种行为规则,但两种规则体系不同,有各自不同的特点。在一个运转有序的社会中,由于法律的规范性、明确性、强制性而成为调整利益关系的主要手段,但同时还有其他如经济的、政治的、行政的调控手段,道德也是其中的一种,而且是非常特殊的一种。道德和法律各有优缺点,如果能紧密配合,就可以更有效地规范、引导、评价和矫正人的行为。因此,在加强法治建设的同时必须重视加强道德建设,反之亦然。

法治不是将法律之外的非正式制度、秩序形态排除在外。而是将那些有利于法治秩序形成的因素均纳入治理结构中。这在整体上有助于降低法治实施的成本,促进法治的生长。例如,互联网商业所发展出来的非正式约束机制。如果把阿里巴巴等互联网商业理解为一种新型的组织,那么,这些商业组织面对的一个基本挑战就是如何约束分散、非面对面互动的客户,保证网络商业的基本信用与秩序。从现在的实践来看,这些互联网商业组织正在创造大量的规则,建立了信用评分等一系列约束和激励机制。这些机制和规范使进入这个领域的商家、消费者在不知不觉之中被有效地规制。这些非正式机制有效地提供了高度网络化社会交往对规则和秩序的需求,成为国家法律的有效补充。

我们既不能等到社会条件成熟了才来建设法治,也不能不顾社会实际进行"变法"。法治建设虽然是由国家主导,但是,法治秩序的形成并非国家的单向作用。法治的形成是国家与社会相互作用、法律与非正式制度互动的结果。法律和其他非正式约束规则之间的关系以及它们的实施机制决定着秩序的现实状态。法治应该是法律秩序与其他规范性秩序之间融贯、协调的秩序形态。因此,有了法律、建立了制度并不等于建立了法治,法治的建立是动态、变迁的过程,法治是在社会变迁中得以建立。在发展和变革的背景下,我们需要更加审慎地对待法治的社会基础,法治需要建立在更加坚实的社会基础之上。

当前我国法律体系及其运作还面临着与非正式规范之间的复杂关系,法律秩序与其他规范性秩序之间远没有达到有效整合的程度。如何处理法律与非正式规范之间的关系,如何促进有助于法律制度运行以及社会秩序形成的非正式规范的产生,本身就是法治建设应当考虑的内容。

2014 年党的十八届四中全会提出:"深化基层组织和部门、行业依法治理,支持各类社会主体自我约束、自我管理。发挥市民公约、乡规民约、行业规章、团体章程等社会规范在社会治理中的积极作用。"

2020年3月,中央全面依法治国委员会印发了《关于加强法治乡村建设的意见》。按照实施乡村振兴战略的总体要求,加强自治、法治、德治相结合的乡村治理体系,坚持以社会主义核心价值观为引领,着力推进乡村依法治理,教育引导农村干部群众办事依法、遇事找法、解决问题用法、化解矛盾靠法,走出一条符合中国国情、体现新时代特征的中国特色社会主义法治乡村之路,为全面依法治国奠定坚实社会基础。在推进法治乡村建设中,要坚持法治与自治、德治相结合,以自治增活力、法治强保障、德治扬正气,促进法治与自治、德治相辅相成、相得益彰。

第二节　德治的历史发展

一、中国古代的德治

我国有悠久的以德治国传统。孔子曰:"为政以德,譬如北辰居其所而众星共之。"意思是通过道德来治理,就像北极星被众星围绕一样,老百姓都会拥戴。追溯德治思想的历史渊源,主要是由先秦儒家提出来的。对儒家"德治"思想要加以批判继承,古为今用、以古鉴今,努力实现传统文化的创造性转化和创新性发展,为构建社会主义法治国家、坚持依法治国和以德治国相结合提供有益借鉴。

(一)中国古代德治的含义

德治是中国古代的一种治国理论,是儒家学说倡导的一种治理模式。中国古代社会的"德治",强调充分发挥道德感化作用,用道德教化方式对人的心灵进行改造,使人向善,提高人的道德素质,将遵守社会等级秩序及其行为规范变为一种自觉,从而达到国泰民安的目的,其中心思想是统治阶级依靠对人民施行道德教化,令人主动地心悦诚服而不是靠严刑峻法来迫使人民敬畏和服从。

汉武帝罢黜百家,独尊儒术之后,儒家的德治思想在历朝历代一直处于主导地位。汉以后的历朝历代都将儒家奉为正统,在德法关系上遵循"德主刑辅"的原则。唐朝继续并发展了汉魏晋的法律儒家化的潮流,其特点是

"一准乎礼"，其指导思想是"德礼为政教之本，刑罚为政教之用"。明朝在德法的关系上采用"刑乱国用重典"的指导思想，但并不放弃德礼的教化作用。清朝基本延续了前朝的做法。我国历代封建王朝基本奉行"德主刑辅""出礼入刑"的思想。其结果是，道德具有法律的威势，甚至代替了法律，把道德义务和法律义务等同视之。封建统治者把许多道德的东西都规定在法律之中，以法律的形式树立和保障道德的权威。

以孔孟为代表的儒家建立了一套以"仁"为核心、反映封建等级关系的严整的道德规范体系，成为调节人与人之间关系的基本准则，并由此确立了主导中国封建社会上千年政治实践的"德治"思想，根本目的还是维护统治阶级的统治需要。传统儒家德治思想的核心内容是在君主施政上强调要对老百姓实行"德政"，或称"仁政"。主要体现在以下几个方面：

1.以德教民。注重对民众的道德教化，十分重视道德感、羞耻心在人的行为中的作用。对老百姓而言是要培养其"羞耻心"，正所谓"道之以政，齐之以刑，民免而无耻；道之以德，齐之以礼，有耻且格"。认为人有了"羞耻之心"，才能从内心构筑起抵御一切诱惑的坚固防线。换言之，如果统治者选用严刑峻法来进行统治，那么结果只能是严刑峻法逼迫广大民众不敢犯罪，却没能感化民众；相反，统治者实施道德礼教就能让广大民众自觉地认识到是非和羞耻，广大民众就会遵循道德礼教的内容自我规范和自我约束。

2.以德为政。德治要求统治者要以身作则，要求先"正己"后"正人"。统治者有德行，才能使百姓有德行，要充分发挥道德感化作用和示范作用。中国古代的"德治"，要求君主和所有的官吏都必须是一个"有道德"的人。所谓"有道德"，就是注意"修身"，随时随地加强自己的道德修养：在家庭中，要孝敬父母；在孝敬父母的同时，还要"推己及人"，做到"老吾老以及人之老，幼吾幼以及人之幼"。一个"有道德"的人，不仅应当帮助他人和关心社会，最重要的是要忠于国家社稷。对统治者来说，具备高尚品德是必要条件，统治者具有高尚的品德，广大民众才会效仿，进而认同其统治。如果为政者都具有高尚的品德，都能以道德来治理国家与社会，都能以身作则，那么民众就会拥戴统治者。正所谓"其身正，不令而行；其身不正，虽令不从"，"政者，正也。子帅以正，孰敢不正"。

3.以德治吏。在治理官吏方面，儒家的治理思想主张"以德治吏"，也就是用道德去教化官吏，用道德的感召力感化官吏，从而培养出为国家服务的一批具有仁爱之心、道德高尚的官吏,这样的官吏才能很好地辅佐统治者管理国家和社会。

4.以德惠民。孔子主张要满足"民之所欲","因民之所利而利之"。当政者应该以广大民众的诉求与利益作为治理的立足点和着眼点,强调道德在社会生活中的激励作用,使道德在改善社会风气、协调人际关系、维护社会秩序方面发挥特别重要的作用。

我国古代的德治,其发展主要有两个阶段:先秦的儒家德治,秦汉以后的儒家德治,前后德治的内容发生了极大的变化。先秦之德为普适性的德,具有鲜明的民本主义精神,如孔子的"仁者爱人"、孟子的"民为重,社稷次之,君为轻"等观点。秦以后的德治观念则是建立在以"君为臣纲、父为子纲、夫为妻纲"以及"仁、义、礼、智、信"三纲五常为基础,以"忠君"为最高道德的封建社会的德治。先秦德治的实质原本就是君主的一人之治,秦汉以后这种理念又进一步被强化。

秦统一中国后,采用了法家的主张,建立起封建专制的中央集权制度。西汉初年,先后采用了儒家的"仁政"、道家的"无为而治"和墨家的节俭思想。西汉汉武帝采纳董仲舒"罢黜百家,独尊儒术"的建议,实现政治上、思想上的"大一统",使儒家思想从此成为中国社会的正统思想,正式形成了"外儒内法"的治国模式,逐步形成了"德主刑辅"的统治方式。

(二)"外儒内法、礼法并用、德主刑辅"的治理模式

中国两千多年的封建社会中,封建统治思想在不同时期分别吸收了墨、儒、道、法等各家的思想主张,虽被采纳的程度有所不同,但从总体来看,中国古代思想家们力图取各派之长,逐步形成了"外儒内法、礼法并用、德主刑辅"的治理模式。

统治者尽管独尊儒术,但其实是"外儒内法",还吸纳了部分法家思想,礼法并用。如果用盖房子来比喻,秦始皇的法家制度搭建了封建专制制度的根基和梁柱,而汉武帝则通过"罢黜百家,独尊儒术"对房屋精装修了一番,这样一来,房子不仅坚固,而且好看,这就是"外儒内法"。

法家在经济方面表现为"重利"、"弱民"和"抑商"三个方面。"重利"决定了法家会大力发展社会经济;"弱民"决定了法家治国目的是"国强",而不是"民富";"抑商"则决定了法家会强制干预经济、垄断关键产业,达到"富国强兵"的目的。放任自由的经济制度是非常不利于君主专制和中央集权的,

对于中国古代的封建大一统王朝来说,专制和集权是永恒的主题,为了达到这两个目的,封建统治者只能选择对经济上的绝对管控和强制干预,为了不暴露出其秦始皇法家的本色,只能借仁义道德的儒家思想,在意识形态上进行统一,在思想上形成束缚。这是历代封建王朝"外儒内法"的重要原因。

德治作为中国古代治国的基本理念,主张以对民众以道德教化为主,以刑罚手段为辅,即所谓的"德主刑辅""明德慎罚"。以道德教化的手段进行国家和社会治理,对我国古代社会的政治运行和社会调控产生了深远影响。在以德治为主的社会中,道德高于且优先于法律。德治以性善论作为学理依据,而性善论则认为人人可以为尧舜,只需要依靠道德感化就能改变心性。因为人人可为"君子"而非"小人",对"君子"的治理是不需要借助于法治的惩罚机制,如此一来,法治的存在价值也就不重要了。

中国古代的中华法系具有"法律儒家化"的特点,所谓"法律儒家化"指儒家的伦理道德价值观逐渐融入法律之中,体现出中华法系独特的运作方式。西汉以后推行以儒家经义为指导的"春秋决狱",成为"法律儒家化"的重要媒介和催化剂。

儒家思想主张"慎刑恤罚",这是儒家"仁"的观点在法律上的重要表现,而"仁"的最基本含义就是"爱人",即重视人的生命。中国在世界各文明古国中率先废除了肉刑,这与儒家的"德治"学说不无关系。

中国古代的法律是民刑不分、诸法合体,基本等同于刑罚,和道德相比,儒家认为法律的作用是辅助性的,仅是社会治理的一种辅助手段,以德治国才是主要的手段,并且强调执法效果须与社会道德效果相统一。

儒家主张"德主刑辅",提倡为政以德,以德服人,以德化人,重视道德教化,重视礼治,将道德礼仪化、法律化。重视对民众的道德教化,一方面通过礼仪的教化,倡导社会伦理价值观的统一;另一方面辅以"刑罚"的手段,将礼制成文法化,制定严苛的刑罚,提倡"刑错而不用"的治理效果。

(三)礼治与礼法结合

中国古代社会的"以德治国"又被称为"以礼治国","德治"有时也被看作就是"礼治"。"齐之以礼",行为符合"礼"的规范与约束,是儒家礼治的核心理念。在儒家看来,"礼"是社会中各种行为规范的总和,贵贱、尊卑、长幼和亲疏有其特殊的行为规范。以礼治国,也就是用伦理规范治国,并约束人的行为。

儒家倡导要以"礼"为源头,构建起以家规和族规为代表的社会治理体系。中华民族素以礼仪之邦闻名于世,历来重视礼治,重视礼在维护社会秩序中的作用。春秋战国时代,天下诸侯争霸,导致"礼崩乐坏",诸多礼仪规范和制度规范被破坏严重。鉴于此背景,孔子提出"礼治"的主张。国家与社会管理应该高度重视道德教化和品行修养,把"礼"作为规范人与人之间关系、人的日常行为的基本准则。

在长期的实践中,许多古代思想家、政治家逐步认识到单纯依靠法治和单纯依靠德治都不足以维护统治者的地位,于是主张德法并用。儒家思想与法家思想并非截然对立。实际上,儒家的"礼"中潜藏着的"法"的形式。生活在战国晚期的荀子,提出"隆礼重法"的治国理念。在"礼"与"法"的关系上,他继承孔子的观点,认为礼是高于法的。而对于法的重要地位和作用的认识,却又突破孔子的观念,汲取法家的"法治"观,主张"礼法并重",从而把"礼"与"法"当作治国安邦的两大根本手段。《唐律疏议》中"德礼为政教之本,刑罚为政教之用"就是对这一治理模式的概括,使之成为历代统治者维护和巩固国家政权的基本国策。

中华法系不仅有大量的道德伦理价值观直接以律令的形式在成文法典中做出规定,如《唐律》中的"十恶""五刑"。中国古代的行政和司法并没有严格的区分,执法、司法人员也不限于政府的官员,这种执法和司法体制是跟礼法合一的体制相适应的。中国古代的礼法是一个庞大的系统,既有中央政府颁布的礼典、律典等成文法,还有大量以礼义为基础的乡规民约、家法族规、行规会规等习惯法。"礼之所去,刑之所取",背离伦理道德价值观的行为,法律必然要惩罚,礼法关系充分体现了道德伦理价值观融入法律的特点。

二、儒法之争

(一)儒法之争的核心问题

中国古代先秦儒法两家在国家治理实践中的论争,其实是"法"与"人"的作用孰为第一性的法哲学命题论争。法家主张"人性恶",人有许多的弱点和不确定性,所以治理国家应当依靠法律;儒家则认为法律的制定和执行均依靠"人",而"法"总是存在缺点和漏洞的,要靠"人"来补救,因此治国应当靠"人"。

我国最早的法律从一开始就带着浓重的伦理道德色彩。周朝搞的宗法制就是以"亲亲、尊尊"原则为基础,社会制度、国家制度、法律制度等以"礼"为依据,以"礼"为准绳。春秋战国时期"礼崩乐坏",早年儒家单纯注重道德,忽视国家的实力,导致奉行儒学的诸侯国先后灭亡。《管子》一书中提出了"以法治国"一词,战国的商鞅、韩非等人又进行了"以法治国"思想的实践和发展。

春秋战国时期,百家争鸣,关于德治与法治的论辩十分激烈。这一时期,儒家提出"德治"思想,实质主张"德主刑辅",孔子认为"宽以济猛,猛以济宽,政是以和",孟子也提出"徒善不足以为政,徒法不能以自行"。由于战国时期的儒家思想在当时未能得到统治者的重视和青睐,而同时期的法家思想则顺应了变法图强的时代潮流,从而盛极一时、备受推崇。然而,司马迁评价法家思想"可以行一时之计,而不可长用"。秦王朝覆灭的事实使汉初统治者重拾儒家"德治"思想,"罢黜百家,独尊儒术",并将其发挥到了极致。董仲舒在继承孔孟之道的基础上提出"三纲五常"的学说,将其确立为儒家核心思想和封建社会的基本道德准则。汉代以降,"德治"思想一统天下、独领风骚,经唐宋至明清,传统的伦理政治思想已然根深蒂固。

2000多年前发生在中国的这场"儒法之争",几乎在政治和文化上定义了中华文明,产生了极其深远的影响。在战国时期,中国分裂成了若干个王国,进行了旷日持久的争霸战争,最终秦国凭借其严苛法度,在经济和军事上超越了诸多对手,并于公元前221年统一中国。为秦国建立这一套法家制度的是商鞅,商鞅变法推动秦国成就霸业而在历史上为人熟知。法家思想自那之后开始高歌猛进,不过并没能持续太久,秦朝严酷无情的法度激起了民众的反抗,最终秦王朝仅仅持续了14年就在叛乱四起中覆灭。

法家思想的核心,是制定律法条款并严格执行,在执法的过程中人人平等,不能例外,也就是程序正义压倒实质公正。管子及其后来的法家都强调依法治国,反对儒家的亲亲原则,即反对儒家以伦理代替政治或者以伦理干涉政治。他们认为,伦理无法信任,不能被当作政治的根本,即使伦理有积极意义,也由于其生效太过缓慢而变得微不足道。

而儒家思想则以"天下"理念为核心,将道德上的正当性作为规则的出发点及衡量结果的标准。统治者只要心系天下苍生、造福于民,那么就拥有神圣的权力。但是倘若没能履行这一使命,就会"德不配位,必有灾殃"。《荀子·王制》中说:"'君者,舟也,庶人者,水也。水则载舟,水则覆舟。'此之谓也。故君人者欲安则莫若平政爱民矣。""水能载舟,亦能覆舟"的思想,代表了儒家对统治者与老百姓关系的一种基本看法。一言蔽之,儒家更看重的是实质正义,而不是程序上的合法性。但在古代社会里,君主是治理的主体,民众是被治理的客体,德治的目的始终是巩固封建统治的秩序。

法家虽然主张以法治国,但他们的基本思想也是把民众作为治理的对象,说到底就是以法治民、以法驭民。这与现代法治存在实质性的区别,现代法治强调法律至上,治理权归属于人民,人民须受法律约束,但人民同时又享有依据法律管理国家和社会的权力。

孟德斯鸠在其《论法的精神》中写道:"有两种坏现象,一种是人民不遵守法律,另一种是法律本身使人变坏,后一种祸害是无可救药的,因为药物本身就包含着这种祸害。"①所谓"法律本身使人变坏"是耐人寻味的。过分强调法律的手段性、工具性,因人废法、权大于法,使得法律的随意性增大,稳定性变差。不合理的法律制度对人的异化、奴化,使得专制之法走向了人的价值的反面。

(二)历史选择了儒家的德治

儒家的德治思想主导了中国古代德治的发展方向,构成了中国德治传统的主要内容。儒家思想主要包括了九个方面的道德价值观,分别是仁、义、礼、智、信、恕、忠、孝、悌。在这九个方面中,仁和义是核心,统领和贯穿着其他七个方面。

仁是孔子最高的道德理想。孟子也最重仁,孟子对于孔子仁的思想的发展,特别表现在孟子以性善论为基础,提出由此而生仁义礼智四德。在关于仁的伦理思想的基础上,孟子提出了仁政的学说。孟子以仁作为施政的出发点,要求统治者"施仁政于民"。仁义是孟子的道德论的核心思想,但是孟子所说的"仁义"是有阶级性的,是建筑在封建等级社会的基础之上的。

孟子把人伦关系概括为五种,即"父子有亲,君臣有义,夫妇有别,长幼有序,朋友有信"。孟子认为,仁、义最为重要。仁、义的基础是孝、悌,而孝、悌是处理父子和兄弟血缘关系的基本的道德规范。他认为如果每个社会成

---

① 孟德斯鸠.论法的精神:第1卷[M].许家星,译.北京:中国社会科学出版社,2007:245.

员都用仁义孝悌来处理各种人与人的关系,社会秩序的稳定和天下的统一就有了可靠保证。

儒家的仁爱是建立在家族主义之上的。一个人首先爱自己的父母、家人、兄弟姐妹,然后把这种爱泛化到家庭成员之外的社会人群当中去,如朋友、同学、同事等。也就是说,孝、悌是仁爱的源泉,个体与朋友和他人之间的关系是家族主义的一种泛化。但儒家的仁爱并不是没有节制、是非不分的,而是正义的、适度的仁爱。当个体成功地做到了正义的仁爱,也就达到了儒家所说的道德的最高境界,即中庸。按照儒家思想,这些内省式的美德是个体事业成功、家庭幸福以及人际关系和谐的决定性因素。

儒家的道德准则和美德主要体现在恰当的行为规范"礼"当中。如果说正确适当的"仁"是所有儒家美德的核心,"礼"就是这些美德的外在表现。"礼"主要是伦理关系和社会行为规范,即"五伦"组成的系统。"五伦"规定了五种基本的伦理关系:君为臣纲、父为子纲、夫为妻纲、长幼有序、新旧有别。这些关系的重点是和谐与仁爱。借由这些基本的伦理关系,社会秩序的稳定得以保证。中国社会已经在这样的社会秩序下运行了几千年,儒家传统价值观早已深深扎根在中国人的心里。

儒家的德治之所以是人治,首先是由于它赖以施行的政治制度是剥削阶级的专制制度,专制制度的基本特征就是人治。虽然中国古代社会有历史同期相对完备的刑律等法制,但皇帝是凌驾于法律之上的。正是人治的社会政治制度,决定了为统治阶级所采纳的儒家所谓"德治"必然归结为人治类型的德治。孔子和其他儒家思想家不可能超越历史发展阶段,提出民主政治的治国方略,不可能从政治上认识到君主专制制度的危害。他们在思想感情上,仍然是统治阶级的代言人和维护者。因此,他们也只能在人治的专制制度的框架内提出自己的德治思想和道德理想。

在中国古代专制制度的背景下,不仅儒家的德治归结为人治,就是法家所谓的"法治"也必然沦为人治类型的变种。一般认为法治是排斥人治而注重制度性约束的,但中国古代法家的"法治",仍然是与人治相结合的,甚至是与治理手段残暴的人治相结合的。法家思想在中国历史上最辉煌的时期,是帮助弱小的秦国变法图强,并最终由秦始皇统一全国,创立中国第一个大一统的封建王朝的时期。秦始皇最欣赏的思想家是韩非,最重要的辅佐之臣是李斯,韩非和李斯均是著名的法家代表人物,因而,秦始皇的治国方略正是法家的"法治"。秦朝制定的《秦律》在当时来说是空前完备的,它奠定了整个中国封建社会的刑律体系的基础。然而，秦始皇也是绝对凌驾于《秦律》之上的。秦王朝二世即亡，一个重要的原因，就是秦始皇统一中国后，没有及时地调整治国策略，而是一味沿用法家的严刑峻法，导致民不聊生、民怨沸腾，阶级矛盾严重激化，最后陈胜、吴广揭竿而起，天下响应，弹指间不可一世的秦王朝便灰飞烟灭。西汉之后儒家的德治思想能够登上历史舞台，与统治阶级反思秦朝覆灭的历史教训紧密关联，汉代统治者认为"仁义不施"是造成秦王朝覆灭的根本原因，认识到"纯法之治"的弊端。

相对而言，法家的人治由于过于残酷，从而被历史所摒弃；儒家的人治由于对统治阶级多少还有一点约束和警示作用，被认为是一种怀柔的人治，成为能够适应历史发展需要的治国方略，从而被历史所接纳。攻心为上，是儒家德治的特点。因此，儒家德治的治道之术，也可以说是"心治"，是治心之术。历朝历代的统治阶级将儒家的"德治"树为官方正统的治道之术，正是看中了儒家这一套学说对于维护统治的独特作用。在剥削阶级社会中，这套学说既可以在一定程度上缓和尖锐的阶级矛盾，同时也具有很大的欺骗性，起到麻痹人心的作用，使人们盲目顺从统治阶级的压迫。一旦社会阶级矛盾尖锐到不可调和的时候，统治阶级就撕下假仁假义的面具，对百姓施以残酷的压迫。

儒家与法家在汉代早期进行了一番激烈的儒法之争后，最终儒家得以胜出，成为中国2000年来的主流思想。然而，实际情况要更为复杂，尽管中国在汉朝时期罢黜百家、独尊儒术，将儒家地位提高至正统的国家意识形态，但是法家思想始终作为不可或缺的一部分存在于中国的政治生态中。

（三）传统德治的得与失

在儒家思想的体系中，皇帝受天命治理天下必须依据道德准则。只有奉行"替天行道"，统治者的权力才是具备正当性的。而孟子在这个问题上给出了更加明确的回应，违背道德准则的统治者可以被废黜。在制度层面上，儒家思想塑造出一套严密的官僚体系，使得平民出身的官员能够参与国家的治理，这些士大夫们便是儒家道德伦理治国的化身。

然而，传统道德规范也有明显的不足，主要表现在三个方面：首先是"重义轻利"。小人与君子的划分就是看你重不重视利，你重视利就成小人了，但是人性本能是追求利的。其次，传统道德是以三纲为基本架构的，没有人际平等。最后，中国传统道德观念里群体的利益是第一位的，忽视个体权利。

儒家思想虽然形式上主仁义、重道德，但其实是一种思想上的束缚。儒家伦理的重大缺陷是只强调义务而忽视权利，只强调"人情"而泯灭"人性"。儒家虽然有博爱、仁义、天下为公、天下大同等思想，但这些并不等同于权利。儒家伦理片面强调义务。传统中国社会是一种以"君君、臣臣、父父、子子"为特征的身份社会而不是契约社会，它依靠的是义务论而非权利论来得到维持。孔子所提倡的"仁者爱人"，在几千年的宗法社会里可以看出，仁者"爱"的不是自由个性的人，而是以等级身份制为其实质内容的宗法关系，这样的结果是宗法共同体对人的自由个性的压抑。无怪乎鲁迅在《狂人日记》中批判道传统文化就只是"吃人"二字。儒家"道德"的堡垒，遮蔽了"吃人"的事实，同时在"道德"的基础上制定严刑峻法，让"吃人"合法化。

传统社会倡导"德主刑辅"，这种社会治理模式较之于现代法治思想，存在许多缺陷。具体而言，不重视权利，缺乏对基本权利的保护。由于德治思想片面强调义务论，基本权利未得到保障，公私边界模糊。由于传统德治观念建立在由家到国的类比基础之上，社会成员之间的关系被不恰当地用家庭关系刻画出来，缺乏了对公私边界的划分，社会成员之间的交往并未发展出公平、正义等价值观。例如，由于传统道德在具体内容本身存在着非正义的一面，为维护孝之伦理，有些案件的裁判几乎是匪夷所思甚至是非人道的。司法裁判的终极目的皆是维护所谓的道德。

德治的作用是有限的，道德不是万能的。社会的发展是由社会物质生活条件所决定的，并有其客观规律性。马克思、恩格斯在《德意志意识形态》中指出："共产主义者不向人们提出道德上的要求，例如你们应当彼此相爱呀，不要做利己主义者呀等等；相反，他们清楚地知道，无论利己主义还是自我牺牲，都是一定条件下个人自我实现的一种必要形式。"[①]企图用所谓的德治来排斥法治，只是一种幻想，是唯心主义的。当然法律有其自身的局限性，我们不可能用法律去解决一切问题，那种企图用法律去规范一切行为的想法同样也是不切实际的。

片面依赖德治将损害法治，并最后损害德治本身。这是传统德治中的一项根本缺陷，其首要原因还是在于它对人类行为所作的不平等的二分法假定。在儒家思想家的眼中，有的人是"君子"，有的人是"小人"；"君子喻于

---

① 中共中央马克思恩格斯列宁斯大林著作编译局.马克思恩格斯全集:第3卷[M].北京:人民出版社,2002:275.

义,小人喻于利"。他们假设,用胸怀大义的"君子"去统治社会,自然就达到了天下太平的境界;而赋予那些自私自利的"小人"们以统治的权利,则似乎是一件不可思议的事情。儒家在这里忽略了一个基本社会事实:即人类在本性上是共同的,在某种意义上,每个人都是"君子"也都是"小人",只是程度不同而已。虽然德治的理念可以为社会普遍接受,它也未必能获得有效的施行。正如孟子本人指出,"徒善不足以为政"。传统的"德治"强调用道德力量去正面感化人的心灵,通过说服教育促使人自觉遵循社会的道德规范。但现实生活的经验表明,治理国家不可能完全依靠道德教化,在必要的时候,社会必须对严重损害他人利益的行为进行法律制裁。

儒法之间其实并无根本性的矛盾,秦汉以后儒法合流,法家对严明规则的追求通过历代王朝重视成文法典的编撰颁布得以延续,而儒家对于"人"的因素的考虑则通过政治领域对官僚群体的道德训练和社会领域的伦理道德教育得以体现。这种传统的德治与法治相结合的治理模式延续千年,只是其成败在很大程度上取决于帝王、贵族和官僚全体是否具有清醒的政治觉悟和过硬的人格道德表率,稳定性较差。

我们必须认识到,古代儒家的"德治"思想,有其鲜明的阶级性和历史局限性。它为维护封建地主阶级的统治服务,过分夸大道德在社会中的作用,以至于在强调"德治"的过程中也确实形成了一定程度上的"人治"。中国古代的法家就曾经有针对性地指出过这一点。然而,法家又因此而走向了另一种片面性,表现为不加分析地反对儒家的"德治"思想,否认道德教化和道德感化的重要作用。因此,我们必须正确对待古代儒家的"德治"思想,既汲取它的合理的、正确的方面,又抛弃其不适应现代社会要求的糟粕的方面。

三、近现代西方国家的德治

西方国家近代以来在国家和社会治理的模式上推行法治,但也不排斥德治。在西方,治理社会的特点是一手靠法律,一手靠《圣经》,法律管行为,《圣经》管内心。西方国家主要通过宗教发挥约束人们行为、提升民众道德素质的作用。

中国自孔子开始,儒家在理想层面上始终以实现德治为目标,西方自柏拉图开始,也有对德治向往的思想,如其在《理想国》中所揭示的他对德治的向往。但德治在现实中屡屡陷入困境。在西方,人们对此问题发现和反省得比较早。由于与中国迥异的人性论传统(原罪说,性恶论),西方的哲人们更容易正视德治陷入困境的现实,进而能够给出更现实、更有效的解决方案。柏拉图最终放弃《理想国》的德治理想而转求于法律和秩序,其《法律篇》的相关思想便是很好的证明。事实上,柏拉图以后,从亚里士多德开始,"法治国"是人类最理想的国家这一思想便成为西方的传统。

但法治不是万能的,经济危机的频繁出现、社会道德的滑坡、群体性事件的频发,这一切无不警示人们,仅仅依靠法治来管理社会、治理国家是远远不够的,法治的缺陷和不足必须借助道德予以弥补。著名经济学家亚当·斯密在《道德情操论》一书中指出,如果人们对于功利的追求超过对于智慧和道德的追求,整个社会将会出现道德滑坡和情操的堕落,结果必然是公正被践踏,市场经济陷入混乱。由于看到了"德治"的特殊功效,西方一些资本主义国家越来越重视道德教育,德法兼治成为市场经济和民主政治建设的普遍要求。

社会控制和管理是极为庞大复杂的系统工程,德治虽不能作为主要模式与法治相竞争,但法治从来没有也不可能代替道德的重要作用。相反,理想的法治必须有道德的支持,这部分是由于法律自身的缺陷,部分是由于道德和法律具有不可替换的互补功能。

现代西方国家在德治与法治相结合方面主要表现为:政德建设是实施德治与法治的助推器;制度建设是道德建设与法律建设的结合点,其中又特别注重法律体系和道德体系在内容上相互吸收、在功能上相辅相成、在实施中相互支撑;政治反贪治腐是道德建设与法律建设的核心环节。

政德是现代资本主义国家道德的核心要素之一,其核心是自由、平等、民主、人权、博爱的价值观和理想信念,是资产阶级认为优于封建主义的那些在个人生活和国家管理中具有推动作用的有利因素。当代西方国家的政德建设同德治思想的产生一样源远流长,但严格意义上的资本主义政德却是近代随着西方"三权分立"制度的建立而产生的。

西方国家在向现代化迈进的历史过程中,在坚持法治的前提下,逐步使以德治政、以德治吏走上法律化、规范化的道路,即以制度建设为契机促进道德与法制的结合。

1893年罗伯斯庇尔在建立法国资产阶级政权之际,就向议会发表了《关于政治道德的各项原则》的施政演说,他认为支持和推动政府的主要动力是爱祖国和法律的美德,要用美德来管理国家政治生活。现代西方一些国家着手将道德建设与制度建设相结合,开展道德立法,例如美国十分重视政德建设,先后公布了《公务公开法》(1976 年)、《公务道德法》(1978 年)、《公职人员道德法》(1980 年)等。

西方国家对其公务员不仅在业务能力、专业知识水平等方面有较高的标准,而且在道德上也有较高的要求。在这种情况下,一种专门化程度较高的现代公务员道德应运而生,并且逐渐形成了自己的制度化系统。文官制度凝聚了资产阶级的政治道德的精神,是实施德治与法治的助推器。这主要表现在:

首先,一些道德规范上升为法律规范,成为遴选、录用公务员的重要标准。早在 1789 年的法国《人权宣言》就曾明确提出,政府官吏的任用要"以才能品德为依据"。此后不少国家在遴选、录用公务员时对报考人员均规定了"应有良好的道德品质"的资格限制。美国近年来规定,因失职或渎职被解雇者,犯过罪、干过丑事或不诚实、不道德的事或臭名昭著者,在考试任用过程中谎报情况或弄虚作假、营私舞弊者及经常酗酒者,取缔其报考资格。

其次,道德是公务员就职赴任的重要条件。二次世界大战后,不少国家制定的公务员法中规定:公务员在正式就职前要进行宣誓,明确表示愿意接受各种职业准则的约束。

最后,道德是考核晋升和奖惩公务员的重要内容。英国的《年度考核报告》在评价公务员工作表现的十项内容中,有五项内容,即个性和品行、主动性、风度和机敏、热忱、职务上的操行,都和公务员道德有关。韩国《公职人员伦理法》规定,公职人员必须进行财产申报和登记,无正当理由拒绝登记财产者,处以一年以下徒刑或者 1000 万韩元以下罚款。《韩国防止腐败法案》规定,公职人员伦理委员会在审查登记事项时,如怀疑其中有虚假登记的嫌疑,可以委托韩国监察院进行监察。

20 世纪后半期开始,西方发达国家加大了对于公务员或政府雇员的伦理监督的力度,除了用于公务人员的普通法规,还建立了公职人员的伦理规范,并相应设有各级政府的伦理委员会。伦理委员会对于相应等级的政府的任何官员都有进行监督的权力。在他们不违反法律,但不符合国家公职人员的伦理要求或规定的时候,伦理委员会可以依据公务人员的伦理规范提出惩戒意见。

西方国家普遍制定和颁布公务员道德法规。早在 1855 年,英国政府颁布了《关于录用王国政府文官的枢密院令》,1883 年美国国会通过了《彭德尔顿法》(《文官制度法》),这两部法案对公务员的一些规定就是现代公职人员廉政建设的雏形。1973 年加拿大政府颁布了关于调整政府官员职业行为涉及利益冲突的《道德法典》。1978 年美国颁布了《政府道德法》，该法将现行法律、行政命令中的官员道德规范和限制加以法典化，并相应补充完善。1993 年韩国通过了《公务员道德法》，并以此为契机，在国家公务员中展开了反腐败的斗争。在英国，《荣誉法典》虽说是不成文的法律，但也有《防腐化法》《官员保密法》等涉及公务员道德的成文法规。公务员道德的制度化和法律化是西方公务员道德发展过程中的显著特点之一，同时也反映了西方国家对公务员道德的高度重视。

第三节　当代中国的德治

一、当代中国德治的内涵

当代中国的德治强调"以德治国"，是根据善恶、荣辱等标准，通过社会舆论、风俗习惯、内心信念和宣传教育等方式影响并规范人们的行为。当代中国德治和法治的指导思想是一致的，都是以马列主义、毛泽东思想、邓小平理论、"三个代表"重要思想、科学发展观、习近平新时代中国特色社会主义思想为指导。当代中国的德治以为人民服务为核心，以集体主义为原则，以社会主义核心价值观以及爱祖国、爱人民、爱劳动、爱科学、爱社会主义为基本要求，以社会公德、职业道德、家庭美德、个人品德的建设为道德建设的主要领域，建立与社会主义市场经济相适应、与社会主义法律体系相协调的社会主义思想道德体系，并使之成为全体人民普遍认同和自觉遵守的行为规范。

需要特别指出的是，当代中国的"以德治国"的"德治"是新型的社会主义德治，与中国传统社会的"德治"、西方资本主义国家的"德治"有根本的区别。

当代中国的德治，是在继承和弘扬中国古代"德治"思想的优良成分，扬弃其糟粕的基础上，重视道德教育和道德感化的作用，强调领导干部、公务员和党员应当以身作则、发挥示范带头作用的德治。当代中国的依法治国与以德治国虽然借鉴了中外历史经验，但与封建社会、资本主义社会的法治与德治有着本质的区别。社会主义的道德与法律改变了过去少数人的道德与法律居支配地位的历史,转而由多数人的道德与法律居支配地位,这是性质的根本不同。

当代中国的德治与中国传统社会的德治有着本质的区别。中国传统社会的德治实为人治。传统德治的核心,是将管理国家和社会的权力寄托于统治者的个人素质。其重大缺陷是,统治者的权力可以凌驾在法律之上,本质上是一种人治理念。人类社会发展的历史表明,当权力不受制度约束时,一定会导致政治不稳定与社会不平等。在中国历史上,主要寄希望于从道德方面遏制权力的变异,但这种方法无法从制度上解决权力制约的问题。我们需要深刻汲取这一历史教训。邓小平同志在总结"文化大革命"的教训时就深刻指出:"我们过去发生的各种错误,固然与某些领导人的思想、作风有关,但是组织制度、工作制度方面的问题更重要。这些方面的制度好可以使坏人无法任意横行,制度不好可以使好人无法充分做好事,甚至会走向反面。"①所以,邓小平十分重视社会主义民主和法制的建设。

当代中国的德治,是建立在厉行法治的基础上的德治,是在全面依法治国前提下的以德治国,是强调德治和法治相结合的德治。这也是当代中国新型的社会主义德治观和中国古代儒家的德治观的重要区别。更为重要的是,新型的社会主义德治是以社会主义道德为其基本内容的,是为维护社会主义社会的稳定和发展服务的,这与中国古代社会的德治以及其他国家历史上出现的各种德治有着本质上的区别。

中国传统社会中,在德治与法治的关系上主张"德主刑辅",德治是主要的、基本的,法治是辅助补充。当代中国的德治与古代儒家的德治的重大区别,不仅表现在今天的德治是与法治相辅相成、紧密结合的德治,而不是重德轻法、排斥法治的德治,今天的德治也不是所谓的"圣人之治",从而导致人治的德治,更重要的是,今天的德治如同社会主义法治一样,都是以最广大人民的根本利益为出发点和归宿的。

走什么样的法治道路、建设什么样的法治体系,是由一个国家的基本国情所决定的。中国的法治建设必须坚持从中国实际出发。中国最大的国情是处于社会主义初级阶段,我国社会主义制度保证了人民当家作主的主体地位,也保证了人民在全面推进依法治国中的主体地位。"坚持人民主体地

---

① 邓小平文选:第 2 卷[M].北京:人民出版社,1994:333.

位,必须坚持法治为了人民、依靠人民、造福人民、保护人民。"[①]社会主义法治内容具有深刻的道德内容和价值取向,人民不是法治治理的对象,而是法治的目的。社会主义法治的这种人民性,使社会主义法治天然具有"德法兼治"的色彩。

二、社会主义德治观的三重维度

(一)以人民为中心的德治观

传统德治的出发点是民本思想,商朝就有"民惟邦本,本固邦宁"之说。对民本思想宋朝名臣石介在其给宋仁宗所上《论根本策》的奏议中有完整阐述,他说:"民者,国之根本也。……孰为天下? 孰为国家? 民而已。有民则有天下、有国家,无民则天下空虚矣,国家名号矣。空虚不可居,名号不足守。"

新型的社会主义德治观出发点是"以人民为中心"。习近平总书记在不同时期、不同场合,用朴实的语言表达了强烈的执政为民的理念。例如,"千万要记住政府前面的'人民'两字","群众在干部的心里有多重,干部在群众心中就有多重","要始终与人民心心相印、与人民同甘共苦、与人民团结奋斗"[②]……"以人民为中心"的观点继承了我国传统民本思想的精华,又青出于蓝。

坚持以人民为中心,就是坚持以人民是主体,坚持立党为公、执政为民。这就是对中国共产党全心全意为人民服务的宗旨坚守。中国共产党全心全意为人民服务的宗旨决定了党全部治国理政活动必须围绕着改善民生,为人民谋幸福,这就决定了中国共产党的治国理政具有德政的性质。这也决定了共产党人的德治与传统德治有本质区别。

中国共产党人的初心和使命,就是为中国人民谋幸福,为中华民族谋复兴,在党的十九大报告中强调不忘初心、牢记使命,永远把人民对美好生活的向往作为奋斗目标。中国共产党除了工人阶级和最广大人民群众的利益,没有自己特殊的利益。党的执政不是高高在上给人民布施恩惠的"仁

---

① 习近平.论坚持全面依法治国[M].北京:中央文献出版社,2020:107.

② "人民群众是我们力量的源泉":记中共中央总书记习近平[EB/OL].[2021-06-16].http://www.gov.cn/ldhd/2012-12/25/content_2298338.htm.

政"，也不是"为民做主"，而是为人民服务，做人民的公仆，为实现人民的利益而奋斗。

"治国有常，而利民为本"，德治的核心是德政，而德政的核心是关注民生。儒家传统德治，要求统治者要"忧民之忧"及"与民同乐"，要"制民之产"，在此基础上教民，培养百姓美好的品德，培育良善民风。

习近平总书记以人民为中心的执政理念，不断提高保障和改善人民群众民生水平，体现了德政的精神。习近平总书记指出："让老百姓过上好日子是我们一切工作的出发点和落脚点。"①关注民生、重视民生、保障民生、改善民生，是党和政府的神圣职责和终极目标。党和政府坚持把解决好人民群众最关心、最直接、最现实的利益问题放在各项工作的首要位置，从人民群众关心的事情做起，多谋民生之利，多解民生之忧，在幼有所育、学有所教、劳有所得、病有所医、老有所养、住有所居、弱有所扶上不断取得新进展。关注民生，还应跟上人民需要的变化，"民生工作面临的宏观环境和内在条件都在发生变化，过去有饭吃、有学上、有房住是基本需求，现在人民群众有收入稳步提升、优质医疗服务、教育公平、住房改善、优美环境和洁净空气等更多层次的需求"②。

以人民为中心的执政理念不仅是关注民生问题，还要实现社会公平正义，以促进社会公平正义、增进人民福祉为出发点和落脚点。习近平总书记说："全面深化改革必须着眼创造更加公平正义的社会环境，不断克服各种有违公平正义的现象，使改革发展成果更多更公平惠及全体人民。"③

传统德政首要的是对社会弱势群体进行照顾，习近平总书记特别关注弱势群体的利益，党的十九大报告中要求："统筹城乡社会救助体系，完善最低生活保障制度。坚持男女平等基本国策，保障妇女儿童合法权益。完善社会救助、社会福利、慈善事业、优抚安置等制度，健全农村留守儿童和妇女、老年人关爱服务体系。发展残疾人事业，加强残疾康复服务。"到2020年年底，我国如期完成了新时代脱贫攻坚目标任务，现行标准下9899万农村贫困人口全部脱贫，832个贫困县全部摘帽，区域性整体贫困得到解决，

---

① 中共中央宣传部.习近平新时代中国特色社会主义思想学习纲要[M].北京:学习出版社,人民出版社,2019:157.

② 习近平.习近平谈治国理政:第2卷[M].北京:外文出版社,2017:374.

③ 习近平.习近平谈治国理政:第1卷[M].2版.北京:外文出版社,2018:96.

完成了消除绝对贫困的艰巨任务。①

（二）执政者必须有德的德治观

执政者必须具有高尚的道德。习近平总书记强调选拔任用干部要"坚持德才兼备、以德为先"。②《党政领导干部选拔任用工作条例》明确规定，必须坚持德才兼备、以德为先的原则。

党员干部要加强道德修养。2018 年 3 月 10 日，习近平总书记在参加十三届全国人大一次会议重庆代表团审议时强调要立政德，就是要求领导干部要加强道德修养，包括"明大德、守公德、严私德"三个方面。明大德，就是坚定理想信念，既要树立共产主义远大理想，又要坚持中国特色社会主义共同理想。共产主义远大理想和中国特色社会主义共同理想，是中国共产党人的精神支柱和政治灵魂。必须把践行共同理想和坚定远大理想统一起来。守公德，就是要强化宗旨意识，全心全意为人民服务，恪守立党为公、执政为民理念，自觉践行人民对美好生活的向往就是我们的奋斗目标的承诺，做到心底无私天地宽。严私德，就是要严格约束自己的操守和行为，以德修身、以德立威、以德服众。

社会主义德治的根本目的，就是要通过加强思想道德建设，把提高人的道德素质作为实现中华民族复兴伟业的一个重要环节。有了良好的道德素质，就能使人们自觉地扶正祛邪，扬善惩恶，就有利于形成追求高尚、激励先进的良好社会风气，保证社会主义市场经济的健康发展，促进整个民族素质的提高。

（三）德法兼治的德治观

中国共产党人从马克思主义唯物史观出发，在治国理政的实践中，深刻把握法律与道德的辩证关系、深度认识法治与德治的互补关系，从而提出坚持依法治国和以德治国相统一的主张。

党的十八大以来，习近平总书记在系列讲话中凸显了德法兼治的重要性。2016 年 12 月 9 日，习近平总书记在主持十八届中央政治局第三十七

---

① 黄俊毅.832 个贫困县全部脱贫摘帽[J].经济，2021(06)：23-25.

② 中共中央宣传部.习近平新时代中国特色社会主义思想学习纲要[M].北京：学习出版社，人民出版社，2019：231.

次集体学习时指出："改革开放以来，我们深刻总结我国社会主义法治建设的成功经验和深刻教训，把依法治国确定为党领导人民治理国家的基本方略，把依法执政确定为党治国理政的基本方式，走出了一条中国特色社会主义法治道路。这条道路的一个鲜明特点，就是坚持依法治国和以德治国相结合，强调法治和德治两手抓、两手都要硬。这既是历史经验的总结，也是对治国理政规律的深刻把握。"他强调："必须坚持依法治国和以德治国相结合，使法治和德治在国家治理中相互补充、相互促进、相得益彰。"①

党的十八届四中全会明确提出，坚持依法治国和以德治国相结合，并把其作为实现全面推进依法治国总目标必须坚持的重要原则，具有非常重要的理论和现实意义。国家和社会治理需要法律和道德共同发挥作用，必须一手抓法治、一手抓德治，既重视发挥法律的规范作用，又重视发挥道德的教化作用，实现法治和德治相得益彰。

三、新时代德治的前进方向

（一）新时代对公民道德建设提出了新的更高要求

改革开放以来，我国道德建设取得了显著进步。《爱国主义教育实施纲要》《中共中央关于加强社会主义精神文明建设若干重要问题的决议》《公民道德建设实施纲要》等重要文件相继颁布实施，爱国主义、集体主义、社会主义主旋律在全社会得到有力弘扬，思想道德建设成为发展先进文化的中心环节和主要内容，充分反映了党在精神文明建设，包括道德建设方面取得的重要成果。

党的十八大以来，以习近平同志为核心的党中央高度重视思想道德建设，做出一系列重要部署。在全国宣传思想工作会议、全国教育大会、全国高校思想政治工作会议、学校思想政治理论课教师座谈会等重要会议上，习近平总书记发表了一系列重要讲话，对加强思想道德建设、落实立德树人的教育根本任务作了全面系统的阐述，为推进新时代高校思想道德建设提供了根本遵循。

2019年以来，中共中央、国务院陆续印发了《关于深化新时代学校思想

---

① 习近平在中共中央政治局第三十七次集体学习时强调坚持依法治国和以德治国相结合，推进国家治理体系和治理能力现代化[N].人民日报，2016-12-11.

政治理论课改革创新的若干意见》《新时代公民道德建设实施纲要》《新时代爱国主义教育实施纲要》等重要文件,对推进新时代思想道德建设的重要意义、基本内容、总体要求、重点任务、具体措施等作了全面系统的部署。

2001 年,党中央颁布了《公民道德建设实施纲要》,对在社会主义市场经济条件下加强公民道德建设提供了重要指导,有力促进了社会主义精神文明建设。中国特色社会主义进入了新时代,新时代对公民道德建设提出了新的更高要求。中共中央、国务院于 2019 年 10 月印发了《新时代公民道德建设实施纲要》和《新时代爱国主义教育实施纲要》。《新时代爱国主义教育实施纲要》提出要把青少年作为爱国主义教育的重中之重,《新时代公民道德建设实施纲要》提出要构建德智体美劳全面培养的教育体系。加强公民道德建设、提高全社会道德水平,是全面建成小康社会、全面建设社会主义现代化强国的战略任务,是适应社会主要矛盾变化、满足人民对美好生活向往的迫切需要,是促进社会全面进步、人的全面发展的必然要求。此时出台这两个纲要,进一步明确新时代公民道德建设的任务要求,对于推动提升全民思想道德素质和社会文明程度达到新高度,决胜全面建成小康社会,具有十分重要的意义。

当今中国,传统和现代、先进与落后、本土与外来相互交织,给人们的价值观念带来空前冲击。我国正处在经济转轨和社会转型的加速期,我国社会主义的经济形式、组织形式、就业形式、分配形式、利益关系越来越多元化,人们思想活动的独立性、选择性、多变性和差异性不断增强,社会思想空前活跃,各种思潮此起彼伏,各种观念交相杂陈,不同价值取向同时并存,所有这些表现出来的就是社会问题、社会矛盾层出不穷、错综复杂。思想多元多样多变趋势明显。

现实需要我们承认这种道德差异性的存在,并在此基础做到求同,而这里的"同"就需要用中国特色社会主义的核心价值观凝聚社会共识,形成"最大公约数",从而消除人们道德观念的差异、统一是非判定标准。故而要想使德治更好地弥补法律上的不足与漏洞,还应进一步弘扬社会主义核心价值观,形成全民族范围内,较为统一的道德体系与道德标准。

思想道德教育中爱国主义教育是重点,要积极构建爱国主义教育和知识体系教育相统一的育人机制。《新时代爱国主义教育实施纲要》中提出爱国主义教育要强化制度和法治保障。把爱国主义精神融入相关法律法规和政策制度,体现到市民公约、村规民约、学生守则、行业规范、团体章程等的制定完善中,发挥指引、约束和规范作用。在全社会深入学习宣传宪法、英雄烈士保护法、文物保护法等,广泛开展法治文化活动,使普法过程成为爱国主义教育过程。严格执法司法、推进依法治理,综合运用行政、法律等手段,对不尊重国歌国旗国徽等国家象征与标志,对侵害英雄烈士姓名、肖像、名誉、荣誉等行为,对破坏污损爱国主义教育场所设施,对宣扬、美化侵略战争和侵略行为等,依法依规进行严肃处理。依法严惩暴力恐怖、民族分裂等危害国家安全和社会稳定的犯罪行为。

(二)不断发展创新思想道德教育的方式方法

改革开放以来,利益格局和社会结构都发生前所未有的深刻调整。人们的思想观念不断解放,青少年思想道德教育的方式方法在此背景下得到快速的发展,呈现出开放多样的特点。

一方面,正常的思想道德理论教育得以恢复,并进一步系统化。同时,承继了"文革"前的榜样引领教育和活动教育方式。而且,这一时期的活动教育还具备新的特点:首先,着重根据社会主义道德的本质要求和核心原则,深入持久地开展以为人民服务为核心,以社会主义集体主义为原则的社会主义道德教育;其次,从过往较为强调青少年接受教育的单一功能,发展为注重"受教育、长才干、做贡献"的综合功能,力图使学生课堂所学知识在实践活动中得到验证并发挥作用;再次,在活动中注意区分不同群体的道德要求,组织相关道德活动,如青年志愿者行动、大学生暑期文化、科技、卫生三下乡服务活动、青年素质拓展训练、大学生诚信教育活动、"讲文明树新风"活动等,以增强实践活动的吸引力和实效性。

另一方面,一些新的教育方式也进入思想道德教育领域并日益发挥重要作用。尤其是互联网,它的信息容量大,传播速度快,覆盖范围广,具有高度的开放性和交互性,日益成为思想道德传播的重要载体,对青年的价值观、道德观以及心理和行为方式都带来深刻影响。网络不仅能传播文字,还能传播声音、图像,更易为青少年接受,增强了思想道德教育的吸引力和感染力。2000 年,教育部印发《关于加强高等学校思想政治教育进网络工作的若干意见》中提出"用正确、积极、健康的思想文化占领网络阵地"。文化部、广电总局、共青团中央、全国学联等多家单位共同发起了主题为"文明上网、文明建网、文明网络"的"网络文明工程"。教育部、共青团中央等部门和组织共同推出了《全国青少年网络文明公约》。网络的教育与自我教育作用得到进一步的发挥。随着 5G 时代来临,"互联网＋"等新技术的广泛运用,进一步探索完善网络教育服务功能,更好地发挥网络思想道德教育的作用。

心理咨询作为思想道德教育的新的手段,在新时期发挥着重要的道德渗透作用。1995 年《中国普通高等学校德育大纲(试行)》正式将"具有良好的道德品质和健康的心理素质"作为德育目标之一提了出来,将"心理健康教育"纳入了德育内容体系。1999 年,《关于深化教育改革全面推进素质教育的决定》首次以中共中央、国务院的名义明确提出"加强学生的心理健康教育"。2004 年,中共中央、国务院《关于进一步加强和改进大学生思想政治教育的意见》对"开展深入细致的思想政治工作和心理健康教育"提出要求。2005 年,教育部、卫生部和共青团中央联合印发了《关于进一步加强和改进大学生心理健康教育的意见》。这些文件对大学生心理健康教育工作的指导思想、主要任务、途径方法以及师资队伍建设等方面提出明确要求和规范。各高校面向全体学生进行了主动积极的、塑造型的大学生心理健康教育,开展诸如人际关系、学习障碍、新生适应等团体辅导活动和对少数存在较严重心理障碍学生的咨询与治疗工作,积极帮助青年塑造健康的人格和心智,潜移默化地培养青年的道德素养,以达到春风化雨、润物无声的效果。

(三)加强新时代公民道德建设是一项基础性、战略性工程

以德治国是社会主义制度下治国方略的一个重要方面和重要方式。法治具有价值取向和道德倾向,法治需要道德滋养和道德支持,法治离不开道德,法治必须和德治结合。在讲法治的同时需要讲德治,需要发挥道德的教化作用,把法律和道德的力量、法治和德治的功能紧密结合起来,把自律和他律紧密结合起来。因此,加强新时代的公民道德建设是一项基础性、战略性工程。

首先,要培育和践行社会主义核心价值观,用社会主义核心价值观培根铸魂,转化为人们的情感认同和行为习惯。核心价值观,其实就是一种德,既是个人的德,也是一种大德,就是国家的德、社会的德。国无德不兴,人无德不立。要以培养担当民族复兴大任的时代新人为着眼点,强化教育引导、实践养成、制度保障,把社会主义核心价值观融入社会发展各方面,发挥社会主义核心价值观对国民教育、精神文明创建、精神文化产品创作、传播的引领作用,弘扬真善美、贬斥假恶丑,形成向上、向善的正能量。

其次,必须加强全社会的思想道德建设,营造全社会崇德向善的浓厚氛围,夯实中国特色社会主义的思想道德基础。道德教育不能搞成抽象的道德说教,而是应当通过具体生动感人的爱国故事、战"疫"事例、先进典型事迹等鲜活素材,激发人们形成善良的道德意志、道德情感,推进社会公德、职业道德、家庭美德、个人品德的建设,培育大众正确的道德判断和道德责任,提高每个人的道德实践能力尤其是自觉践行能力。

加强公民道德建设是一项长期而紧迫、艰巨而复杂的任务,要适应新时代新要求,坚持目标导向和问题导向相统一,进一步加大工作力度,把握规律、积极创新,持之以恒、久久为功,推动全民道德素质和社会文明程度达到新的高度。

第三章 德法兼治的理论与实践

　　法律与道德、法治与德治既是一对哲学命题,更是现实问题。自依法治国与以德治国相结合理念在我国提出以来,法治与德治关系问题一直是大家关注的焦点之一。只有正确认识二者的关系,科学把握二者的理论,才能正确指导法治与德治的实践,并在实践中处理好二者的关系。在实现中华民族伟大复兴中国梦的进程中,法治和德治就像是一对"左右护法"。在全面推进依法治国中坚持依法治国与以德治国相结合的原则,才能更好地应对日益复杂多变的社会环境,有效地化解社会矛盾,维护社会的稳定和谐,实现国家的长治久安。

第一节 "两治相促":法治和德治

一、德法兼治的内涵

(一)准确理解德法兼治的含义

　　从国家和社会治理的意义上说,德法兼治就是在依法治国的过程中把法治与德治结合起来。法治指遵照宪法和法律的规定,通过立法、行政和司法的形式来管理国家社会事务和经济文化事业,从而实现社会的稳定和发展。德治指通过弘扬道德的教化力量和约束作用来调控人们的社会行为,调整人与人之间的关系,从而维护社会的和谐稳定和国家的长治久安。新时代的德法兼治,就是在中国共产党的领导下,坚定不移地走中国特色社会主义法治道路,充分发挥德治与法治二者的独特作用,坚持依法治国与以德治国相结合原则,使法律与道德协同并举、同向发力,为建设中国特色社会主义保驾护航。

　　"德法兼治"的字面意思虽然可以理解为"德法共治"，但要注意的是，确切地讲，新时代的"德法兼治"是在"厉行法治"的前提下，以及"全面推进依法治国"的进程中所实行的法治和德治的共同治理。在建设社会主义法治国家的进程中，法治居于根本地位。准确理解德法兼治需把握以下几点：

　　第一，法治和德治都是建设和治理社会主义国家的方式，可以理解为矛盾的两个方面，但它们的地位和作用有所区别。法治居于矛盾的主要方面，法治更具根本性、规范性、强制性、权威性。社会主义法治国家的性质显然是由作为治国根本方式的法治方面所决定。

　　第二，德治是治国的重要方式，但不能作为治国的根本方式。因为德治强调人格权威，而不是制度化的权威。但是，如果我们能把德治这种治国方式摆在合理的位置，它就能成为支持法治的重要力量并与之相辅相成。这既是必要的，也是可行的，如此也才能充分发挥不同社会规范体系的综合优势。

　　第三，就现实的法治对德治的作用而言，厉行法治为推行德治提供了方向性保证、制度规范和秩序保障。一是法治保证了德治建设的根本方向。宪法以国家根本大法的形式规定了社会主义道德建设的地位、原则、核心和基本要求，为道德建设的健康发展明确了方向。二是法治以其强制力为社会确认了符合道德要求的制度规范。我国现处于经济社会转型期，旧的道德规范体系已被打破，新的道德规范体系尚未完全建立，容易在道德领域出现一定的紊乱无序状态，适应市场经济体制需要的一些重要的道德要求，如公平、诚实信用、等价有偿、尊重个人权利、遵法守约、正当竞争等，难以短期内自发形成，从而制约着市场经济体制的建立与完善。因此有必要通过法律的形式将适应市场经济体制所必需的一些重要的道德要求加以确认、确立，使之成为人们的法定义务，从而加速新型的道德规范体系的建立。三是法治创造了道德风尚形成的良好秩序。适应社会主义市场经济发展需要的新的道德风尚，但是它的形成、巩固和发展不能仅靠教育，必须借助法治的引导、评价、强制功能，创造良好的社会秩序，才能形成良好的社会风气，进而巩固和发展新的道德风尚。

　　第四，就维护社会稳定而言，德治和法治必须并用，但现实社会中，德治的威慑力远不及法治的威慑力。社会稳定指国家和社会的政治生活、经济生活、文化生活、科技教育以及对外交往，均依法有序地发展，全国政治局势安定团结，社会治安秩序稳定。人们处于比较安定的环境之内，才有基本的安全感，人身、财产和民主权利才有保障。道德与法律相比既缺乏明确性、统一性，又缺乏强制性。相反，法律的优点正在于其明确性、统一性和强制性，而且现实社会又具有法治实现其威慑力的充分的政治、经济和文化基础。因此，保护社会稳定必须以法治作为根本方式。

法律成为最有效的治国工具。这并不说明德治不重要，道德的非制度性并不意味着它未参与治国，虽然就制度而言，道德确实无法成为法律这样的治国之具，但间接来看，道德一方面可以转化为制度，另一方面可以通过对人的塑造而参与治国。

法治和德治的地位都非常重要且不可或缺，坚持和贯彻法治与德治相结合的原则，是依据我国国情探索具有中国特色的国家与社会治理方式的最佳选择。但当代中国的"以德治国"并不是在依法治国方略之外提出的另一个新的治国方略，而是对依法治国方略在道德上的重要补充，以使人们更加重视道德的作用，更加重视法律和道德、法治和德治相辅相成的关系。曾经，我们对法治的重要性看得比较清楚，而对德治的重要性却认识得不够，甚至忽视了德治的作用，结果法治也没能收到预期的效果。

法治既是治国理政的基本方式，也是社会主义核心价值观之一。新时代下的德治以培育和践行社会主义核心价值观作为治理社会关系的主要依据，法治又是其中的一项价值观，体现了德法结合的治理思路。2018年我国宪法修订，将社会主义核心价值观写入宪法，更是以最高法律的形式肯定了依法治国与以德治国相辅相成的社会治理思路。

坚持依法治国和以德治国相结合，就是在国家和社会治理中需要法律和道德共同发挥作用。必须一手抓法治、一手抓德治，两手都要抓，法治和德治紧密配合。既重视发挥法律的规范作用，又重视发挥道德的教化作用，以法治体现道德理念、强化法律对道德建设的促进作用，以道德滋养法治精神、强化道德对法治文化的支撑作用，实现法律和道德相辅相成、法治和德治相得益彰。

因此，在建设中国特色社会主义的过程中，需要发挥法治与德治相辅相成、相互促进的作用，忽视其中的任何一个方面，都不能达到使我们的国家长治久安的目的。

（二）德法兼治是重要的历史经验总结

德法兼治是对治国历史总结得出的一条重要历史经验。我国既有久远的法制传统，又有厚重的道德传承。从孔子提出"宽猛相济"，到孟子提出"徒善不足以为政，徒法不能以自行"；从荀子提出"隆礼重法"，到汉代董仲舒强调"阳为德，阴为刑"；从唐代提出"制礼以崇敬，立刑以明威"，到宋元明清时期一直延续"礼法并用"，都体现了德治与法治相结合的治国之道。

在国家和社会治理体系中，法治与德治作为两种不同的治国理政方式，尽管有着明显的区别，但是它们之间的联系却极为密切，二者能起到相辅相成的社会功用。我国古代凡是只用德治国或只用法治国的王朝，都很快走向了衰落乃至灭亡。例如，战国时期的鲁国和齐国单纯用"德治"，很快就被吞并，秦朝只讲"刑罚"，虽完成天下一统，却仅历二世即亡。而德法兼治做得比较好的，例如典型的唐朝贞观之治就迎来了盛世，一方面，"贞观修礼"制定了一整套的道德体系；另一方面，唐朝廷颁布了中国封建社会最系统、最完备的法律《唐律》，确立了"德主刑辅"的指导思想和治理原则。从世界范围看，凡是治理比较成功的国家，大都能把法律作为治国的基本手段，同时注重运用道德调节人们的思想行为。

（三）法治与德治的互补关系是实行德法兼治的逻辑基础

单纯依靠法治或者德治都有其短板和局限性，这是法治和德治需要相结合的重要原因。必须通过两者的配合和互补，才能取长补短、标本兼治、相互促进、相辅相成、相得益彰。"徒善不足以为政，徒法不足以自行"说的就是光凭道德去治理很难取得效果，光凭法令去治理连自生可能都不行。法治和德治之间有着很强的互补性，同时又是不可相互替代的，所以应当把法治与德治有机结合起来。

法律有效实施有赖于道德支持，道德践行也离不开法律的支撑。事实上，法治理念本身就是一种道德诉求。法治之"法"不能没有道德的基础，必须是符合道德要求的"善良"之法，否则法治就会成为没有基础的空中楼阁。离开德治谈法治，犹如缺少精神支柱的人，光有骨架，没有内涵。只有用法治承载道德理念，道德才有可依靠的制度支撑。同时，只讲德治容易落入人治的陷阱，德治必须在现代法治的原则之下实行，否则所谓的德治只能陷入人治的泥潭，德治与法治相结合，德治才能够避免人治的结局。

推进依法治国和以德治国相结合，是中国特色社会主义治国方式的理性选择，是国家和社会治理体系与治理能力现代化的必然选择。实现德法兼治是法治中国建设走向成熟的重要体现。经过长期实践探索，我们走出了一条自己的法治道路,法治建设取得历史性成就。这条法治道路的一个重要特征,就是坚持法治、德治两手抓、两手都要硬。立足当前、面向未来,要把依法治国基本方略实行好,关键要坚持走中国特色社会主义法治道路,发挥好这条道路的鲜明特色和突出优势。

"畏则不敢肆而德以成,无畏则从其所欲而及于祸。"法治与德治相辅相成,一个是硬约束、一个是软约束,一个是外在的他律、一个是内心的自律,但二者又具有内在一致性。法治是外化于行,德治是内化于心。因此,法治与德治的互补关系是实行德法兼治的逻辑基础。

在全面深化改革的过程中,全面推进依法治国与加强以德治国,缺一不可。法律的刚性与道德的柔性相得益彰,为国家和社会的现代化治理共同发挥作用。法律作为成文的道德,是任何社会组织和个体都必须要遵守的行为准绳;道德作为人们内心的法律,是社会心理文化的基石。唯有二者有机结合、互补互济、同向共振,方能在推进国家治理体系和治理能力现代化的过程中实现良法善治的理想目标。

二、对德法兼治的认识逐步深化

如何正确对待法治与德治的关系,是国家和社会治理中的一个重大课题。对于"依法治国"与"以德治国"的关系,2001 年中央就将之作为重大命题提出,并引起各界广泛讨论。

在邓小平"没有民主就没有社会主义"的著名论断基础上,江泽民又进一步提出"没有民主和法制就没有社会主义,就没有社会主义的现代化"。1997 年 9 月,党的十五大正式提出依法治国基本方略。1999 年九届全国人大二次会议通过《中华人民共和国宪法修正案》,把"中华人民共和国实行依法治国,建设社会主义法治国家"的"法治原则"载入宪法。依法治国基本方略的确立,是党治国理政观念的重大转变。自从党的十五大明确提出了依法治国基本方略的主张,法治明确成为国家和社会治理的基本方式,完成了从"法制"到"法治"的认识深化,建设社会主义法治国家确定为建设社会主义现代化强国的基本目标之一。

在提出依法治国基本方略后,2000 年江泽民同志又提出在依法治国的同时必须以德治国。2000 年 6 月 28 日,江泽民同志《在中央思想政治工作会议上的讲话》中阐述了法律和道德在国家治理中的作用。他指出:"法律和道德作为上层建筑的组成部分,都是维护社会秩序、规范人们思想和行为的重要手段,它们互相联系、互相补充。法治以其权威性和强制手段规范社会成员的行为。德治以其说服力和劝导力提高社会成员的思想认识和道德觉悟。道德规范与法律规范应该互相结合,统一发挥作用。"①

2001年1月10日,在全国宣传部长会议上,江泽民同志提出并阐述了依法治国与以德治国的辩证关系,阐述了依法治国和以德治国之间相辅相成的互动机理。他明确指出:"我们在建设有中国特色社会主义,发展社会主义市场经济的过程中,要坚持不懈地加强社会主义法制建设,依法治国,同时也要坚持不懈地加强社会主义道德建设,以德治国。对一个国家的治理来说,法治和德治,从来都是相辅相成、相互促进的。二者缺一不可,也不可偏废。法治属于政治建设、属于政治文明,德治属于思想建设、属于精神文明。二者范畴不同,但其地位和功能都是非常重要的。我们要把法制建设与道德建设紧密结合起来,把依法治国与以德治国紧密结合起来。"②江泽民同志的这一重要论述,为我们正确认识和处理法治与德治的关系提供了根本指针。在建设中国特色社会主义的过程中,我们不仅需要法治,同时也需要德治,必须坚持依法治国与以德治国相结合。

党的十六大报告指出"依法治国和以德治国相辅相成",并提出"要建立与社会主义市场经济相适应、与社会主义法律规范相协调、与中华民族传统美德相承接的社会主义思想道德体系"。

党的十七大将"建设社会主义精神文明,实行依法治国和以德治国相结合,提高全民族的思想道德素质和科学文化素质,为改革开放和社会主义现代化建设提供强大的思想保证、精神动力和智力支持"写进新党章。

党的十八大以来,以习近平同志为核心的党中央审时度势,坚持从中国具体国情出发,全面发挥法律与道德在治国理政过程中的合力作用,对东西方政治文明成果进行创造性转化和运用,形成了系统化的新时代德法兼治的新理念。

2014年,党的十八届四中全会提出全面依法治国的战略部署,明确全面依法治国要坚持依法治国和以德治国相结合的原则。《中共中央关于全面推进依法治国若干重大问题的决定》提出,建设中国特色社会主义法治体

---

① 江泽民.江泽民论有中国特色社会主义(专题摘编)[M].北京:中央文献出版社,2002:336.

② 江泽民.江泽民论有中国特色社会主义(专题摘编)[M].北京:中央文献出版社,2002:337.

系,建设社会主义法治国家,必须坚持依法治国和以德治国相结合,这是全面推进依法治国必须把握的一个基本原则。把法治和德治更加紧密地结合起来,实现法律和道德相辅相成、法治和德治相得益彰,不断提高国家治理体系和治理能力现代化水平。

2016 年 12 月 9 日,十八届中共中央政治局以"我国历史上的法治和德治"为主题进行第 37 次集体学习,习近平总书记发表了重要讲话,阐述了法治与德治的辩证关系,以及在新的历史条件下我们该如何坚持依法治国和以德治国相结合,阐明了更加明确的方向和坚定不移的态度。

2017 年党的十九大再次强调了全面依法治国必须将依法治国和以德治国相结合。

当代中国提出依法治国和以德治国相结合的主张,是对我国传统治国理政方式的批判继承。国内众多学者对法治问题展开了深入、系统的研究,同时也对儒家传统的"德治"思想以及当代的"以德治国"进行了深入、系统的研究。在研究的过程中,自然涉及法治和德治两者关系的问题。

近些年来,对依法治国与以德治国关系问题的研究出现过两轮高潮。一轮是继依法治国方略提出后,2001 年江泽民同志提出"把依法治国与以德治国紧密结合起来"的治国方略,引起各方的热议,探讨依法治国与以德治国关系问题成为一时的焦点论题,这一时期发表了大量的有关二者关系的研究文章。另一轮是党的十八大以来,特别是党的十八届四中全会再次提出依法治国与以德治国相结合,明确指出国家和社会治理必须坚持法治与德治相结合的原则,强调这是全面推进依法治国所必须遵循的重要原则。由此再度引发了新的一轮研究依法治国与以德治国关系问题的高潮,一些高校围绕这一论题相继召开了学术研讨会,各地一批研究文章和论著先后出版发表。

法治和德治及其关系的研究,研究范式必须坚持理论和实践相结合,因为没有理论指导的实践必然盲目,没有实践根基的理论必然空泛。通过理论分析和实例分析,论证依法治国(法治)和以德治国(德治)的各自优点和局限性,忽视其中的任何一个方面,都不可能达到有效治理的目的,进而论证二者关系必须走相结合的道路,才能相辅相成、相得益彰,并阐释在理论和实践中如何坚持德法互济、协同共治。

从全面建成小康社会到基本实现现代化,再到全面建设社会主义现代化国家,是新时代中国特色社会主义发展的战略计划。这一战略计划,是在综合分析国际国内形势和我国发展条件之后做出的重大决策,保持了"四个全面"战略布局的连续性。中国特色社会主义实践向前推进一步,法治建设就要跟进一步。为此,必须坚持法治与德治相结合的顶层设计,提升法治和德治促进治理体系和治理能力现代化的效能。各级领导干部要强化法治意识和道德修养,带头尊法学法守法用法,做道德践履的表率。要加大全民普法工作力度,弘扬社会主义法治精神,增强全民法治观念,完善公共法律服务体系,夯实依法治国社会基础。要坚持依法治国和以德治国相结合,把社会主义核心价值观融入法治建设,努力形成良好的社会风尚和社会氛围。

三、德法兼治的理论逻辑与现实需要

道德和法律的宗旨不是为了限制个体的自由,而是在于实现个体的自由乃至社会的自由秩序。恩格斯就曾说过:"如果不谈所谓自由意志、人的责任能力、必然和自由的关系等问题,就不能很好地议论道德和法的问题。"[①]这为我们解释道德与法律、德治与法治关系之中的理论与现实问题提供了明确的方向指引。

(一)法治和德治有着共同的社会物质条件基础

根据马克思主义的观点,用于德治的道德和用于法治的法律都是一定经济基础之上的意识形态,都是由一定的社会物质条件决定的,同时又对社会物质条件的发展变化起着明显的反作用。在同一时期二者有共同的社会生产关系背景,即共同的经济基础。因此,无论是德治还是法治,都是以共同的社会经济关系为基础的,二者之间并没有本质的冲突。全面深化改革背景下的中国,社会利益格局深刻调整,引发了诸多复杂的社会问题。坚持依法治国和以德治国相结合,才能应对复杂多变的社会环境,有效化解社会矛盾,维护社会稳定和谐,实现国家长治久安,保障中国特色社会主义道路顺利通畅。

(二)法治与德治相结合的理论逻辑

依法治国(法治)为什么必须与以德治国(德治)相结合?首先,我们必

---

① 中共中央马克思恩格斯列宁斯大林著作编译局.马克思恩格斯文集:第9卷[M].北京:人民出版社,2009:119.

须批判两种典型的错误认识：一是仅靠法治包打天下，无视或忽视德治的作用；二是奉行"德主刑辅"的老思想，过分夸大德治，轻视或贬低法治的作用。这两种观点的谬误都是把法治与德治的关系割裂开来、对立起来看待，进而在理论和实践中偏废一方。以辩证思维去看待法治与德治的关系，对立起来不行，割裂开来不行，轻重失衡也不行。在理论上，法律和道德具有内在关联，能够结合。在实践上，改革开放以来我们一直强调法治和德治两手抓、两手都要硬。这既是历史经验的总结，也是对治国理政规律的深刻把握。尤其是党的十八大以来的治国理政中，既有全面依法治国，也有弘扬社会主义核心价值观。而在社会主义核心价值观的要素中，就包括了"法治"内容。

法治与德治相辅相成的辩证关系决定了德治与法治的有机结合是实施良法善治的重要保障。在社会治理中，如果缺乏法律的强制力，道德在实施过程中就可能遭到随意解释甚至践踏。相反地，如果单纯依靠法律，则会大大提高社会治理成本，更难以避免人们想方设法钻法律的空子。所以，单一的法治或者德治都是不够的，必须使法治和德治协同并进、相互支撑。

法律依赖道德而被认同和遵行，一个人的道德觉悟提升了，必然会自觉地尊法守法，全社会的道德水准提升了，法治建设才会有坚实的基础。法律百密一疏，总还是会有漏洞的。因此，产生的漏洞如果被那些抱有不良动机的人利用起来是不利于社会稳定的。当整个社会都在法律的边缘游荡、试探的时候，这个国家是无法治理好的。当然，只有德治的社会亦是不完整的，没有法律约束的社会、仅仅靠道德来维护秩序是绝对不够的，必须应用法治维护道德的底线不被任意突破，否则放弃道德的成本极低，道德滑坡也就在所难免。因此，法治与德治都缺一不可，法治和德治需要相结合，无论少了哪个社会的秩序都会受到冲击。

没有规矩不能成方圆，在社会主义核心价值体系中，人的行为规范是基础，而人最基本的行为规范，莫过于道德和法律了。法治是一种"良法善治"的治理方式，"良法"亦是一种高尚价值观的载体。依法治国是将规范外化于行，以德治国是将规范内化于心。法律难以规范的领域，道德可以发挥约束作用，而道德无力约束的行为，法律则可以给予惩戒。法治是他律之治，而德治则是自律之治，"法"的约束力是强制性的、刚性的，"德"的约束力是非强制性的、柔性的，国家和社会的治理需要刚柔并济、双管齐下；法治是"惩恶"之治，德治是"扬善"之治，在"扬善"方面，法律有所不足，需要道德来补充,同理,在"惩恶"方面,道德也不足,需要法律来补强。可见,国家和社会治理需要法律和道德协同发力,依法治国(法治)必须与以德治国(德治)相结合。

中国是一个拥有几千年历史的文明古国,传统文化中蕴含丰富的伦理道德思想,其精华对于调整和规范现今社会关系依然具有现实意义。因此,坚持依法治国与以德治国相结合,是依据我国国情探索具有中国特色的治理方式的理性选择。当然,单靠德治也不可能完成社会治理的任务。道德依靠社会舆论、风俗习惯、个人内心信念等使人自觉趋善避恶,具有自身的独特优势。然而,道德评判标准具有不确定性以及缺乏强制力,这些都是单纯德治的局限性。相比于道德主要提倡人们去做好事,法律则更侧重于明令禁止人们做坏事,但也正是由于这一特点,法律因其强制性和明确性而能得到更好的实施。此外,道德要真正深入人心,必须倚靠良法为它提供基本的边界确定和规范支撑。

(三)法治与德治相结合是现实的需要

德法兼治不仅具有理论上的合理性,同时亦是现实的迫切要求。如果良法加善治是谓法治,那么法治加德治实为善治。德治与法治的共同基础和根本动力源于改革开放后形成的新的社会结构形态。作为一项治国方略,它为现存中国社会治理所需要。

1.市场经济需要法治与德治相结合

市场经济的一个显著特点就在于它的各种经济秩序是通过法治来形成和维持的。社会经济活动中各个主体的权利、义务和行为规则、政府行为等方面都以法律的形式来全面规范,加强法治建设是发展社会主义市场经济的内在要求,没有法治就不能形成规范有序的市场经济,也就没有完善的市场经济。改革开放以来,为了适应社会主义市场经济发展的要求,我们十分重视运用法律的手段来规范人们的行为,并把依法治国确立为治理国家的基本方略。

同时,市场经济不仅是法治经济,而且是一种信用经济,遵守诚实信用、公平竞争、等价交换、反对垄断等道德规范是市场经济的内在要求。我国应从其他国家搞市场经济的历史中吸取经验教训,发挥社会主义国家特有的思想道德建设方面的优势,在加强法治的同时把德治纳入治国的方略之中,通过加强社会主义道德建设,引导人们正确处理国家、集体和个人的关系,正确处理竞争与协作、效率与公平、经济效益与社会效益等关系,妥善解决各种利益矛盾,提高人们履行法律规范的自觉性,自觉反对见利忘义、唯利是图,形成把国家利益放在首位而又充分尊重公民合法利益的社会主义义利观,形成健康有序的经济和社会生活规范,推动社会主义市场经济健康有序地发展。

因此,推动社会主义市场经济健康有序地发展迫切需要法治与德治相结合。法治建设和道德建设对市场经济的健康运行各自从不同的方面起着重要的调节作用。

2.转型期社会需要强化法治与德治相结合

法治与德治犹如鸟之两翼、车之两轮,在社会中任何一方的缺失,都将是一种巨大的缺陷,并会严重影响另一方功能和作用的有效发挥。当今中国正处于社会转型期和改革的"深水区",针对我国现实存在的一些道德失范现象,必须一方面强化法治建设,一方面加强公民思想道德修养的培育。德法兼治应当将法律作为基本的底线,同时又积极运用道德调节人与人之间的关系。德治与法治的紧密结合方可促进国家和社会治理的顺利开展,促进社会文明的持续进步和人的全面发展。

当前我国改革发展进入关键阶段,要应对前所未有的矛盾风险挑战,从根本上必须全面推进依法治国。应当清醒看到,我国法治建设还存在许多不适应、相冲突的问题,要解决好这些问题单就法治论法治是不够的,必须着眼全局、系统谋划,特别要立足我国历史传统和现实国情,重视加强道德教育和思想引导,着力培植人们的法律信仰和法治观念,营造全社会都立规矩、讲规矩、守规矩的文化环境,使法律和道德在国家和社会治理中共同发挥作用。坚持依法治国和以德治国相结合,必须重视发挥道德的教化作用,提高全社会文明程度,为法治实施创造良好人文环境。

3.依法治国与以德治国相结合是实现社会和谐的必要条件

社会主义和谐社会的基本特征,是民主法治、公平正义、诚信友爱、充满活力、安定有序、人与自然和谐相处。社会稳定、秩序井然是构建和谐社会的前提。没有稳定和秩序,人们就不可能安居乐业、和睦共处。

当前,我国正处于社会转型、体制转轨的关键时期,社会关系日益多元和复杂,我国经济社会生活中出现了一些不和谐因素,其中一些矛盾还比较突出。这些矛盾和问题,既是社会不稳定因素,也是构建和谐社会的障碍,需要采取多种措施加以调整解决。在众多的社会调整措施中,法律和道德的调整是最为重要的。要维护社会稳定,创造良好的社会环境和正常秩序,实现社会和谐,就必须依靠法治和德治相结合。目前我国虽然已经建立了具有中国特色的法律体系,但其中不完善、相对滞后性等问题依然存在,使法律在调整社会关系有时显得捉襟见肘。法律漏洞依然是一些不法分子游走的边缘,这就使得法律在具体的实践中无法达到理想的效果,甚至于在一些方面出现混乱现象。因此坚持依法治国与以德治国相结合,既是对现有法律调整不足的有效补充,也是加强社会主义道德建设的有力抓手。将依法治国与以德治国进行紧密结合,是当前应对复杂多变的社会环境,实现社会和谐的关键所在。

位于长江之滨的江苏张家港,是我国犯罪率最低的城市之一。与之紧密相关的是,张家港还是首批获评全国文明城市的县级市。早在 20 年前,这里就以精神文明建设成就享誉全国。长期的文明浸润,涵养了这座城市的法治文化,孕育了张家港人的法治精神。张家港的实践生动地说明,道德是培育法治精神的源头活水。

(四)坚持法治和德治相结合是对"两手抓"理论的创新运用

坚持一手抓法治、一手抓德治。国家和社会治理需要法律和道德共同发挥作用。既重视发挥法律的规范作用,又重视发挥道德的教化作用,大力弘扬社会主义核心价值观,弘扬中华传统美德,培育社会公德、职业道德、家族美德、个人品德。以法治体现道德理念、强化法律对道德建设的促进作用,以道德滋养法治精神、强化道德对法治文化的支撑作用。

"坚持依法治国和以德治国相结合"是对我们党"两手抓,两手都要硬"战略思想的运用和发展,是对建设中国特色社会主义规律性认识的升华,是对党领导人民治理国家基本方略的完善和创新,也是对新时代下法治和德治关系的深刻把握。

"一手抓建设,一手抓法制"。1986 年 1 月 17 日,邓小平在中央政治局常委会上的讲话中指出:"搞四个现代化一定要有两手,只有一手是不行的。所谓两手,即一手抓建设,一手抓法制。"①发展社会主义民主,健全社会主义法制,是党的十一届三中全会以来我们党坚定不移的基本方针。邓小平在《党和国家领导制度的改革》中总结了我国民主政治建设的经验教训,深

---

① 邓小平文选:第 3 卷[M].北京:人民出版社,1993:154.

刻地指出,为了适应社会主义现代化建设的需要,为了适应党和国家政治生活民主化的需要,为了兴利除弊,必须改革党和国家的领导制度以及其他制度。① 发展社会主义民主,必须同健全社会主义法制紧密结合。邓小平指出:"为了保障人民民主,必须加强法制。必须使民主制度化、法律化……做到有法可依,有法必依,执法必严,违法必究。"②《中共中央关于全面推进依法治国若干重大问题的决定》中明确指出:"必须坚持一手抓法治、一手抓德治,大力弘扬社会主义核心价值观,弘扬中华传统美德……既重视发挥法律的规范作用,又重视发挥道德的教化作用,以法治体现道德理念、强化法律对道德建设的促进作用,以道德滋养法治精神、强化道德对法治文化的支撑作用,实现法律和道德相辅相成、法治和德治相得益彰。"

一方面,法治是国家治理体系和治理能力的重要依托,全面推进依法治国是确保党和国家长治久安的根本要求。1978 年 12 月,邓小平同志就指出:"应该集中力量制定刑法、民法、诉讼法和其他各种必要的法律。"③党的十五大强调依法治国是党领导人民治理国家的基本方略,是发展社会主义市场经济的客观需要,是社会文明进步的重要标志,是国家长治久安的重要保障。党的十七大提出,依法治国是社会主义民主政治的基本要求,强调要全面落实依法治国基本方略,加快建设社会主义法治国家。党的十八大强调,要更加注重发挥法治在国家治理和社会管理中的重要作用。党的十八大以来,党中央高度重视依法治国,强调落实依法治国基本方略,加快建设社会主义法治国家。依法治国在党和国家工作全局中的地位更加突出、作用更加重大。面对新形势新任务,要实现经济发展、政治清明、文化昌盛、社会公正、生态良好,就必须更好发挥法治的引领和规范作用。

另一方面,道德建设是推动社会主义文化大发展大繁荣的重要内容,是提高社会成员的思想认识和道德觉悟的必然要求。中华文化源远流长,孕育了中华民族的宝贵精神品格,培育了中国人民崇高的价值追求。自强不息、厚德载物的思想,支撑着中华民族生生不息、薪火相传,今天依然是我们推进改革开放和社会主义现代化建设的强大精神力量。但也要清醒地看到,我国公民道德建设方面仍然存在着不少问题。社会的一些领域和一些

① 邓小平文选:第 2 卷[M].北京:人民出版社,1994:320-343.
② 邓小平文选:第 2 卷[M].北京:人民出版社,1994:146-147.
③ 邓小平文选:第 2 卷[M].北京:人民出版社,1994:146.

地方道德失范,是非、善恶、美丑界限混淆,拜金主义、享乐主义、极端个人主义滋长,见利忘义、损公肥私行为时有发生,以权谋私、腐化堕落现象存在……这些问题如果得不到及时有效解决,必然损害正常的经济和社会秩序,阻碍全面推进依法治国的进程。面对社会经济成分、组织形式、利益关系和分配方式多样化的趋势,面对世界范围各种思想文化的相互激荡,必须适应形势发展的要求,抓住有利时机,积极探索新形势下道德建设的特点和规律,在内容、形式、手段、机制等方面努力改进和创新,提高以德治国的水平。

在全面建成小康社会、实现中华民族伟大复兴的中国梦的关键时期,必须把依法治国和以德治国紧密结合起来,坚持法治德治"两手抓",通过法治建设的不断深化和推进,建设中国特色社会主义法治体系、建设社会主义法治国家;通过公民道德建设的不断深化和推进,逐步形成与发展社会主义市场经济相适应的社会主义道德体系。只有这样,才能保证我国法治建设的中国特色社会主义方向,才能巩固全国各族人民团结奋斗的共同思想道德基础。

第二节　大学生对法治和德治及其关系的认知状况调查

一、调查概况

从思想政治教育的角度研究依法治国与以德治国关系问题,有必要研究大学生群体对依法治国与以德治国相结合这一问题的认知状况。通过对大学生群体的法治与德治及其关系认知状况的调查,可以了解到当下大学生群体的法治素养和道德素质,发现目前高校思想道德教育与法治教育存在的问题,有助于高校今后针对大学生思想认识中存在的问题,开展有关德治与法治的相关课程建设和教学改革。通过了解大学生群体对于德治与法治关系的认知情况,掌握当今大学生对德治与法治及其关系认知的整体状态和思想动态,有利于改进高校的思想道德教育和法治教育,探索法治与德治关系理论教学的改革创新,提升理论"入耳"更"入心"的教育实效性。

依托2016年教育部高校示范马克思主义学院和优秀教学科研团队建设项目"法安天下、德润人心——法治和德治关系的理论与实践研究"课题,并结合厦门大学开展的思想政治理论课实践教学活动,2017年暑期,笔者组织了一支由本科生和研究生混编的社会调查实践团队,开展了主题为"大学生群体对法治和德治及其关系认知情况的调查与研究"的调研活动。

课题调研在南京大学、东南大学、河海大学、南京师范大学、厦门大学、集美大学、福州大学、福建师范大学等全国多所高校实地展开,并通过网络调查的渠道,面向全国各地高校开展网络问卷调查。通过现场访谈、实地发放调查问卷、网络问卷等多种形式,抽样调查了超过了上千位的大学生。共获得来自全国40余所高校调查对象的有效问卷1314份,有效访谈100份。调查以大学本科生为主要调研对象,兼顾部分研究生和部分教师。对大学生群体在法治与德治及其关系的认知状况和相关问题进行了深入调查与分析研究,形成了大约8.6万字的调查报告,该报告荣获了2017年度厦门大学思想政治理论课实践教学优秀调研报告一等奖。

通过调研实践活动和撰写调查报告,参加调研的同学们对法治与德治相结合的理论、实践问题有了更深层次的认识理解,同时,通过调查和访谈获取的大量信息和一手数据,也为课题的研究提供了宝贵的数据材料。通过调查获取的信息和数据,帮助课题组了解当前大学生对依法治国和以德治国关系的实际思想认识状态,进一步掌握了一手的高校法治教育和道德教育的基本情况。

调研结果反映当下高校在读学生对于法治与德治相关问题的了解与关注程度,并进一步体现现阶段我国法治与德治教育的普及与深入程度,直接反映出我国青少年相关领域教育的成效与问题。通过对部分在校大学生对法治与德治关系的访问调查和对结果的数据分析,有助于我们明确大学生对于法治、依法治国、德治、以德治国等概念及从属关系等问题存在的盲点与疑惑,有助于对学生开展针对性的教育,使学生对法治与德治有更深层更明确的理解。研究分析大学生群体对依法治国(法治)与以德治国(德治)关系的实际认知状况,尤其是对依法治国(法治)与以德治国(德治)关系认识中存在的一些模糊甚至错误的认识。分析其中对教育引导的有利方面与不利方面,梳理出常见的思想认识误区和有代表性、典型性的错误观点,展开剖析研究,探究问题的成因,寻找破解之道,进而在教育教学上提出相应对策。

二、调查结果

(一)调查数据分析

在接受调查的同学中,82.42%认为法治是现代社会的必然选择,占绝大部分比例;64.38%认为德治是现代社会的必然选择,略低于认为法治是必然选择的人数。分析得知,大部分大学生是对我国的法治建设充满信心的,64.38%的同学同样也对德治有着美好的期许,但比例略低,说明有部分大学生对于在厉行法治的同时加强德治的必要性和重要性存在认识不足的问题。在接受调查的同学中,94.66%认为现代社会中法治与德治需要结合,只有2.59%认为没必要结合,2.74%表示不知道。可见绝大多数同学支持法治、德治相结合。而在对于法治与德治在国家和社会治理中应如何相结合的问题上,接受调查的同学中,64.33%认为应该以法治为主、德治为辅,25.11%认为应该法治与德治并重。大多数同学认为法治的重要性高于德治,在社会治理中法治应占主导地位。

58%的同学认为《思想道德修养与法律基础》教材内容能部分满足其对法治问题的了解,23%认为能满足他们的需求,这说明教材中对法治知识的讲解还是比较详尽的,但还有很大的提升空间。55%的同学认为《思想道德修养与法律基础》教材内容能部分满足其对道德问题的了解,27%的认为能满足他们对这些知识的需求。同上个问题相比,可以看出绝大部分同学反映教材内容能够在一定程度上帮助他们学习和掌握法律和道德的理论知识。但亦有14%的大学生认为不能满足,故希望未来的教材内容能够再更翔实一些,一些理论能够阐述得更加深入。

大学生中认为法治与德治相结合允许以法代德、以德代法的有5%,而不允许这样做的有23%;认为法治与法制观念没有不同的有2%,而认为它们内涵不同的有24%;认为法治与人治对立的有6%,而认为法治与人治能融合的有20%;认为法治与民主没有关系的占4%,认为它们之间相辅相成的占比16%。其余的表示不清楚或不确定。交叉分析还发现部分学生认为法治与法制内涵不同,与民主相辅相成,却认为它与人治能融合。由此可见,大学生对法治、德治及其关系的理论认识仍较为薄弱,有认识误区甚至错误观念的大学生还为数不少。这说明高校的法治教育,特别是关于法治、德治及其关系的教育还未充分到位,需要进一步加强和完善。

(二)调查的基本结论

基于社会调查所获得的数据和资料,以问题为导向,通过数据分析软件等方式,进行了归纳整理和分析研究,得出以下相关的调研结论。

1.大学生群体对法治和德治的内涵及其关系的认知还不够清晰

总体上,大学生群体对法治和德治及其关系的认识还不够清晰,还有待进一步提高。在大学生对法治与德治、法治与法制、法治与人治、法治与民主之间关系的理解方面,接受调查的同学中,多数同学可以较好地理解法治与德治之间的独立性,但对于法治与人治的关系理解不够清楚、存有误区。说明高校的法治教育,特别是关于法治、德治及其关系的理论教育还不够充分,需要进一步加强和改进。

调查显示,当前大学生的法律知识水平较以往有较大程度的提高,这归功于我国社会法治大环境的熏陶以及他们接受的法治教育,但大学生法律基础知识不全面不扎实,非法律专业的大学生对法律知识的理解相对肤浅,在校大学生违法犯罪事件时有发生。因此,强化对大学生的法治教育具有客观需要和必要性。同时,调查也显示,大学生群体对法治与德治关系在认识上存在一些误区。调查数据结果显示,有两个明显问题:一是超过90%大学生认同并支持法治与德治相结合,但同时有70%的大学生认为应以法治(依法治国)为主,德治(以德治国)为辅,存在认识误区。二是被调查的过半的大学生对法治与人治的关系认识模糊甚至错误。

2.大学生的法律意识和道德意识整体较好

整体而言,大学生群体的法律意识和道德意识较好,但还有提升的空间。在接受调查的同学中,大多数人认为自己和周围人的法治和道德意识较好或者一般。调查结果表明,当身边发生违法的事(与本人无直接关系)的时候,大多数大学生会选择提供及时的帮助,例如挺身制止,帮助报案,以及暗中提醒等,也有部分选择依靠网络工具事后发帖,仅有极少数选择视而不见。而当身边发生缺德的行为(与本人无直接关系)的时候,同学们更愿意去暗中提醒,体现了在面对缺德事情发生的时候,更多同学不愿意采取强硬的措施,更倾向于激起当事人的自觉性,希望行为方主动停止行为。总的来说,绝大部分同学愿意在不危及自身安全的情况下,去制止违法或是缺德事情的发生,去帮助或者提醒受害人,这与现在呼吁的"见义勇为还要见义智为"也有一定的关系。而且据调查数据,多数同学认为道德和法治对大学生行为的影响力正在逐步增强。通过访谈和问卷调查可以看出,大部分大学生在对待周围发生违法或者缺德的事情的时候,还是保持着正确的价值观念,会通过正确的方式进行处理。并且法律与道德对大学生还是很有影响力的,大家对自身的法律素养、道德状况以及周围人的法律素质、道德状况的评价都是比较正面的,对于我国法治建设以及德治建设还是有信心和比较满意的。

3.当前法治教育和道德教育的状态不能完全满足大学生的需求

大学生对接受的法治教育和道德教育印象不够深刻,当前相关的教育状态不能完全满足大学生的需求。在接受调查的大学生中,大部分学生表示自己曾经在中学和大学阶段接受过法治教育和道德教育,但表示印象深刻的同学就少很多。绝大多数学生认为现在的教材内容可以在一定程度上满足他们对法治和道德问题的了解,但还没有达到充分了解的程度。在访谈调查中,我们还了解到大部分学生对道德、法治教育的课程是很感兴趣的,感兴趣的主要内容是一些法律知识以及案例,特别是和生活学习以及周边事物结合起来的事例。仍有一些学生对道德、法治教育不是很感兴趣,重视度也不高,主要原因是觉得上课无聊,课程内容空洞无味。部分同学认为自己学到的东西太浅,当遇到法律问题时还是需要寻求法律专业人士帮忙解决,只有较少部分同学认为可以把课堂上学到的东西学以致用。

4.多数大学生对我国法治和德治建设的未来发展有信心

从调查得到的数据可以看出,大多数学生认为法治和德治都是未来社会的必然选择,对我国法治和德治建设的发展充满信心、对未来有着美好的期许。绝大多数学生认为在国家和社会的治理中,法治和德治需要相结合,但是大多数学生并不认为德法并重,而是认为法治应该要占主导地位,德治起到辅助作用,这种看法的学生人数,远远多于认为法治和德治地位相当的人数。由此可见,法治的强制力和德治的主观性使大多数人对法治的信任感远远高于德治,也说明德治还有待增强,有待发挥出更大的作用。从调查的结果还可以知道,大学生群体认为我国未来更趋向于法治社会的人数略多于认为我国未来更趋向于法治和德治并重社会的人数,而认为我国未来会是德治社会的人数则寥寥无几。显然,大学生更支持未来社会是一个法治社会。但是德治也是国家治理中不可忽视的方式,如果只是依法治理,而没有以情动人,那么这个社会就会显得人情淡漠,缺乏温情。因此,德治也是不容忽视的,加强道德教育,发展德治也是社会发展的当务之急。道德素质和法律素质,都是现代公民基本素质不可或缺的一部分。对于目前法治建设在科学立法、严格执法、公正司法以及全民守法方面的成效,多数同学评价中等,说明大学生对我国在各个方面的法治建设总体比较肯定,但也不是完全满意,说明我国法治建设仍然有一定待完善的地方和上升的空间。

5.大学生普遍认同法治素养和道德素质是时代新人应有的基本素质

大学生普遍认同法治素养和道德素质是时代新人应有的基本素质,赞同要注重法治思维的培养。一方面,被调查的大学生普遍赞同要注重法治意识的培育,另一方面,大学生对法治认识不足,特别是对中国特色社会主义法治理论认识不深,较多处于表层认识。法律知识缺乏,对我国法律部门也不熟悉,对维权所运用的合法程序不甚了解;大学生在校期间学习的法律知识十分零散,没有形成体系,也不够深入,导致学生没有真正理解和掌握必要的法律常识,当涉及公共利益和个人利益发生受到侵犯时,一些大学生表现出不知所措、应对失据、无所适从,法治思维能力严重不足。

调查也发现,当下高校法治教育仍存在不少的问题,主要表现在:课时不足(课程设置问题)、内容不足(教材编写问题,教学内容不系统)、重视不足(教育管理部门、学校、老师、学生不够重视)、合格师资不足(相关师资培训也不足)等。究其原因,主要在于教师供给与学生需求存在矛盾;教材体系与教学体系存在差距;大中小学阶段的道德教育、法治教育进阶衔接不够合理,课程体系一体化建设有待加强。现阶段高校法治教育也和思想政治教育长期存在的突出问题类似,即教育者过于注重单方面理论知识的输出,学生大多只会生搬硬套、死记硬背,缺乏将理论知识运用到日常生活中的能力。因此,不能只强调理论知识的学习掌握,更应着重培养运用理论知识的思维能力。

三、对策建议

(一)创建有益于教育的良好社会环境

市场经济的趋利性,往往会诱使人的价值取向发生扭曲,大学生虽然已经属于法律意义上的成年人,但其心智还没有达到完全成熟,成长的环境对他们影响不容忽视。由于高考前长期被父母、老师约束,大学生在脱离中学的"高压管理"进入较为自由宽松的大学环境后,对于外界诱惑的自觉抵抗能力尚不足够,如果法治教育和道德教育没有跟上,行为失范、脱序,就有可能会误入歧途。因此,在大学阶段加强法治教育和道德教育十分必要。

社会氛围也是一种软实力,能够对思想政治教育起到潜移默化的影响。营造良好的社会氛围是有效开展思想政治教育的途径之一。良好的校园氛围能够强化对学生的思想政治教育,强化学生对德与法的认知。

大学校园与社会联系非常紧密,大学生也不是与世隔绝的群体。一些社会负面信息会潜移默化地对大学生的法治思想造成歪曲和影响,公正合理、公平合法的法治理念在其心中会被逐渐地扭曲和抹杀,这些情形的存在,非常不利于培育大学生良好的法治思想。因此,要为高校大学生法治思想的培育创造一个良好的环境,就显得非常重要。

(二)推进道德教育和法治教育生活化

大学生在校园中的日常学习生活是学校进行思想政治教育的关键环节之一,应积极地融法治教育和道德教育于大学生日常思想教育和管理之中。应通过开展各类活动,如法治知识竞赛、辩论赛、情景剧等,寓教于乐,调动学生学习积极性,提升学生的法治意识和道德信念。

将法治教育和道德教育生活化,积极引导大学生在日常学习生活中自觉实践社会主义核心价值观和法治观。法治教育和道德教育应该是个双向互动的过程,既需要教育方积极寻找有效的方法,也需要被教育方的全面配合,有效的教育应该挖掘主体的自我意识,要让接受法治教育的人自己从内心深处接受,而不是填鸭式的灌输法律知识,也不是形式上的教条主义。要让主体意识觉醒,就必须要调动主体的积极性,积极性不是三分钟热度,而是持久的、内在的动力。目前,高校法治教育和道德教育的问题之一是教育方式不够"接地气",给学生的印象是枯燥、无趣,但又不得不完成任务,等学分到手之后就置之脑后,出于功利性而记住的内容也很快就会忘记。

法治教育应当有机融入学生的日常生活和学习中,润物细无声般对学生的精神状态和价值观产生影响。比如高校可以经常举办一些法治宣传教育活动,学生完全自主把握活动节奏,学生组织,学生参与,让学生真正感觉到法治教育是尊重学生自身人格的。此外,引导学生在日常生活和学习中积极发现身边的法治事例和道德事例,把法治教育和道德教育融入日常生活。

首先,抓好各种活动契机。充分发挥学生党支部、团支部、班委会及各类学生社团和其他学生组织的作用,大力促进法治教育的开展。每年的"两会"、建党建团纪念日、宪法日、法治宣传周等重要的时间节点都是学习和贯彻法治的重要时机。学校各级部门要通过广泛组织开展征文比赛、演讲比赛、知识竞赛、主题晚会、旁听庭审等活动,在学生中积极主动地进行法治思想教育,以学生喜闻乐见、易于接受的方式进行法治教育。

其次,完善各种考核评比机制,发挥好优秀学生的模范带动作用。完善优秀学生、优秀团干部的考核评选办法,评选过程中应本着公平公正公开的原则,将学生中认可度较高、在学生中具有较高威信的优秀学生评选出来,发挥先进群体和先进个人的模范带动作用,以促进法治思想教育的开展。全方位地将法治思想融入学生的日常活动管理之中。法治教育要做到三个"结合":高校法治教育与保障大学生权利结合、高校法治教育与树立大学生守法意识和法治信仰结合、高校法治教育与"依法治校"结合。加强大学生法律问题和纠纷的关怀解决工作,当学生遇到维权或者纠纷问题时,急学生所急,想学生所想,增强大学生对法治教育的获得感。

(三)在校园文化建设中积极推进道德教育和法治教育

校园文化具有重要的育人功能,高校要坚持立德树人的导向,全面建设体现社会主义时代特征和学校特色的校园文化。校园文化要以建设优良的校风、教风、学风为核心,继承和发扬优秀的校园文化传统,开展健康向上的校园文化活动,使学生接受先进文化的熏陶和文明风尚的感染,在良好的校园人文环境中陶冶情操,促进大学生健康成长和全面发展。

在高校营造"人人知晓法治、人人践行法治"的校园文化氛围,引导广大师生牢固树立并认真实践习近平法治思想,既强化道德责任意识,养成良好品行,又努力构筑起抵御不良风气的法治防线。

首先,开展形式多样的教育活动,拓展学生的法律知识。教材的篇幅容量有限,涉及法律知识面较小,可以充分利用相关"主题教育日"拓展学生的法律知识。比如组织学生开展相关法律知识竞赛、主题演讲比赛、法治教育座谈会、主题班会、模拟法庭等活动。

其次,将法治元素融入校园文化建设。在布告栏、宣传墙等位置张贴法治宣传画、法治名言警句,利用"法治宣传栏"进行新出台、修改的法律法规的宣传,使法治文化与校园文化相融合,营造校园法治教育氛围。

再次,引导大学生积极投身社会实践,理论与实践相结合。培养大学生的维权意识,鼓励大学生敢于用法律来维护自身的权益。大学生要多走出校门,接触社会,了解国情,将法律运用到自己生活的方方面面,做到理论与实践相结合。

校园是大学生学习和生活的主要场所,对大学生的思想观念的形成、行为方式的塑造起着不可替代的重要作用。良好的校内环境能够陶冶大学生的情操,培育大学生的思想,影响大学生法治情感和法治意识的形成。要大力宣传法治文化,运用口号、标语、宣传栏、广播等形式,传播法治观念,倡导法治实践,引导大学生规范自身的行为,遵守纪律规章。此外,高校要对违反校规校纪的学生予以严肃处理,让大学生真正拥有规则意识、诚信意识、责任意识,既提升高校的管理水平,也提高大学生的法治理念水平。

(四)不断创新道德教育和法治教育的方式方法

部分高校法治和道德教育存在着教学模式单一的问题,授课方式多以课堂理论教学为主,依靠老师讲授课本知识,与时政热点和现实生活联系不够贴切,学生的参与感和获得感不足,主动学习的积极性不高。

首先,必须对法治教育进行精准定位,即明确法治教育的性质、法治教育的手段、法治教育的目标等。当前许多高校由于法治教育定位不明确、法治教育手段单一、法治教育内容滞后等原因,法治教育流于表面,成效不佳。

其次,充分利用自媒体,可以在自媒体平台上进行道德、法治教育的渗透。大学生对于自媒体的运用越来越普遍,调查结果显示大部分学生认为教材内容并不能够完全满足对于法治问题、德治问题的了解。问卷调查和访谈中也发现,当下大学生反映出他们接受道德与法治的渠道其实不仅来自相关课程与老师的讲授、家庭的教育,也会来自网络等其他途径,这些新途径都渗透在大学生的生活学习中,影响着他们对于道德、法律的认识,影响着他们对于价值观的判断。应当合理借助自媒体等宣传手段,形成法治建设认同机制。信息与高科技技术的发展使得自媒体变得更为普遍,如今单纯使用电视广播等传统大众传媒进行宣传已难满足传播与普及的需要,因此,在网络信息时代背景下,我们应该学会合理使用新的传媒技术来达到宣传普及的目的。社会以及网络自媒体平台可以鼓励用户进行相关话题的自媒体创作,像一些比较知名的自媒体应用软件,如抖音等,都可以用很轻松愉快的形式进行法治教育和道德教育的宣传,有利于形成法治和德治的认同机制,增强整个社会对法治和德治建设的支持度与认同感。

再次,创新法治和道德教育模式。根据调查可知,学生们普遍认为现今高校法治教育的途径过于单一。当前,法治教育的课程少,课时不多,这些情况已经跟不上时代发展的要求。因此,应加强和完善思想政治理论课中法治教育的深度和广度,要在高校的思想政治教育中加大法治教育的力度。在课程安排方面要科学合理,以案例、视频、互动讨论等形式,积极地开展课堂法治教育工作,积极调动学生的主观能动性,通过比较容易被学生接受的教育教学形式,尤其案例教学,内容贴近现实,生动性较强,易于学生对法治理论和法律知识内容的理解吸收。通过举办更多的与法律有关的讲座或参与式活动,例如模拟法庭、法律情景剧等,拓宽学生接触法律知识的渠道,也增加教学方式的趣味性,提高学生学习的积极性和参与度。

最后,要更加注重理论联系实际,探求多种形式的实践教学。课后的社会实践,可以有效加深学生们对法律知识的理解,强化对法律知识的运用,使学生从根本上提高法律意识。注重运用新媒体加强法律知识的宣传,加强网络信息平台建设,引导学生学习法律知识,普及法律原理和重要的法律规定,为学生遇到纠纷求诸法律提供便利。大学生的法治思维与道德思维都需要在长期的实践中反复训练,从而养成自觉地遵循法律和道德规范的行为习惯。

(五)不断增强道德教育和法治教育对学生的吸引力

在对大学生进行道德教育和法治教育的时候,教师要让他们能够认识到需要这方面的知识,能够对这方面的内容产生兴趣,而不只是为了获得学分或者只是应付考试。这就需要发现当下学生学习心理的新变化、新特点,进行有针对性的教育教学,改变传统的教学方式和方法,拓宽对大学生开展道德教育和法治教育的途径,同时还要与实践教育相结合,而不仅进行理论教育。

首先,提升大学生对课堂教育的兴趣。例如,多使用一些经典的、有趣的案例来吸引学生兴趣,加深学生的学习印象,从而加强学生对于法律和道德的认识。开设一些特色活动、特色课程,如开设法治、德治选修课,进行学院间学习交流,组织评选相关先进人物的活动,举办相关比赛或者交流分享会等。

其次,提升网络平台教育的吸引力。顺应时代的发展变化,特别是互联网的广泛应用,许多高校的思政理论课都增加了网络平台教育。在网络平台上学生可以进行自主学习,进行模拟测试,以及互动交流等。网络教育形式的增加为道德教育、法治教育提供了一个很好的平台,但如何才能做到吸引学生自觉自愿地去网络平台学习?学生对于网络学习方式是有兴趣的,关键是要抓住网络能够吸引学生的地方,要改变只是将课堂资料生硬搬到网络平台的做法,要做好网络平台内容的建设和完善,增加图片、视频、音频等对学生有吸引力的表达方式。最近网络上出现了一位十分火爆的网红老师罗翔,罗翔老师讲刑法的系列短视频,吸引粉丝数量数以百万计,视频播放次数数以亿计,这一现象值得关注,说明只要课讲得好,内容和形式有吸引力,不怕学生不会认真学习。

为了激发大学生群体主动学习道德和法治理论知识的兴趣,提高课堂教学质量,高校可探寻主修＋选修、理论＋实践等复合教学模式,以专题教学为主要教学模式,同时引入讨论辩论、案例教学、模拟法庭、知识竞赛、情景模拟、实践教学等教学方式,拓宽学生学习法律和道德知识的渠道,增加教学方式的趣味性,提高学生学习的积极性和参与度。

(六)通过大学生社会实践深化并检验教育的成效

通过与同学的访谈交流发现,学生对于参与社会实践的积极性还是挺高的,对于通过社会实践加强道德、法治观念的方式还是非常认可的。中共中央、国务院在《关于进一步加强和改进大学生思想政治教育的意见》中明确指出,社会实践是大学生思想政治教育的重要环节,对于大学生了解社会、了解国情,增长才干、奉献社会,锻炼能力、培养品格,增强社会责任感具有不可替代的作用,也是大学生进行法治思想教育的重要载体,通过大学生社会实践活动来检验法治思想教育的实效性和获得感。

首先,引导大学生法治思想社会实践活动的主题选择,在遵循导向性、现实性、创新性的基础上,注重把握方向、联系实际和注重创新的原则,在具体的社会实践活动当中,既从大处着眼、体现宏观视野,抓住经济社会发展的重大理论和实际问题,又从小处入手、体现大学生视角,紧密联系学习情况和思想实际,选取与大学生学习生活和成长发展密切相关的具体问题,积极开展法治主题的实践活动,鼓励学生参加法律实践,在实践中运用法律知识和方法思考、分析和解决各类法律问题。

其次,在组织实施社会实践的过程中,要将法治思想融入进来,坚持理论联系实际,采取生动活泼的形式,让大学生的思想在潜移默化中受到熏陶,得到教育和提升。加深对法治思想相关理论、知识的理解,使大学生进一步增强对法治中国的认同感,使法治成为大学生的自觉追求和行为准则。大学生参与社会实践活动,提高大学生的社会责任感,促进大学生法治观的形成,使大学生在社会实践中磨炼意志,升华认识,检验法治教育的获得感,最终达到知行统一的目的。

第三节　法与德关系的若干认识误区

在调查的过程中,课题组发现大学生群体对法治与德治及其关系还存在着某些较为普遍的认识误区,这需要我们在相关的教育教学中着重进行答疑解惑,澄清误解,进一步提升大学生的思想理论水平。

一、德治的本质是否就是人治

有一种观点认为,法治排斥人治,而德治注重人治,因而提倡德治就会导致削弱甚至否定法治,最终退回到人治的老路上去。之所以会有这样的看法,是因为不少人对"德治"的认识存有偏颇。有人认为,依法治国是法治,以德治国是人治,德治的本质就是人治,德治与现代的法治是相对立的。这里的认识误区在于对德治的认识还是局限于传统的德治理念,没有看到现代德治与传统德治的不同,现代的法治和现代的德治理念是统一的、互补的,彼此不是排斥或替代的关系。

需要明确的是,我们今天所提的"德治"或"以德治国"与传统的"德治"或"以德治国"不同。传统"德治"的核心,是将管理国家和社会的权力寄托于统治者的个人素质,其重大缺陷是统治者拥有的权力可以不受法律制约,本质上确实属于人治。认为德治必然导致人治,该观点的立论在于德治是用道德进行治理,而道德只讲情,所以容易陷入人情的主观性和随意性,导致人治的无序。相反,法治是用法律进行治理,法律更讲理,所以会更有序。但实际上,道德不是只讲情,还是要讲理的,因而德治不仅讲情,也要讲理。德治与法治相结合才能保证德治避免陷入人治的结局。

还需要特别指出的是,中国自古以来就有德治和法治的主张,但在中国古代社会里,无论法治还是德治,都是服务于人治需要的治理手段。这与今天我们建设中国特色社会主义的法治与德治有着本质的区别。

道德与法律的关系反映在国家治理层面就是德治与法治的关系。人们通常认为,依法治国(法治)和以德治国(德治)相结合就是把二者并列起来。但是,对德治和法治关系的主次问题一直争论不休。中国古代的"法"和"刑"通义,主要有德主刑(法)辅、刑(法)主德辅、德刑(法)并重等几种基本观点。

整体而言,德治和法治如同鸟之两翼、车之双轮,相互依存,并行不悖。但需要注意的是,德治与法治落实到国家治理的具体过程中,却是各有侧重,有时需要"德主法辅",有时需要"法主德辅",有时需要"德法并重"。只有把德治和法治相结合起来,并根据它们所在的不同领域以及它们所处理的不同事项,协调二者的功用,才会产生内外兼修、标本兼治的效果。如果只是简单机械地认定德治和法治哪个是"主"哪个是"次"或简单并列,都容易犯教条主义的错误。

当代中国的依法治国与以德治国相结合是在全面依法治国进程中二者的结合,即全面依法治国是基本方略,是基本前提。同时,法律与道德又是相互依存、相辅相成的关系。至于二者谁主谁辅、谁先谁后,只有在具体的国家和社会治理过程之中面对具体的实际问题时才会有所区别。

二、当前社会需要法律是否胜过需要道德

建立社会主义市场经济体制是改革开放的目标,围绕这一目标引发了全面性的体制和制度变革,导致了全面的社会结构变迁。中国社会科学院发布的《中国社会心态研究报告(2012—2013)》蓝皮书称"逾七成受访城市居民不敢相信陌生人"。依赖熟人社会的礼治或单位控制已经不能满足社会结构变动带来的秩序需求,法律因此越来越多地被需要。之所以产生当前需要法律胜过需要道德的这种看法,是因为人们通常认为,当前的社会治理中法律相较道德更有效率,尤其在"熟人社会向陌生人社会转变"的背景下体现得更为明显。

然而,这里面存在认识的误区。首先,道德与法律的作用是互补的,社会治理是法律和道德共同作用的结果,而不是法律单独起作用。人们在日常实践之中往往看到法律的优势,却忽视了其缺陷。道德与法律作为社会治理的两种手段,各有所长,也各有所短,二者合力才能取长补短,使彼此效用发挥到最大,也才能使社会治理更加见效。

一些人看到法律解决问题成效显著,就主张以法律代替道德,一刀切搞"道德法律化",如有人大代表提出将见义勇为法律化的主张。实际上,道德

法律化未必就一定有效。其一,会损害见义勇为者本身的利益。其二,加重社会治理的成本,甚至造成"人人自危"的社会心态。其三,造成强迫和被动的利他行为,即道德绑架。"道德法律化"可行的办法是"要把实践中广泛认同、较为成熟、操作性强的道德要求及时上升为法律规范,引导全社会崇德向善"[①]。法律应当更多保障守德者因为守德而失去的权益,即道德权利的法律化,而不是侧重将作为道德义务的道德要求转化为法律。

一般说来,道德调整的社会关系领域要比法律更广泛。法律难以触及人的心灵,解决不了人的内在思想问题,而德治的落脚点在于人心,在于人的思想。法律解决不了信仰、价值观等问题,只有通过道德修养才能使人树立正确的信仰、价值观、人生观,并作为自己的行动指南。道德是指导和制约人们思想和行为的精神力量,道德的相对独立性是道德的社会价值能够发挥出来的前提。道德属于思想范畴,而思想问题靠强制手段、压制方式是解决不了的,并且道德的评判要求比法律要宽泛得多和高得多。因此,在实行依法治国,建设社会主义法治国家的过程中,绝不能忽视思想道德的建设,必须把法治和德治紧密结合起来。

道德是法律评价的标准和推动的力量,是法律的有益补充,二者在某些情况下可以相互转化。运用法治对道德中的重要问题进行调整,是对道德力量的强化;德治既是对法治内化,把法律内化为人们的素质,同时也是对法治的重要补充,把法律之外的社会关系纳入自己的管辖范围。法律道德化和道德法律化在人类社会发展中是一个交互演进的过程。

三、道德标准是否可以评价一切

有人认为可以用道德的标准去评价一切。这也是一个认识误区,需要纠正和克服。一些人每每遇到公共道德事件时,就会谴责不义者,指责社会人心不古、世风日下,唯独把自己置身事外,这种倾向可被称为泛道德化思维。以轰动一时的南京彭宇案为例,根据事后所披露的真相,真实情况并不是人们所想象的彭宇被摔倒的老人讹诈了,而是彭宇的确有撞到老人。这其中的误解以及以讹传讹让人们产生了巨大的道德焦虑,面对摔倒的老人"扶与不扶"一度成为社会焦点问题。

在社会生活中,不仅要克服人们的泛道德化思维,还要培养法治思维,

---

① 习近平.习近平谈治国理政:第 2 卷[M].北京:外文出版社,2017:134.

引导人们在法治思维与道德思维之间保持一定的张力。老人暴力占公交车座位等负面新闻曾经一度被炒得沸沸扬扬,老人是不是真的在变坏、暴力要座该不该抵制、该不该给老年人让座等一系列问题成了热议的话题。争论本身不是坏事,理越辩越明。但是,社会生活每天都在继续,沸沸扬扬的争论中,各方可以尽情地表达自己的观点和诉求,可社会规范不可一日虚无。无论争论何时会有结果,能否达成全体社会成员的普遍共识,生活都必须有序地进行。在各种争论和诉求波涛翻滚之时,拒绝"道德绑架",完善法治才是"定海神针"。

河北保定的一位老人因为上了公交车没人让座,便挡在公交车前面,折腾了两个小时,只为达到"不让座谁都别想走"的目的。这件事只靠道德争论是难以解决的,该不该让座的道德问题在停驶的公交车面前显得苍白无力,一车人的两个小时,会造成多少损失和不便,这已经不是该不该让座的道德问题,而是必须靠法治的力量来解决的违法问题。如果是在一个法治完善的社会,不仅是公交公司可以向阻路者索赔,受影响的每一个乘客也都可以依法获得应得的补偿。可是,这样一个涉及违法的事件,仅仅停留在道德争论而已,可见在我们的现实社会生活中,完善法治还有很长的路要走。

澄清道德与法律关系的认识误区绝不仅是理论上的诘问,更要在具体实践中纠偏。越是在纷繁的利益诉求争执中,越要高扬法治的旗帜。暴力抢座是不是应该受到抵制可以讨论,但是暴力抢座影响了社会的正常秩序,就必须受到法律的制裁,这是无可争议的。法律带给每个社会成员的保护都是同等的,只要违法,无论是什么缘由就应当受到法律的相应约束、承担相应的法律责任。

四、道德权利和法律权利是否一回事

法国作家米兰·昆德拉曾在自己的长篇小说《不朽》中写道:"我们生活在一个权利话语泛滥的时代,世界上的一切欲望变成一种权利。比如爱的欲望变成爱的权利,休息的欲望变成休息的权利,希望获得友谊变成获得友谊的权利,希望不受速度限制变成超速的权利,希望得到幸福变成得到幸福的权利……"从法律的角度看,这些都不是真正的权利,而是用权利话语包装的个人主张。问题究竟出在哪呢?就在于人们容易混淆道德权利和法律权利。

日常生活中的道德权利体现主要在"德得相通",也就是有德才有得。

这种"得"从小的方面来说,可以是一种荣誉感,从大的方面来说,可以是一种幸福,即所谓的德福一致论。"德"之"得"还有一个重要的方面,就是被补偿,即因道德行为而受损,如因见义勇为而受损,可以得到当事人乃至国家或社会的相应补偿。

法律的作用是"定分止争",意思就是,法律是在确认权利、划定产权,以此来停止争夺。比如,野地里的兔子,哪怕是道德高尚的人也会去抢,因为它还没有划定产权,但市场里的兔子,哪怕是道德低劣的人也不去抢,因为它的产权已经划定了。法律是现代最重要的纠纷解决机制。法律依据什么标准来解决纠纷?因为法律要定分止争,就必须找到一个可以技术化操作的办法。用技术化的权利语言解决价值观的冲突。既然大家不可能在价值观上达成完全一致。所以,只能划定边界,互相尊重。概言之,法律并不关心对错,关心的是双方都具有哪些权利。普通人解决纠纷的标准可能是道德,可能是习俗,而法律解决纠纷的依据是法律权利思维。当然,这个权利是法律权利,而非道德权利,这点不可混淆。人们总是把自己的欲望和主张升级为自己的权利,但这并不是法律意义上的权利,只是用权利话语包装下的个人主张而已。你有得到幸福的欲望并不代表你拥有一定得到幸福的权利,这是"我想要"和"我能要"的区别。如果法律没有赋予你这样的权利,你便不能要。当纠纷出现,法律只需查看当事人是否有相应的权利,对方是否有对应的义务,明确又高效率地给纷争画下休止符,而不是陷入无休止的对错之争。

道德权利和法律权利有时会重叠,但有时道德权利又未必是法律权利。2003年,江西省某县发生了一个案子。一对夫妻离婚后,法院把孩子判给了女方抚养,男方可以每周探望孩子一次。因为孩子的爷爷奶奶十分想念孙子,所以虽然儿子离了婚,也会经常去看孩子。一开始,这种关系还挺融洽的,直到爷爷奶奶经常不打招呼就把孩子接走,这让孩子的妈妈感到担忧。孩子的妈妈就跟幼儿园约定,说在她没有同意的情况下,谁也不能把孩子接走。于是,等爷爷奶奶再来接孩子的时候,就被拒绝。老两口对前儿媳的这种做法非常不满,还施加道德压力,说前儿媳没有人性,闹得孩子妈妈很不愉快,两边的关系迅速恶化,最终反目成仇。后来,孩子的妈妈一纸诉状,把爷爷奶奶告上了法庭,要求他们不能再来看孩子,还得赔礼道歉。爷爷奶奶自然感到非常震惊,在庭审现场,他们泪流满面地哭诉:"爷爷奶奶看望孙子自古天经地义,不让我们看孙子,还有没有人性!"但最终的结果是法院判爷爷奶奶败诉,以后未经孩子妈妈的同意,不能再去看孩子。

在这个案子中,如果从道德层面上来讲,爷爷奶奶肯定有权利看望自己的亲孙子。但是从法律层面上来讲,爷爷奶奶是没有单方面的探视权的。因为我国婚姻法上有明确规定,夫妻离婚以后,只有不直接抚养子女的一方有探视权,其他人哪怕是爷爷奶奶、外公外婆,都没有探视权。所以,判案的法官说,这个判决尽管看起来有点不近情理,但在法律里,道德权利不等于法律权利,而法律权利才是解决纠纷的真正标准。

用法律权利思维去解决纠纷,相比于道德权利,优势在于法律权利有明确的边界。法律权利是通过国家强制力,强制人们去遵守、去实现的,也因此我们才能更有效地去解决纠纷。

道德权利往往没有边界感。比如案子里的爷爷奶奶,就是觉得看孙子是天经地义的,所以经常不顾及孩子妈妈的感受。而法律中的权利,就是要确定人际关系的法定边界。所谓爱的权利、休息的权利、得到幸福的权利等,之所以不是法律权利,是因为它们本质上都是人们依据自己的道德观念,用权利话语包装出来的一种说法。而财产权、债权、著作权等,这些法律权利存在明确边界。同样的道理,例如罪犯,即使他们在道德上已经被完全否定,但是他们的法律权利没有完全丧失,比如被告人可以请律师作辩护,这是被告人的合法权利。

第四节　新时代德法兼治的实践向度

一、新时代法治建设需要强化以道德滋养法治

(一)增强法治的道德底蕴

实际上,法律本身就是一套具有道德性的规则体系,人们对法律的认同,很大程度上是对其蕴含的道德价值的认同。道德性是法治的正当性来源。法律是一种"实然"的和有形的社会机制,但其确立的基础和出发点则是一种"应然"的和无形的道德正当性。法律作为一种制度性规范,它的正当性不是来源于它的强制力后盾,而是来源于它背后的道德。这种正当性,是人的一种价值认同和价值信仰。

社会主义核心价值观明确提出了对全体公民的道德要求,也为法治建设和法律实施提供了基本价值准则。法治同时也是社会主义核心价值观的重要内容之一,社会主义核心价值观是当代中国法治之魂。习近平同志指出:"对一个民族、一个国家来说,最持久、最深层的力量是全社会共同认可的核心价值观。"①坚持法治与德治相结合,就必须以道德滋养法治,增强法治的道德底蕴。

习近平总书记强调:"要把道德要求贯彻到法治建设中。以法治承载道德理念,道德才有可靠制度支撑。法律法规要树立鲜明道德导向,弘扬美德义行,立法、执法、司法都要体现社会主义道德要求,都要把社会主义核心价值观贯穿其中,使社会主义法治成为良法善治。"②

法律的有效实施离不开道德的烘托。通过各种形式开展教育和宣传活动,弘扬社会主义核心价值观,增强公民的法治意识和道德观念,为社会主义法治奠定道德基础。法律一般都体现着道德判断、道德取向,只有符合人民道德意愿、符合社会公序良俗的法律才能被人们所信仰、自觉遵守。因此,无论立法、执法还是司法,都应体现社会主义先进道德的要求,都应把社会主义核心价值观贯穿其中,使社会主义法治成为"良法善治"。

增强法治的道德底蕴,需要大力弘扬中华民族传统美德,深入挖掘中华民族讲仁爱、重民本、守诚信、崇正义、尚和合、求大同的时代价值,汲取中华传统文化的精华,使之成为涵养社会主义法治文化的重要源泉。从我国古代"德治"的传统汲取智慧,发扬社会伦理道德、传统习惯对于行为的约束作用。

坚持依法治国和以德治国相结合,应在道德体系中体现法治要求,发挥道德对法治的滋养作用,努力使道德体系同社会主义法律规范相衔接、相协调、相促进,把道德导向贯穿法治建设全过程,立法、执法、司法、守法各环节都要体现社会主义道德要求。

立法要立良法。道德是法律规范的重要来源。自古以来,不少国家有通过立法把社会中基本的道德规范上升为法律规范的成文化做法。将中国传统优秀的道德伦理创造性转化和创新性发展为现代法律规范的内容,适

---

① 中共中央宣传部.习近平总书记系列重要讲话读本[M].北京:学习出版社,人民出版社,2016:18.

② 习近平.习近平谈治国理政:第2卷[M].北京:外文出版社,2017:134.

应保障建设中国特色社会主义和实现中华民族伟大复兴的需要。例如，2012 年 12 月 28 日修订通过的《老年人权益保障法》的第 18 条规定："与老年人分开居住的家庭成员，应当经常看望或者问候老年人。"将人们所称的"子女常回家看看"的要求入法，这体现了中华民族孝老爱亲的传统美德。在完善法律体系过程中，应加强与道德的协调和衔接，将实践中广泛认同、较为成熟、操作性强的道德要求及时上升为法律规范。还应注重对法律的道德效果和道德风险的评估，对有违道德要求的法律法规及时废止或修改，使法律体系更加彰显道德的力量。

执法要扬正气。执法既是法律行为，也体现鲜明道德导向。严格公正执法，是对法律尊严的捍卫，也是对先进道德的褒扬，而执法不严不公，是对法律尊严的无视，也是对恶行的纵容、对美德的贬损。执法要严格公正，对侵害公共利益、人民权益和社会秩序等行为及时予以规诫遏制，弘扬真善美、打击假恶丑。执法要文明规范，体现人文关怀，既遵从法律标准又符合道德标准，既于法有据又合乎情理，防止粗暴执法、野蛮执法，使执法活动获得坚实的道义基础。

司法要辨善恶。司法断案最能体现法律惩恶扬善的功能。要坚持公正司法，依法制裁和惩处各种违法犯罪行为，让人们在每一个司法案件中都感受到公平正义。法律很多时候只能做出原则性规定，而在司法实践中会遇到各种各样的具体情况，这就要求司法人员正确行使自由裁量权，按照社会主义核心价值观要求，做出公正合理的裁决，真正起到引导社会向上向善的效果，更好地守护公平正义、弘扬美德善行。

（二）以道德滋养法治精神

对法治精神的诠释，大致可归纳为法律至上、权力制约、人权保障、依法行政、司法公正、程序正义等。坚持依法治国与以德治国相结合，必须重视发挥道德的教化作用，逐步提高全社会文明程度，使人文环境不断得到优化，根植全民的法治精神。

在依法治国的同时坚持以德治国，发挥好道德的教化作用，以道德滋养法治精神、强化道德对法治文化的支撑作用，关键要大力弘扬社会主义核心价值观，培育社会公德、职业道德、家庭美德、个人品德，为实现中华民族伟大复兴的中国梦凝聚起有力的道德支撑。

以道德滋养法治精神，应在道德教育中突出法治内涵，强化规则意识，倡导契约精神,维护公序良俗,引导人们自觉履行法定义务、社会责任、家庭责任。营造全社会都讲法治、守法治的社会主义法治文化环境,从而促进人们对法律的认同,逐渐增强维护法治的自觉性。

人的道德素质与社会整体的人文环境,对于法律实施主体具有支配作用。如果一个司法人员缺乏起码的法律情感、缺乏对法律的忠诚与敬畏、缺乏公平正义的司法品德和敬业精神,在具体的法律行为上漠视法律要求,甚至贪赃枉法,就不可能保障法治的有效实施。

同时,良好的人文环境与道德氛围,将会激励法治主体选择合乎法律和道德规范的行为,并对恶行有所抑制,在良好的人文环境中实施法律行为,不仅能够得到社会的普遍肯定和认同,还会得到广泛传播和发扬。相反,不良的社会人文环境则会助长恶行的张扬。

必须以道德滋养法治精神、强化道德对法治文化的支撑作用。再多再好的法律,也必须转化为人们内心自觉才能真正为人们所遵行。没有道德滋养,法治文化就缺乏源头活水,法律实施就缺乏坚实社会基础。在推进依法治国过程中,必须大力弘扬社会主义核心价值观,弘扬中华传统美德,提高全民族思想道德水平,为依法治国创造良好人文环境,增强全社会厉行法治的积极性和主动性。

坚持把全民普法作为依法治国的长期基础性工作,深入开展法治宣传教育,引导全民自觉守法、遇事找法、解决问题靠法,并把基本道德观念的要求融入有关的法律法规和各项具体政策中,融入社会的各项管理中。

培育社会公德、职业道德、家庭美德、个人品德,要从小抓起、从学校抓起。坚持育人为本、德育为先,形成课堂教学、社会实践、校园文化多位一体的育人平台,不断完善中华优秀传统文化教育,形成爱学习、爱劳动、爱祖国活动的有效形式和长效机制,努力培养德智体美全面发展的社会主义建设者和接班人。适应青少年身心特点和成长规律,深化未成年人思想道德建设和大学生思想政治教育,构建大中小学有效衔接的德育课程体系和教材体系,创新中小学德育课和高校思想政治理论课教育教学,推动社会主义核心价值观进教材、进课堂、进学生头脑。完善学校、家庭、社会三结合的教育网络,引导广大家庭和社会各方面主动配合学校教育,以良好的家庭氛围和社会风气巩固学校教育成果,形成家庭、社会与学校携手育人的强大合力。

为人民服务是社会主义道德的集中体现。在发展社会主义市场经济条件下,更要在全体人民中提倡为人民服务和集体主义的精神,提倡尊重人、关心人,热爱集体,热心公益,扶贫帮困,为人民、为社会多做好事。在经济活动中,国家依法保护企业和个人利益,鼓励人们通过合法经营和诚实劳动获取正当经济利益,同时引导人们对社会负责、对人民负责,正确处理国家、集体和个人的关系。

法治的运行需要道德支撑,道德控制是法治的内在动力。法治的重点是人的外在行为,德治的重点是人的内心世界。法律不能自行,再好的法律也需要人来执行。法律的确立和实施,归根到底是人的活动过程,法治是靠人来实现的。见物不见人,法治也就无从谈起。法治的推行首先要依靠社会成员的普遍认同和自觉遵守。没有较高的道德水准,有了好的法律也不易执行,再严密的法律也有空子可钻。不能幻想法律和制度一旦建立,社会秩序就会自然有序。现实要求我们必须从思想道德上保证切实遵纪守法,同一切违法乱纪的思想和行为作斗争。要看到,一个社会如果大多数社会成员思想觉悟和道德素质低下,那么不论有多么苛刻严厉的法律,也不能从根本上解决社会秩序和管理问题,不可能长治久安。没有德治支持的法治,是没有根基的。

法治精神的一个基本要素是必须树立规则意识,而要做到自觉遵守规则,需要有道德的支撑,才能做到自觉。法律很难做到完全没有漏洞,如果社会成员缺乏起码的道德水准,就会做出表面上不违法实质上却又有害于社会公德的行为,影响社会健康有序发展。没有规矩不能成方圆,规则意识在任何时候都很重要。规则意识的培养是形成人们法治和德治辩证统一思维的前提。

社会的运行和治理,还有一个成本与代价的问题。诉讼成风并非法治所追求的。如果不论大事小事,都靠打官司来解决,一是社会的效率会降低,二是在社会治理的成本会很高。我们的国家和社会有着自己的文化和传统,我们有协商民主的优势,绝大多数的人民内部矛盾可以通过协商的办法来解决。这和依法治国不仅不矛盾,而且恰恰是积极的依法治国理念的体现。因为协商也好,诉讼也好,都是以法律为底线、以法治为支撑的。非打不可的官司当然要打了,但本来可以协商解决的也一定要打官司就值得商榷了。

任何社会都有它自己的规矩,法律就是一种规矩,但规矩不一定只有法律。治理一个社会,光靠法治是不行的,法治不是唯一的手段,其他的治理手段也很重要,如德治等。从某种意义上讲,法律是硬规矩,道德是不成文的规矩,归根结底,两者都是为了维持社会秩序、规范人的行为。

二、新时代道德建设需要注重以法治维护道德

(一)强化法治对于道德的支撑作用

法律的最高理想是正义,正义以真为基础,以善为目的,以美为本质。在新时代背景下,坚持德法兼治,必须"要坚持严格执法,弘扬真善美、打击假恶丑。要坚持公正司法,发挥司法断案惩恶扬善功能"[①]。

强化法治对于道德的支撑作用,首先应当大力树立司法权威。英国哲学家培根指出:"一次不公正的判决比多次不公正的举动祸害尤烈,因为后者不过是弄脏了水流,前者却破坏了水源。"作为社会公正的最后一道防线,司法公正在法治价值体系的形成中具有重要的支撑作用。社会主义法治的建立不但要以良法的存在为前提,更要以良法的公正实施为根本保障。在法治社会建设的实践中,应当进一步强化法治政府建设和司法体制改革,促进以公平正义为核心的社会主义法治价值体系的建立和完善。

强化法治对于道德的支撑作用,应当充分运用法治手段解决道德领域的突出问题。道德与法律虽有显著差别,但二者异质同构,共同作为社会关系和社会行为的规范手段,这就使法律介入道德领域具有现实的可能性。过去我们往往更重视运用教育、社会舆论和宣传手段营造道德氛围,而忽视通过法治手段来推进社会道德建设。运用法治手段解决道德领域的突出问题,可以把符合我国基本国情、反映广大人民群众意愿的道德原则和道德规范上升为法律规范,从而保障社会主义道德建设的有效落实和稳步发展。

当今社会的许多问题,如制假售假、见利忘义、诚信缺失等,不仅需要道德补课,还需要法律的强化治理。面对形形色色的利益诱惑和不良思想的影响,一些社会成员的道德防线轰然倒塌,失德行为屡有发生,人民群众反映强烈。对于那些伤风败俗的丑恶行为、激起公愤的缺德现象,单靠道德教育已经远远不够,必须运用法治手段进行治理,对失德败德者进行惩戒约束。

明确行为规矩,画定行为底线。法律是道德的底线,也是道德的屏障。要重视把一些基本的道德规范上升为法律规范,让人们清楚地知道哪些事

---

① 习近平.习近平谈治国理政:第 2 卷[M].北京:外文出版社,2017:134.

能做、哪些事绝不能做。要明确对失德行为的惩戒措施,促进良好社会风气的形成。要针对目前突出的诚信缺失问题,抓紧建立覆盖全社会的征信系统,健全公民和组织守法信用记录,完善守法诚信褒奖机制和违法失信行为惩戒机制。

惩罚恶劣行为,形成警示效应。要继续深入开展道德领域突出问题专项治理,加强对社会反映强烈的失德行为的整治,依法依规该劝导的劝导、该处罚的处罚。让缺德违法者受到惩治、付出高昂代价,发挥对整个社会的警示和教育作用。

表彰德行善举,弘扬美德义行。俗话说,好人有好报。但现实中有时出现好人吃亏、流血又流泪的情况。长此以往,必然寒了好人的爱心,寒了社会的热心。例如,出现老人跌倒路人不敢扶的情形,就说明了这个问题。法律必须树立鲜明道德导向,世界上很多国家都有保障助人者权益的法律。我国大多数省区市也制定了奖励和保护见义勇为的政策法规,例如深圳市制定了《深圳经济特区救助人权益保护规定》来为好人提供法律保护。要继续完善这方面的法律法规,化解好人的道德风险,保障好人的合法权益,褒扬好人的道德行为,引导全社会崇德向善。

法治社会也是诚信社会,诚信社会要求诚实做人。法治维护诚信,惩处丧失诚信的行为人。《中华人民共和国民事诉讼法》规定,被执行人不履行法律文书确定的义务的,人民法院可以对其采取或者通知有关单位协助采取限制出境,在征信系统记录、通过媒体公布不履行义务信息以及法律规定的其他措施。2014年1月,中央文明办、最高人民法院、公安部等部门共同会签了《"构建诚信、惩戒失信"合作备忘录》。备忘录依照有关法律规定,针对失信被执行人推出了多项信用惩戒措施,如禁止乘坐飞机、列车软卧,限制贷款或办理信用卡,不得担任企业高管等。这一法治措施有效打压了"老赖"们的生存空间,让他们为自己的失信行为付出代价,也有力弘扬了诚实守信的道德风尚。这说明法治是保障和促进道德建设的有效手段。

司法中的执行环节是公平正义最后一道防线的最后一个环节。强化善意文明执行理念,在依法保障胜诉当事人合法权益同时,最大限度减少对被执行人权益影响,实现法律效果与社会效果有机统一,是维护社会公平正义、促进社会和谐稳定的必然要求,是完善产权保护制度、建立健全市场化法治化国际化营商环境和推动高质量发展的应有之义,对全面推进依法治国、实现国家治理体系和治理能力现代化具有重要意义。

证据在诉讼中十分关键，"打官司就是打证据"。《最高人民法院关于民事诉讼证据的若干规定》制定于 2001 年，最高法 2019 年 12 月 26 日发布了《最高人民法院关于修改〈关于民事诉讼证据的若干规定〉的决定》，加大对虚假证据行为的制裁力度。有些当事人提供虚假的证据，扰乱了诉讼秩序，败坏了社会风气。对这样一些广大人民群众和广大的诉讼当事人深恶痛绝的行为，新的规定加大了制裁力度。

诚实信用原则本来是民法的一个基本原则，2012 年《民事诉讼法》修改，也把这个原则引入民事诉讼中。但从审判实践来看，不如实陈述、提供虚假证据等不诚信的行为还是客观存在的，严重干扰了民事诉讼的秩序，影响人民法院查明案件事实的客观性、准确性，影响对当事人民事权利的保护。随着我国社会诚信体系的完善，这种情况有所缓解，但仍是民事审判实践中亟待解决的问题。明确"当事人对于案件的事实具有真实陈述和完整陈述的义务"，违反这项义务，故意作虚假陈述，妨碍人民法院审理的，人民法院应当根据《民事诉讼法》规定的妨碍民事诉讼强制措施的规定并对其进行处罚，对于出庭的证人也采取了类似的措施，证人作证也要作出一定的规范。这些规定可以更好地规范民事诉讼秩序，促进当事人诚信诉讼，保证人民法院能够准确地查明事实、公正裁判。

其实，中国向来不缺乏诚信的价值观，缺乏的是如何保证诚信的信用体系。诚信仅依靠个人自觉自律是不够的，还需要配合完善的诚信体系和必要的监督手段，形成一种社会监督机制。

（二）运用法治手段解决道德领域突出的问题

社会主义道德风尚的形成、巩固和发展，要靠教育，也要靠法治。要在全体人民中进行遵守宪法和法律的教育，普及法律常识，增强民主法治观念，使人们懂得依法办事，依法律己，依法维护自身的合法权益。要建立健全有关的法律、法规和制度，依法加强对社会生活各个方面的管理，执法必严，违法必究。综合运用教育、法律、行政、舆论等手段，规范和养成良好的行为习惯，约束和制止不文明行为，形成扶正祛邪、扬善惩恶的社会风气。坚持多层次多领域社会治理，将社会主义核心价值观融入社会治理的方方面面，深入开展道德领域突出问题专项教育和治理，完善守法诚信褒奖激励机制和违法失信行为惩戒机制，切实纠正行业不正之风。不断发挥国家功勋荣誉表彰制度的引领作用、礼仪制度的教化作用，使社会治理的过程成为培育和践行社会主义核心价值观的过程。

要发挥法治对道德建设的保障和促进作用。运用立法、执法、教育、宣传等多种手段,促进依法治国与以德治国的有机结合。

要加强相关立法工作,依法加强对群众反映强烈的失德行为的整治。例如,"对突出的诚信缺失问题,既要抓紧建立覆盖全社会的征信系统,又要完善守法诚信褒奖机制和违法失信惩戒机制,使人不敢失信、不能失信。对见利忘义、制假售假的违法行为,要加大执法力度,让败德违法者受到惩治、付出代价"①。

良法是善治的前提,2018年社会主义核心价值观写入宪法修正案,中国特色社会主义法律体系应当符合社会主义核心价值观拥有了最根本的法律依据。"要把实践中广泛认同、较为成熟、操作性强的道德要求及时上升为法律规范,引导全社会崇德向善。"②立法要注意法律的道义基础。一些最重要、最基本的道德要求,可以直接纳入法律的规范中;及时把实践中广泛认同、较为成熟、操作性强的道德要求转化为法律规范,推动社会诚信、见义勇为、志愿服务、勤劳节俭、孝老爱亲、保护生态等方面的立法工作。通过立法,直接把社会主义道德中最低限度的义务法律化,使之取得全社会必须一致遵行的强制力。我们还可以通过立法,以奖励性的手段促进社会道德水平的提高。在对违反最低限度道德义务的行为予以法律制裁的同时,对见义勇为等道德高尚行为,法律应明确给予各种物质的和精神的奖励,积极引导人们向先进榜样学习,形成良好的社会风尚。立法应当反映社会的基本伦理价值,但道德伦理价值并非法律价值的全部,那种企图把一切都纳入法律规范的想法是不现实的。

坚持严格执法,加大关系群众切身利益重点领域的执法力度,以法治的力量维护道德、凝聚人心。

坚持公正司法,发挥司法裁判定分止争、惩恶扬善的功能,定期发布道德领域典型指导性司法案例,让人们从中感受到公平正义。

推进全民普法,加强社会主义法治文化建设,营造全社会讲法治、重道德的良好环境,引导人们增强法治意识、坚守道德底线。

道德建设既要靠教育倡导,也要靠有效治理。要综合施策、标本兼治,

---

① 习近平.习近平谈治国理政:第2卷[M].北京:外文出版社,2017:134,135.
② 习近平.习近平谈治国理政:第2卷[M].北京:外文出版社,2017:134.

运用经济、法律、技术、行政和社会管理、舆论监督等各种手段,有力惩治失德败德、突破道德底线的行为。要组织开展道德领域突出问题专项治理,不断净化社会文化环境。针对污蔑诋毁英雄、伤害民族感情的恶劣言行,特别是对于损害国家尊严、出卖国家利益的媚外分子,要依法依规严肃惩戒,发挥警示教育作用。针对食品药品安全、产品质量安全、生态环境、社会服务、公共秩序等领域群众反映强烈的突出问题,要逐一进行整治,建立惩戒失德行为常态化机制,形成扶正祛邪、惩恶扬善的社会风气。

善用法治手段解决道德领域突出问题。例如,立法加强征信系统的建设,有助于强化人们的诚信道德,发挥法治在解决诚信缺失等道德领域突出问题中的作用,强化有利于诚信建设的法治环境和政策导向,推动形成讲诚信的社会风尚。"失信"是一个道德领域的突出问题,其治理不仅需要道德本身的力量,还需要凭借法律的力量,只有将二者结合,治理"失信"问题才能更加有效、彻底。

通过公正执法和公正司法,惩治不道德行为,增强公民社会公德意识、职业道德意识和家庭美德意识,追求执法、司法效果与社会效果相统一。例如,政务公开、审判公开,既可增强公民的监督意识,又可强化公务人员的廉政意识;依法打击严重的刑事犯罪活动,既可增强公民安全感,又可起到震慑预防犯罪的作用;依法打击制造销售假冒伪劣商品的行为,可以促进职业道德和诚信建设;依法惩处虐待老人的不孝行为,可以促进家庭美德的完善。

不仅要强化道德对法治的支撑作用,把道德要求贯彻到法治建设之中,使社会主义核心价值观融入全面依法治国的各个环节,内化为社会成员的道德认同与自觉,而且要引导全社会树立法治意识,强化法治对道德建设的促进作用,注重运用法治手段解决道德领域的突出问题,依法整治群众反映强烈的失德行为。一个社会如果总是老实人吃亏,就没人愿意当老实人。如果一个社会能够形成让有道德的人获益的机制,有德之人就会越来越多,这方面就需要法律为道德起到制度支撑的作用。

相关立法工作将一些基本道德规范转化为法律规范,使之体现道德理念和人文关怀。通过法律强化道德作用,弘扬真善美、打击假恶丑。例如,2016 年,国务院印发《关于建立完善守信联合激励和失信联合惩戒制度加快推进社会诚信建设的指导意见》,为褒扬和激励诚信、约束和惩戒失信提供了重要的制度保障。

道德的实践强化需要法律的保障。把社会主义核心价值观融入法治建设,社会主义核心价值观才有可靠的制度保障。2013年12月,中共中央办公厅印发的《关于培育和践行社会主义核心价值观的意见》中指出,"用法律的权威来增强人们培育和践行社会主义核心价值观的自觉性"。2016年12月,中共中央办公厅、国务院办公厅印发的《关于进一步把社会主义核心价值观融入法治建设的指导意见》中要求:"坚持依法治国和以德治国相结合,把社会主义核心价值观融入法治国家、法治政府、法治社会建设全过程,融入科学立法、严格执法、公正司法、全民守法各环节,以法治体现道德理念、强化法律对道德建设的促进作用。"坚持法治与德治相结合,就必须以法治承载道德理念,运用法律规范向社会传导正确的价值取向。

三、不断优化德法兼治

(一)发挥法治与德治在不同层面的优势

在利益多元化和价值观念多样化的条件下,良心和舆论尚不足以防止违反道德行为的发生。在道德体系中,有一些道德义务是最低限度的义务,它们能否得到普遍遵守关乎社会基本秩序能否维持,因此必须利用法律手段使之上升为法律义务,以国家强制力为后盾保证其执行。这样就会大大增强道德义务的约束力,使之从"软约束"变为"硬约束"。

社会主义道德是社会主义法律的重要内容来源。我国社会主义道德主要内容已被我国宪法吸收。不仅如此,许多道德规范通过立法程序已转变为法律规范。如我国的刑法、民法、行政法等对社会公德的主要内容作了吸收,教师法、注册会计师法、法官法、检察官法、人民警察法等对职业道德的主要内容作了吸收,民法典中婚姻家庭篇和继承篇对老年人权益保障法等方面的立法以及对家庭美德的主要内容作了吸收……

社会主义法律和社会主义道德在功能上相辅相成。法律的特点是强制性和他律。道德的特点是自觉性和自律。一般地说,凡是社会主义法律所禁止的行为,也是社会主义道德所谴责的行为,当某些行为不能够或不便于实施法律制裁时,可适用道德手段进行解决;当某些行为已经不能靠道德手段解决时,则需要采用法律措施加以解决。

在国家治理中,法治与德治一体同行,加快了国家治理的现代化,二者相互补充、相互促进、相得益彰。法律的有效实施离不开道德支持,道德的践行也离不开法律约束。推动法治和德治的相互促进,法治与德治相结合方能提高治理效能。把法律和道德的力量、法治和德治的功能紧密结合起来,把自律和他律紧密结合起来。

国家和社会治理需要法律和道德共同发挥作用。必须坚持依法治国和以德治国相结合,大力弘扬社会主义核心价值观,弘扬中华传统美德,培育社会公德、职业道德、家庭美德、个人品德,既重视发挥法律的规范作用,又重视发挥道德的教化作用,以法治体现道德理念、强化法律对道德建设的促进作用,以道德滋养法治精神、强化道德对法治文化的支撑作用,实现法律和道德相辅相成、法治和德治相得益彰。

德法兼治应当从道德与法律、德治与法治的辩证关系出发,坚持把道德要求贯彻到法治建设中,强化法治对于道德的支撑作用,提高全民法治意识和道德自觉。社会主义市场经济的发展,给法治建设和道德建设提出了一系列新问题,特别是如何正确处理各种利益关系,怎样对待公平与效率问题……在建立和发展与社会主义市场经济相适应的社会主义法律体系的同时,还要努力建立与发展社会主义市场经济相适应的社会主义道德体系。这是我国保持社会稳定、更好地发展社会主义市场经济的一个具有重大现实意义的问题。

新时代法治建设强调法治和德治紧密结合、两手抓的原则和策略,这是法治中国建设的中国特色之一。将依法治国和以德治国相结合,双管齐下,相辅相成,共同促进公民法治素养和道德素质的提升。

(二)提高全民法治意识和道德自觉

习近平总书记指出:"要提高全民法治意识和道德自觉。法律要发挥作用,首先全社会要信仰法律;道德要得到遵守,必须提高全体人民道德素质。要加强法治宣传教育,引导全社会树立法治意识,使人们发自内心信仰和崇敬宪法法律;同时要加强道德建设,弘扬中华民族传统美德,提升全社会思想道德素质。"[1]观念决定行为,践行德法兼治的理念,必须着力提高广大人民群众的法治意识和道德自觉,使全体人民成为社会主义法治的"忠实崇尚者、自觉遵守者和坚定捍卫者"以及社会主义道德的"示范者"、"良好风尚的维护者"。道德建设特别是道德教育要把遵纪守法作为社会主义国家公民

---

[1]　习近平.习近平谈治国理政:第 2 卷[M].北京:外文出版社,2017:135.

的最基本的道德要求提出来,使法治和德治能够相互渗透,更加紧密地结合在一起。

法律的权威,源自人们的真正拥护和真诚信仰。民众的法治意识是法律实施的社会心理保障。法治社会的建设,不仅是法律制度的建设,而且是法治精神的建设,法治必须成为社会全体成员的共同信仰和自觉的行为准则。应当在全社会范围加强法治教育,培育法治精神,营造浓厚的法治氛围,让厉行法治成为全体社会成员的最大共识。

完善的道德意识表现为他律与自律的协调统一。在现代社会,良好的道德文明意识,充分的道德自觉,是对现代公民素质的基本要求,是个体不可或缺的重要价值规范。没有道德文明意识的内在支撑,社会主义法治建设就会失去根基。应提倡公民从点滴小事做起,"勿以善小而不为,勿以恶小而为之",自觉践行社会主义道德规范,在全社会大力弘扬社会主义核心价值观,培育社会主义、爱国主义、集体主义思想,全面提高公民的思想道德素质。

(三)法治与德治相结合体现在追求法、理、情三者协调统一

2019 年 4 月,《北京晚报》报道"母亲突发心脏病,儿子酒驾送医院"。2018 年 12 月 11 日晚,何某因为工作应酬喝了酒,但他自己挺注意的,聚餐后叫了代驾送他回家。半夜,何某突然接到母亲的电话,说她心脏不舒服。此前,何某的母亲因心脏问题在看病。何某想着自己已经睡了一会儿,应该过了酒劲,况且母亲家中只有一个保姆在照看,深更半夜也找不到别人帮忙。救人要紧! 于是他赶紧开车接上母亲去医院看病。车途经西直门桥时,何某被夜查的交警拦下,查出酒驾。何某赶紧跟民警说明自己的情况。在得知何某酒驾的原因后,交警说:"你留下,我们来送!"交警立即开着警车,将何某的母亲送到医院救治。虽然被抓了,但对于交警及时护送自己的母亲去医院,何某还是十分感激。后经鉴定,何某血液中酒精含量超标,属于醉酒驾车。在法庭上,何某的辩护律师提出,何某醉酒驾车上路是为了救治患有危重疾病的母亲,事出有因,而且何某属于初犯、偶犯,未发生交通事故,配合民警调查,有悔罪表现,请求法院对何某从轻处罚。法院经审理后,采纳了律师的辩护意见,根据何某认罪认罚的情况,从轻判处。

守法是宪法规定的公民基本义务,同时"百善孝为先",孝道是重要的道德伦理,如何实现情、理、法三者的和谐统一? 本案就是一个很好的例子。

儿子深夜送生重病的母亲上医院,是为情。交警拦查酒驾,但查明情况后,及时用警车护送何某母亲去医院救治,是为理。何某醉酒驾车行为触犯了法律构成犯罪必须依法处理,但同时法院也采纳了律师的合理辩护意见,依法做出从轻处罚的判决,是为法。现代社会是法治社会,法治要求"法律至上"。在现代社会条件下,法律与道德产生冲突时,法律应当优先适用,不能用道德的原则和道德评价取代法律的规则和司法审判,但法律本身也要注意遵循道德的价值取向,不可无视法律的规定,但在合法的前提下,合情、合理地看待、处理有关问题也是必要的,不能简单机械执法,机械执法并非严格执法的本意。在国家治理和社会治理的过程中,努力追求法、理、情三者的协调统一,是德法兼治的要求,也是构建和谐社会的内在要求。

(四)抓住领导干部这个"关键少数"

中国共产党作为执政党,党员领导干部处在执政的第一线,是"善治"的关键。领导干部既要有共产党人的高尚品格和廉洁操守,带头践行社会主义核心价值观,也要有很强的法治素养,认真依法办事。要从严治党,使广大党员特别是党员领导干部成为遵守社会主义法律和实践社会主义道德的表率,发挥领导干部"率先垂范"作用,成为法治和德治相结合的有力推动者。

习近平总书记强调指出:"党的十八大报告提出,领导干部要提高运用法治思维和法治方式的能力。这就要求领导干部要把对法治的尊崇、对法律的敬畏转化成思维方式和行为方式,做到在法治之下、而不是法治之外、更不是法治之上想问题、作决策、办事情。现在,广大干部群众的民主意识、法治意识、权利意识普遍增强,全社会对公平正义的渴望比以往任何时候都更加强烈,如果领导干部仍然习惯于人治思维、迷恋于以权代法,那十个有十个要栽大跟头。"[①]因此,全面依法治国必须抓住领导干部这个"关键少数"。全面提高各级党的机关和行政机关、司法机关国家公职人员的综合素质。要完善国家工作人员学法用法制度,不断提高党员干部法治思维和依法办事能力,把善于运用法治思维和法治方式推动工作的人选拔到领导岗位上来。把法治建设成效作为衡量各级领导班子和领导干部工作实绩的重

---

① 　中共中央文献研究室.习近平关于全面依法治国论述摘编[M].北京:中央文献出版社,2015:124,125.

要内容,纳入政绩考核指标体系。

《中共中央关于坚持和完善中国特色社会主义制度 推进国家治理体系和治理能力现代化若干重大问题的决定》中指出:"各级党和国家机关以及领导干部要带头尊法学法守法用法,提高运用法治思维和法治方式深化改革、推动发展、化解矛盾、维护稳定、应对风险的能力。"国家公务人员应当具备合格的政治素质、业务素质和法治素养、道德水平。以德治吏的传统具有传承价值,重视私德与官德的结合。法官、检察官的素质直接影响审判、检察工作的质量和司法的公正。因此,法学职业教育不仅要关注专业的学习,职业道德操守的培养同样重要。

法治建设中要重视发挥领导干部的带头作用。领导干部带头学法、模范守法是法治建设的关键环节,推动领导干部学法经常化、制度化。领导干部要努力成为全社会的道德楷模,以德修身、以德立威、以德服众,带头注重家庭、家教、家风,用共产党人的高尚品格和廉洁操守,带动全社会崇德向善、尊法守法。

(五)发动群众制定和执行各种道德守则、公约

法治与德治相结合,离不开人民群众的广泛参与。中国古代社会治理除了国家法律还有大量的家族家规、乡规民约、行业习惯等民间"法"在发挥作用,当然民间自律自治的基础是建立在民众对道德伦理价值观的高度认同。党的十九大报告提出了要健全自治、法治、德治相结合的乡村治理体系,提出基层群众在党的领导下的自治管理,这种自治必须以对社会主义核心价值观的高度认同为基础。

发动群众制定和执行各种道德守则、公约,法律对这种活动给予支持。我国宪法在总纲中明确规定:"国家通过普及理想教育、道德教育、文化教育、纪律和法制教育,通过在城乡不同范围的群众中制定和执行各种守则、公约,加强社会主义精神文明的建设。"制定和执行各种道德行为守则、公约是实行基层组织自治的重要内容与形式。

以治理现代化为目标。治理现代化的新目标,赋予了法治与德治关系的新的时代气息。国家治理体系和治理能力现代化,是党的十八届三中全会正式提出的新要求,是党的十八大以来治国理政新理念新思想新战略的重要标志。坚持依法治国和以德治国相结合,使法治和德治在国家治理中相互补充、相互促进、相得益彰,推进国家治理体系和治理能力现代化。

道德滋养法律,法律弘扬道德。唯有从中国社会的实际出发,从对历史与现实的深刻反思中,我们才能找到"德法兼治"的实践向度,实现法治与德治有机统一。我们要立足本国实际,认真总结人类历史上的法治和德治实践经验,积极探索依法治国与以德治国相结合的途径和方法,最终形成中国特色社会主义依法治国与以德治国相结合的制度和模式。在全面推进依法治国的进程中坚持法治和德治相结合,是社会主义制度自我完善的过程,这是一项艰巨而复杂的系统工程,要经历一个长期的历史发展过程,任重而道远,但前途是充满光明的。

(六)德法兼治知易行难

改革开放以来,随着以经济体制改革为突破口的各项改革全面展开和深入,全方位、多层次、宽领域的对外开放的力度不断加大。广大人民群众最为关注、最不满意的消极腐败现象屡禁不止,究其原因固然很多,但理想信念的动摇,人生观、价值观的蜕变,道德的滑坡,思想觉悟的下降,无疑是重要原因。各种消极腐败现象如何克服,成为摆在国家和社会治理面前的无法回避的课题。德法兼治有利于加强反腐败的斗争,法治强化制度建设,使其不敢腐、不能腐,德治强化思想建设,使其不愿腐、不想腐。通过加强思想道德建设,重塑正确的人生观、价值观,升华人生境界,提高道德觉悟,坚定理想信念,有利于新形势下调整社会关系特别是调整社会的利益关系。

中国在法治与德治、法律与道德关系上,长期存在两个问题:一是过度看重和追求法治的实质正义,在观念和实践中法治的最显著特征"程序正义"显得十分薄弱。二是社会日常生活领域,强调以意识形态的特殊标准要求个人,忽略了与人性有最直接联系的道德行为、道德情感。

改革开放以来,我国的法治建设取得了显著成就,也存在如下的矛盾:一方面,一系列新的法律法规在适应社会主义市场经济建设的过程中被提出来,社会主义法律体系愈发完善;另一方面,执法不严、司法不公、知法犯法等现象仍不断出现,法律尊严和法律伦理不断受到挑战。社会主义法治实践中出现上述矛盾,反映了依法治国理念与我国公民的伦理道德观念存在偏差。社会主义市场经济与社会主义民主制度逐步确立,我们国家正在努力建设社会主义现代化国家。现代化建设是一个有机的整体,既包括经济与社会的方方面面现代化,也包括人们的思想观念现代化。就像我们在经济领域要建立起社会主义市场经济体制,在政治领域要发展社会主义民主一样,在观念上也需要发展出与现代性相关的主体意识,包括公平、正义、法治等理念。公平、正义、法治的发展,远远难于市场经济的构建。在构建现代法治国家的过程中,传统伦理道德观念与现代法治理念之间存在一定的鸿沟和矛盾之处。

须警惕法治万能论。不少人以为依靠法治就可以治理、约束一切行为和所有的社会关系,事实却并非如此,再完善的法治也存在一定的漏洞或短板,适用范围也不是无限的,一些关乎道德的东西并不能或者说不合适以法治的方式去强制约束。法律难以规范的领域,道德可以发挥作用,而道德无力约束的行为,法律则可以给予惩戒。法律不是万能的,仅靠法治这一手是不够的,国家和社会治理需要法律和道德协同发力,需要法治和德治两手齐抓。

法治作为人类的一项政治制度设计,有其自身的局限性。这种局限性主要表现在法律调整范围的局限性。法律体现了人类社会的实然规范世界,道德则揭示了人类社会的应然规范世界。作为治国方式,法治本身只是一种相对的"善"。法律作为具有强制约束力的行为规范体系,能够调整的只是人们的行为,而对于人们的思想、认识、信仰、情感领域,则无能为力,只能借由道德来解决。正是法律和道德这种不同的作用机制和适用范围,决定了法律和道德相互依存,不可偏废。

在法治社会中,过于强调法律而不顾伦理道德、过于强调罪责和惩罚,很可能会造成社会制度过于冰冷、人际关系冷漠的后果。这时候就需要德治充当"润滑剂",法安天下、德润人心,才能使社会治理公正合理且不失人情味。

第四章　思想政治教育视域下的
法治教育和道德教育

新冠肺炎疫情对各国治理体系和治理能力都是一次大考，也是对各国民众素质的一次大考。疫情中 14 亿中国人为何能普遍做到自律？从某种意义上讲，是我们长期的思想教育确实起到了效果。思想政治工作是中国共产党的重要法宝，思想政治教育是动员亿万民众、实现万众一心的有力思想武器，是长期以来在革命、建设和改革中能够不断从胜利走向胜利的成功经验。因此，思想政治教育不是要不要的问题，而是如何改善和加强的问题。思想政治教育的主要内容涵盖了马克思主义理论教育、思想教育、政治教育、道德教育、法治教育以及心理健康教育等方面。学校开设的思想政治理论课是知识性和价值性、理论性和实践性相统一的既特殊又重要的课程，培养德才兼备担当民族复兴大任的"时代新人"是其目标。重视思想政治教育，加强法治教育和道德教育，夯实国家和社会治理的思想基础，才能更好发挥德法兼治刚柔相济的治理效能。

第一节　法治教育

任何社会变革都离不开一定的社会基础，法律能够改变社会，但是不存在不受社会制约的法律。法治的社会基础之所以重要，就在于具有双重性：一方面，法治建设受到社会的基础因素制约；另一方面，法治的社会基础一旦形成，法治的推进就会更加顺利。因此，通过法治教育夯实法治的社会基础具有十分重要的现实意义，法治教育是法治建设的基础性工程，在全面依法治国进程中发挥着十分重要的基础作用，做好广大青少年学生的法治教育，关系中国法治的未来。因此，重视学校法治教育，加强新时代的法治教育，这对弘扬法治精神，培养广大学生树立社会主义核心价值观之法治观，成长为时代新人,成为国家的合格公民与中国特色社会主义事业的合格建设者和可靠接班人具有重要意义和深远影响。

一、法治教育的定位

(一)法治教育与法律教育、法学教育

法治教育的过程是法律知识、法治理念和法治思维传播普及过程。涉及法律内容的教育一般被称为"法律教育"。笔者认为,法律教育的范围较大,可以包含法治教育在内。从专业教育的角度区分,法律教育可以分为法律专业教育和非法律专业教育,但法治教育就没有所谓"法治专业教育"和"非法治专业教育"的说法。"法治教育"一词通常指对教育对象进行非专业性的法律教育,法治教育的性质一般认为是非法律专业性的普法教育。法学教育则一般指专业性的法律教育,与非专业性的法治教育区别对称。法治教育目的不是培养法律专业人才,而是让更多的人,包括所有的学生,通过比较系统地学习法律基础知识,了解和掌握法律的基本理论,从而培育法治观念、法治思维,养成尊法、守法、用法、护法的自觉意识。高校的法治教育虽和法学专业教育有所不同,但因为法治教育纳入了思政课,教育对象也包括了法学专业的大学生。

(二)普法教育:从法制教育到法治教育

普法教育通常指普及法律常识的教育。普法教育原先使用的名称多为"法制教育",随着改革的深入发展和对法治问题研究的深化,以及对"法制"和"法治"两个词的使用更加规范、统一,最初的"法制教育"逐步演变为现今的"法治教育"。法制是法律制度的简称,法治是相对于人治而言的治理模式。2018年《宪法修正案》将我国宪法序言里"健全社会主义法制"修改为"健全社会主义法治"。从"法制"到"法治",表面上看只是一字之改,实则却是观念的嬗变。用"法治教育"取代"法制教育"也就顺理成章,并且法治教育包含了法制教育的基本内容,两者既有联系又有区别,法制教育侧重学习法律的具体规定和适用,而法治教育则侧重于法律原理和法治理论的学

习。[①] 最初的"法制教育"侧重于传授法律常识和基础知识,重点在扫除法盲,而今天的"法治教育"则侧重传播法律文化与法治精神,重点在促进对法治的认同,培养对法治的信仰。

(三)高校法治教育和中小学法治教育

法治教育属于普法教育,也是思想政治教育的重要内容之一,是中国特色社会主义法治和中国特色社会主义教育相融合的具体展现。我国的学校法治教育主要依托大中小学的思想政治理论课开展教育教学,在大中小学不同的教育阶段,形成了既相互关联又相对独立的法治教育三阶段分层次的法治教育模式(参见图4-1)。

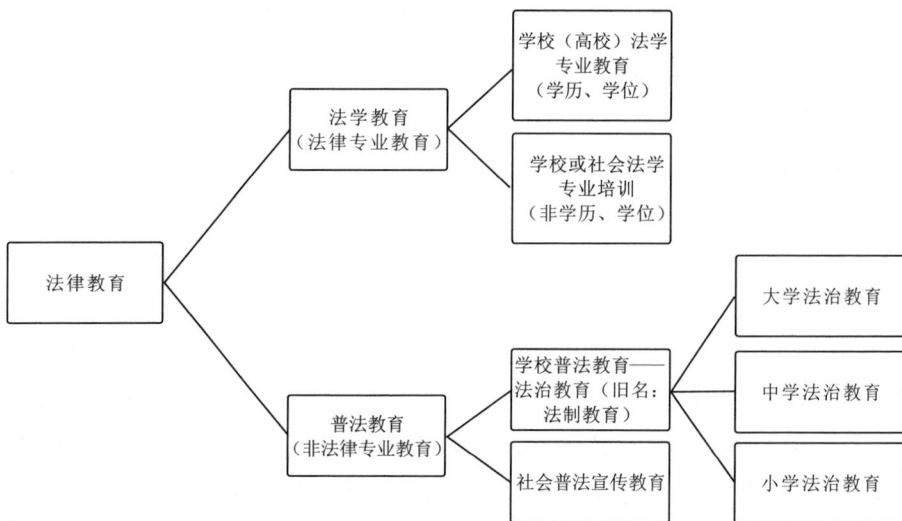

图 4-1 我国的法治教育定位示意图

二、新时代法治教育的使命

(一)实施法治教育是新时代全面推进依法治国的战略要求

法治化是国家治理现代化的基本特征和重要内容。党的十九届四中全

---

① 吕微平.法治教育在"思想道德修养与法律基础"课的体现[J].厦门大学学报(哲社版),2018(教学研究专辑).

会从国家治理现代化维度，进一步明确了关于全体人民成为社会主义法治"忠实崇尚者、自觉遵守者、坚定捍卫者"的建设目标。这是新时代中国特色社会主义法治理论的重大发展。但实现法治化是一项艰巨复杂的系统工程，不仅表现为良法善治的确立，在深层次上还体现为社会的价值选择、思维模式、行为方式等方面的深刻变革。培育和践行社会主义核心价值观中的法治观是建设社会主义法治的重要思想文化基础，是法治建设的基础工程，法治中国建设客观要求铸就全民对法治的信仰。因此，实施法治教育是全面推进依法治国的战略要求，同时也是预防青少年违法犯罪、构建和谐校园与和谐社会的现实需要。培育具有较高法治素养的公民，引导广大学生把法律意识、法治观念镌刻到头脑里、熔铸在行动中。

（二）法治教育担当着思想政治教育和普法教育的双重使命

党的十九大报告提出，要"加大全民普法力度""提高全民族法治素养"。法治教育的目的：一是普法、消除法盲，二是提高受教育者的法治素养。学校在立德树人中离不开对学生法治素养的培育，所谓"法治素养"指"人们通过学习法律知识，理解法律本质、运用法治思维、依法维护权利与依法履行义务的素质、修养和能力，对于保证人们尊崇法治、遵守法律具有重要的意义"。①

中国的法治教育是中国特色社会主义教育和中国特色社会主义法治相结合的产物，中国的法治教育和思想政治教育紧密联系，法治教育本身是思想政治教育的重要组成部分。中国的法治教育不仅是为了普及法律常识，同时还发挥着思想政治教育的功能和作用，服从并服务于思想政治教育的整体目标与需要。正因为如此，中国的法治教育主要依托思想政治理论课开展教育教学。法治教育教学中应及时反映法治中国建设的最新理论与实践成果，特别是全面融入习近平法治思想，切实做到"进教材、进课堂、进头脑"，这是思政课在新时代的使命与担当。

（三）法治教育是思想政治教育的重要组成部分

全面依法治国的总目标是建设社会主义法治体系、建设社会主义法治国家，而实现这一目标的社会基础是培育具有法治素养的公民，他们是法治

---

① 本书编写组.思想道德修养与法律基础[M].北京:高等教育出版社,2018:6.

社会得以实现并维系的"人"的因素。因此,学校在立德树人中离不开对学生法治素养的培育,法治教育是思想政治教育体系中的重要一环。

教育部颁布的《青少年法治教育大纲》提出了对青少年法治教育总体目标的要求:"以社会主义核心价值观为引领,普及法治知识,养成守法意识,使青少年了解、掌握个人成长和参与社会生活必需的法律常识和制度、明晰行为规则,自觉尊法、守法;规范行为习惯,培育法治观念,增强青少年依法规范自身行为、分辨是非、运用法律方法维护自身权益、通过法律途径参与国家和社会生活的意识和能力;践行法治理念,树立法治信仰,引导青少年参与法治实践,形成对社会主义法治道路的价值认同、制度认同,成为社会主义法治的忠实崇尚者、自觉遵守者、坚定捍卫者。"

思想政治教育中的"法治教育"旨在培养具有法治素养的公民。法治素养由法律知识、法治理论、法治意识、法治信仰和法治能力组成。因此,笔者认为法治教育的基本目标有:

1.掌握法律知识和法治理论

掌握一定的法律知识和法治理论,是法治教育最基本的目标,是建立法治意识、树立法治信仰、培养法治能力的前提和基础。

2.提高法治意识

法治意识就是"法治"这一事物在人的头脑中的反映。法治意识主要包括规则意识和权利意识。法治教育的目的,不仅在于培育学生的规则意识,促使他们知法、守法,还要求其信法、用法,还要培养正确的权利意识,了解并维护自己的合法权利,同时还要尊重他人的权利、切实履行义务,懂得通过法律途径解决纠纷和问题。大学生不仅要懂得遵守法律规范自己的行为,也要学会依靠法律维护自己的合法权益。

3.树立法治信仰

法治认知需要内化为对法治的情感和意志,才能形成法治观念、法治意识并最终建立起对法治的信仰。在了解法治的基础上产生对法治的信任,法治信任最终发展为对法治的信仰,要发自内心地认同法律、信赖法律、遵守法律、捍卫法律,把法治作为社会和人生存与发展的方式。如果缺少这种法律信仰,缺少这样的法治意识,法治不可能由纸面变为人们内在的价值追求和自觉的行为模式。大学生不仅需要法律知识,更需要有法治观。如果没有法治观的支撑,就失去了对法律的尊重和信赖,即使有丰富的法律知识,仍可能经受不住私欲的诱惑而违法乱纪甚至犯罪。有些大学生之所以走向犯罪的深渊,不仅是法律知识的匮乏,更是法治信仰的缺失。

4.增强法治实践能力

运用法律的能力是公民法治素养的落脚点。公民法治知识的多寡,法治意识的强弱,法治信仰的有无,最终都通过行动表现出来,而行动需要法治能力。法治教育通常从传授法治知识入手,将社会发展所需要的公民的法治品质转化为受教育者的法治意识,并建立起受教育者对法治的正面情感和评价,再通过培养受教育者的法治能力,推动受教育者将对法治的思想认识和情感体验转化为行为实践,并变为行为习惯。成功的法治教育,就是要将社会发展所需要的法治知识内化为受教育者的法治意识和法治情感,再外化为受教育者的法治行动和法治习惯,从而形成受教育者的法治素养。

三、法治教育的内容与形式

(一)法治教育的主要内容

法治教育通过向学生传授必要的法律基础知识和法治理论知识,使学生充分认识依法治国、建设社会主义法治国家的重要性、必要性和长期性,懂得马克思主义法学的基本观点,了解和认识中国特色社会主义的法律体系,掌握我国宪法和基本法律的主要精神和内容,树立社会主义法治观,正确行使公民权利,严格履行公民义务,增强社会责任感,自觉遵纪守法,依法办事,依法律己,依法维护国家利益和自身合法权益,自觉同违法行为作斗争,成长为一名学法、尊法、用法、守法的好公民。

法治中国建设的理论与实践是法治教育的内容源泉。新中国法治建设虽有曲折但总体上取得了显著成就,正反两方面的经验教训使党和人民认识到"法治兴则国家兴,法治衰则国家乱"①。新中国成立七十载,法治建设取得的主要成就,有学者概括为四个方面,即开辟了中国特色社会主义法治道路,创立了中国特色社会主义法治理论,形成了中国特色社会主义法律体系,构建了中国特色社会主义法治体系。②

法治教育以了解和掌握法律基础知识为基本内容,以培育社会主义法

---

① 中共中央宣传部.习近平新时代中国特色社会主义思想学习纲要[M].北京:学习出版社,人民出版社,2019:96.

② 张文显.七十载法治建设铺就法治强国路[N].法制日报,2019-10-01.

治观为核心,以培养和提高法治素养为目标。笔者认为,新时代的法治教育主要内容应包括以下三个方面:

1.马克思主义法学基本理论——马克思主义法律观教育

向学生传播马列主义法律思想,主要让学生学习关于法律的本质、特征、起源、历史发展和法律作用、法律运行、法律效力、法律责任、法律与道德的关系等法律的基本理论知识,着重帮助学生掌握马克思主义法律观。

2.中国特色社会主义法治理论——社会主义法治观教育

法治理论是关于什么是法治、如何实行法治,研究如何依法治国、依法执政、依法行政、依法治理等问题的理论。法治教育应着力引导学生全面理解和把握中国特色社会主义法治理论,特别是习近平法治思想,帮助学生树立社会主义法治观。社会主义法治观念包括了法律至上的观念、法律面前人人平等的观念、权力制约的观念、程序正义的观念等。突出中国特色社会主义法治理论的学习教育,特别是正确理解法治、德治以及德法兼治等重大理论与现实问题。

习近平法治思想对新时代法治中国建设提出了一系列新理念、新思想、新战略,是新时代进行法治建设的主要理论指引和行动指南,也是新时代法治教育的重点内容。思想政治理论课教学内容要突出习近平新时代中国特色社会主义思想,具体落实到法治课教学,应当要重点突出习近平法治思想的教育。

3.以宪法为中心的法律体系基础知识——法律常识教育

学习必需的法律基础知识是法治教育的题中之义。没有法律常识就达不到消除法盲的目的,没有法律常识就形不成法律意识和法治意识,没有法律常识何谈法律观、法治观的培养。法律知识是表,法律意识是里,二者是表里一致的有机统一体。传授法律知识是手段,树立法律意识是目的。传授法律知识的根本目的是培养受教育者的法律意识。掌握法律知识是做加法,是授人以鱼,增强法律意识是做乘法,是授人以渔。因此,必须辩证地看待法治教育中知识性和理论性的关系。知识是理论建构的基石,法治教育离不开法律知识的传授,但法治教育又不仅是知识传授,更要在知识学习中进行理论建构,进而达到在思想意识上引导并影响学生的目的和效果。知识教育与思想教育相融合,才能实现法治教育的初心与使命。

宪法教育是法治教育的重点内容之一。《中华人民共和国宪法》是国家的根本大法,是治国安邦的总章程,是全面依法治国的总依据,是中国特色社会主义法律体系的统帅。宪法是政治文明的制度典章，也是国家核心价值观最重要的载体。青少年是国家和民族的未来，也是加强宪法法治教育的重点人群。现在大中小学的在校生达到 2.7 亿，是个庞大的群体。加强青少年的宪法法治教育，责任重大，也至关重要。

根据 2016 年制定的《青少年法治教育大纲》的要求，小学三年级到六年级的学生要初步了解消费者权益保护、道路交通、环境保护、消防安全、禁毒、食品安全等生活常用法律的基本规则；初步认知未成年人能够理解和常见的违法和犯罪行为及其危害和要承担的法律责任；初步了解司法制度，了解法院、检察院、律师的功能与作用；知道我国加入的一些重要国际组织和国际公约。中学阶段，学生要了解有关民事侵权行为的法律规范和基本原则，认识与学生生活实践相关的民事侵权行为（校园伤害事故等）；了解犯罪行为的特征、刑罚种类，建立对校园暴力等青少年常见违法犯罪行为的防范意识和应对能力等。到高等教育阶段，学生要掌握宪法基本知识，了解中国特色社会主义法律体系中的基本法律原则、法律制度以及民事、刑事、行政法律等重要、常用的法律概念、法律规范；增加法治实践，提高运用法律知识分析、解决实际问题的意识和能力。此外，相对于中小学法治教育，高校法治教育应进行更高层次的理论学习，需帮助大学生在了解掌握中国特色社会主义法律体系内容的基础上，深入学习中国特色社会主义法治理论，特别是习近平法治思想，以习近平新时代中国特色社会主义思想引领法治教育。

（二）法治教育的基本形式及其沿革

新中国成立以后，曾经进行过一些法制宣传教育。如 1950 年 4 月婚姻法通过后，曾做了广泛的宣传。1954 年制定新中国第一部宪法时，曾开展了全民讨论，历时 3 个月，参加讨论的达 1.5 亿多人，这场全民讨论实际上也是关于宪法的宣传教育。但 20 世纪 50 年代后期随着"左"的思潮泛滥，法律虚无主义盛行，法制宣传教育工作基本被中断了。从党的十一届三中全会后重新恢复和逐步重视法制宣传教育工作。1985 年 11 月 22 日，第六届全国人大常委会第十三次会议通过了关于在全体公民中基本普及法律常识的决议，由此开始了在亿万人民群众中普及法律常识、开展法制宣传教育的宏大工程。

当前大中小学分别依托思政课系列中的"思想道德与法治""思想政治""道德与法治"等课程作为主渠道开展法治教育。1978 年，党的十一届三中全会提出"发展社会主义民主、健全社会主义法制",1982 年,党的十二大报告提出"要在全体人民中间反复进行法制的宣传教育,从小学起各级学校都要设置有关法制教育的课程,努力使每个公民都知法守法"。1985 年中共中央、国务院批转了《中央宣传部、司法部关于向全体公民基本普及法律常识的五年规划》,拉开了全民普法的序幕。同年 11 月 22 日,第六届全国人大常委会第十三次会议通过了《关于在公民中基本普及法律常识的决议》,正式启动全国范围第一个五年普法规划。此后,中小学陆续在政治课中加入法律内容。2017 年秋季学期开始,全国初中、小学政治课教材统一使用教育部统编教材,并更名为《道德与法治》,相较以往更突出了法治教育。高校自 1986 年起在思政课系列中增设了一门"法律基础"课,持续了 20 年,直到 2006 年"思政课 05 方案"出台,"法律基础"与"思想道德修养"两门课合并,形成"思想道德修养与法律基础"这门课程。2020 年年底,中共中央宣传部、教育部印发了《新时代学校思想政治理论课改革创新实施方案》,从2021 年秋季学期开始,在全国范围普遍实施新的思政课课程体系,"思想道德修养与法律基础"这门课程更名为"思想道德与法治"。当前涉及法治教育内容的主要有高校思想政治理论课的"思想道德与法治"和高中思想政治课的"政治与法治""法律与生活"等以及初中、小学阶段的"道德与法治"等课程。

四、培养法治思维能力是提升法治素养的重要抓手

建设法治中国,需要培育具备较高法治素养的公民。因此,必须在全社会深入开展法治宣传教育,营造尊崇法律的社会氛围,让"学法、守法、用法、护法"的精神充分涌流,法治教育是其中的重要一环。通过法治教育促使青少年学生将法律知识内化为法治观念,自觉养成知法、尊法、守法、护法和信仰法治的良好的行为习惯和思维方式,增强法治思维,弘扬法治精神,提高法治素养。

(一)培养法治思维的必要性和重要性

法治思维是党的十九大报告强调的"五种思维"之一。党的十八大以来,习近平总书记在多个重要场合多次讲到法治思维的问题,强调要"提高

运用法治思维和法治方式深化改革、推动发展、化解矛盾、维护稳定能力"①。高校法治教育重在培养学生的法治思维,是适应新时代下全面推进依法治国的客观需要。

如果说小学阶段主要是"法律启蒙教育",中学阶段主要是"法律常识教育",那么大学阶段主要是进行"法治理论教育",也就是在思想观念上对"法"要有更深入的理解和认识,形成正确、自觉的法治意识,这种正确、自觉的法治意识是高级的法律意识,通常表现在人们的法治思维上。大学生要把法治精神内化于心、外化于行,关键是要养成法治思维。

法治建设和法治精神的培育离不开法治教育,法治教育有意识地引导和帮助大学生将法治观念升华为法治思维,进而规范引领其行为,才能真正孕育出法治精神。可以说,大学生法治思维水平的高低,不仅直接反映了大学生法治观念的程度,也体现出大学生法律意识的状况,同时从一个侧面验证了高校法治思想教育的成效。因此,高校有必要加强对大学生法治思维的培养,把培养大学生的法治思维作为高校法治教育的抓手。

当前学生群体中存在的某些问题,究其原因是不讲诚信、不守规矩、不懂感恩所导致的,而深层次的原因则是德不配位、法治思维缺位、急功近利心态这些因素造成的。高校法治教育中加大法治思维培养力度,有助于引导大学生提高自觉遵循社会行为规范的意识,消除行为失范的问题,也有利于增进大学生在思想上认同中国特色社会主义法治道路,在行动上践行法治原则,在社会生活中发自内心地维护法律权威,从而增强对全面依法治国的自信。

(二)培养法治思维的途径和方法

法治思维指以法治价值和法治精神为导向,运用法律原则、法律规则、法律方法思考和处理问题的思维模式。法治思维内涵丰富、外延宽广,它将法律作为判断是非和处理事务的准绳,要求崇尚法治、尊重法律,善于运用法律手段协调关系和解决问题。②

要达到提高法治素养的目的,学习法律知识是基础,培养法治思维是关键。小学阶段主要是"法治启蒙教育",中学阶段主要是"法治常识教育",大

---

① 习近平.加快建设社会主义法治国家[J].求是,2015(01).
② 本书编写组.思想道德修养与法律基础[M].北京:高等教育出版社,2018:173.

学阶段主要是"法治理论教育",使青少年学生在不断学习法律知识的基础上,逐步加深对"法"的理解和认识,循序渐进培养法治思维能力,进而引领、规范其行为。

应针对不同学段学生的特点和学习规律,在教学上分别有所侧重,逐步提高学生的法治思维能力。到了大学阶段,高校法治教育尤其应加大法治思维的培养力度,有意识地引导和帮助大学生将法治观念升格为法治思维、升华为法治精神,提高运用法治思维分析、解决问题的法治实践能力。积极运用案例教学法,加强法治思维训练,逐步形成法治思维习惯。

培养法治思维的途径和方法主要是学习法律知识、掌握法律方法、参与法律实践、尊重法律权威,关键是要养成法治思维习惯,提高法治实践能力。大学生法治思维水平的高低,直接反映了大学生法治意识的状况,同时也验证了高校法治教育的实际成效。因此,高校有必要把大学生法治思维的培养作为高校法治教育的重要抓手,通过知、情、意、信、行等方面综合培育法治精神,德法兼修,内化于心,外化于行,促进知行合一。

人民群众是依法治国的主体和力量源泉,人民群众尊重、运用、遵守和信仰法律,法律才有生命力。因此,法治思维的推广和普及十分重要。特别是当法治思维与自己的利益、感情和行为发生冲突时,能够服从法律并作出符合法律的选择,就必须加强法治思维的推广和普及,使法治思维融入民众的思想意识中。

(三)培养大学生法治思维的教学思路

教育部统编的高校 2018 版《思想道德修养与法律基础》教材和 2021 版《思想道德与法治》教材设有一节讲述"培养法治思维"的问题,主要涉及法治思维的含义与特征,法治思维的基本内容以及如何培养法治思维等。其教学目的:(1)准确把握法治思维的含义与特征;(2)正确理解法治思维的基本内容;(3)逐步养成法治思维习惯,提高运用法治思维分析问题、解决问题的能力。法治知易行难,需要深刻领会、深度理解、充分贯彻、自觉践行。该节内容是进行法治教育的重点和难点之一。

对此笔者的教学设计的主要思路如下:

1.阐释什么是法治思维,法治思维的基本特征。首先,从法治与法制、法治与人治、法治与德治这几对关系出发,说明法治的基本概念。接着,说明法治思维的概念,并通过分析法治思维是一种正当性思维、规范性思维、理性思维、科学性思维、底线思维等,进一步阐明法治思维的含义。指出法治思维的基本特征:规则意识、证据意识、程序意识、法理意识等。

2.揭示法治思维中存在的误区,尤其厘清法治思维和人治思维的关系。通过图表等对比的形式,指出法治思维与人治思维的主要区别。

3.阐述法治思维的基本内容,对其基本观点做必要的展开阐释,引导学生正确理解法治思维的内涵。基本内容即法律至上、权力制约、权利保障、程序正当、公平正义。因为法律、权力、权利、程序是法治思维中的"四梁八柱",维护社会的公平正义是法治的基本价值追求。

4.大学生如何有效地培养自身的法治思维。首先,对为什么需要培养法治思维做出回答。其次,阐述培养法治思维的基本途径和方法,即学习法律知识、掌握法律方法、参与法律实践、尊重法律权威,最终是将法治思维养成为一种生活习惯。关于尊重法律权威这一点需做进一步的阐述,说明其基本要求:信仰法律、遵守法律、服从法律、维护法律。对为什么要尊重法律权威、信仰法律是否人人必需等问题做出有说服力的解答。

教学方法上突出问题导向。通过设问,引导学生积极思考,加强与学生的互动讨论。在教学中善用案例教学,穿插运用文字、视频、图片等载体,使理论紧密联系现实。在法治课的教学中对涉及法治思维的相关问题需做出比较充分、有说服力的阐释,以期更精准地帮助大学生解决思想观念中存在的认识误区,厘清一些模糊甚至错误的认识,帮助学生深刻理解理论的内涵、价值与意义。引导学生借助网络平台、社会实践等多形式、多渠道学习法律知识、掌握法律方法、参与法律实践、养成守法习惯、树立正确的法治观念,在学习和生活中培养并锻炼法治思维,逐步提高法治思维能力。

第二节　道德教育

一、道德教育的定位

当今世界处于百年未有之大变局,这既是挑战,也是机遇。21世纪国家竞争力的关键在人才,人才培养是育人和育才相统一的过程。衡量人才的基本标准是德才兼备,在人才的各项素质中以德为先。一个人的行为是受思想支配的,有什么样的思想就会表现出什么样的言行,要规范行为最根本的还是要先端正思想。因此，作为立德树人的根基，道德教育十分重要。

道德教育是道德教化的主要途径。道德教育是教人求真、劝人向善、促人尚美的过程，一般包括知、情、意、信、行等主要环节，即提高道德认知、陶冶道德情感、锻炼道德意志、确立道德信念和培养道德行为习惯。

道德教育的方式方法，一般采取正面疏导的方式，根据道德品质形成的特点和受教育者的实际状况，主要采用道德知识传授和受教育者的道德生活经验相结合，个人示范和集体影响相结合，榜样激励和舆论抑扬相结合等方法。

西方现代道德教育产生于19世纪末20世纪初。20世纪30年代，皮亚杰首次提出了儿童道德发展理论，此后陆续有不同的学者提出了自己的道德发展理论。其中主要有科尔伯格的道德发展三水平六阶段理论，吉利根的关怀道德理论，埃森伯格的亲社会道德发展理论等。西方现代道德教育的复兴发生在20世纪60年代。第二次世界大战后，西方发达国家过于重视科技的发展而忽视了对国民的道德教育，致使西方资本主义国家在表面经济繁荣的情况下产生了各种社会道德危机，如青少年犯罪、吸毒等，不少人认为，社会的混乱是学校道德教育不力的结果，在此背景下，越来越多的人呼吁政府和学校加强道德教育。

在我国古代，历代统治者及思想家、教育家，都十分重视对民众的道德教化，也因此形成了一整套中国古代思想道德教育的理论体系和方法体系。"修身、齐家、治国、平天下"的道德理想教育就是一个典型。中国古代道德教育方法的一个重要特色，是注重开发个人的内在潜能，发挥内因的作用，强调主体的自觉性和自我修养的重要性。如内省、慎独、克己复礼等都体现了强调个人的自我约束、自我教化、自我修养的自觉性特点。强调道德认知内化，从而身体力行、知行合一。孔孟等儒家先贤都高度赞扬那些虽不善言辞，却能遵循道德规范身体力行、亲身实践的君子，而耻于那些言过其实、知行不一的小人。孔子曰："君子欲讷于言，而敏于行。"孟子作为我国古代继孔子之后最著名的儒家学者，他在道德教育方面的思想，对我国的道德理论与实践产生了深远影响。孟子道德教育思想突出反映在以"反省内求"为特征的道德修养论。

道德是维持人类社会生活常态的基本规范。人类生活可以分为私人生活、社会生活、职业生活三个基本领域，调节这三个生活领域的道德规范分别是私德、公德和职业道德。私德是私人生活中的道德规范，指个人品德、修养、作风、习惯以及个人生活中处理爱情、家庭及邻里关系的道德规范;公德是国家及社会生活中的道德规范,也叫社会公德;职业道德是职业生活中规范从业人员思想和行为的道德规范。

从德育类型划分的角度来说,德育包括私德、公德和职业道德教育。私德教育即培养学生的私人生活的道德意识及行为习惯,如相互尊重、相互体谅、相互关心、诚实、忠诚、敬老爱幼等;公德教育即培养学生的国家与社会生活的道德意识和符合社会公德的行为习惯,如遵守社会公共秩序,注意公共卫生,爱护公共财物,保护环境,见义勇为,维护国家尊严和民族团结等;职业道德教育即培养学生的职业生活的道德意识及合乎道德规范的行为习惯,如忠于职守、勤恳工作、廉洁奉公、团结合作等。

多数国家的学校德育一般指道德教育,我国的学校德育泛指政治教育、思想教育、道德教育等。政治教育指引导学生形成一定政治观念、政治信念和政治信仰的教育;思想教育是使学生形成一定世界观、人生观、价值观的教育;道德教育是促进学生道德修养发展的教育。

《中华人民共和国高等教育法》第 4 条规定:"高等教育必须贯彻国家的教育方针,为社会主义现代化建设服务、为人民服务,与生产劳动和社会实践相结合,使受教育者成为德、智、体、美等方面全面发展的社会主义建设者和接班人。"青少年是国家的希望、民族的未来,道德教育要从娃娃抓起,引导青少年把正确的道德认知、自觉的道德养成、积极的道德实践紧密结合起来,善于从中华民族传统美德中汲取道德滋养,从英雄人物和时代楷模身上感受道德风范,从自我内省中提升道德修为,不断修身立德,打牢道德基础。全社会都应关心帮助支持青少年的健康成长,完善家庭、学校、政府、社会相结合的思想道德教育体系,引导青少年树立社会主义核心价值观,形成好思想、好品行、好习惯,扣好人生第一粒扣子。

二、新时代道德教育的使命

建设中国特色社会主义的征程迈入了新时代,党的十九大报告发出了"提高全民族法治素养和道德素质"的新时代号角。这是新时代思想政治教育面对的重大课题,也是大中小学、各级各类学校思想政治理论课承担的光荣使命,是培养广大青少年成为德才兼备的"时代新人"的题中应有之义。

思想道德建设是精神文明建设的核心,决定着精神文明建设的性质与方向,它所要解决的是整个民族的共同思想和精神支柱问题,是精神文明建设的根本。思想政治理论课作为夯实学生思想基础的主阵地、主渠道,涉及根本、关系全局、影响长远。习近平总书记在 2019 年 3 月 18 日学校思想政治理论课教师座谈会上的讲话,为我们在新时代上好思想政治理论课提供了重要指引。

习近平总书记指出:"要坚持把立德树人作为中心环节,把思想政治工作贯穿教育教学全过程,实现全程育人、全方位育人。"①围绕"立德树人"这个教育的终极使命,新时代的道德教育肩负着对广大学生培根铸魂的重要任务。

从道德教育的任务来说,包括发展学生的道德认识、陶冶学生的道德情感、培养学生的道德行为习惯等三个相互联系的方面。

道德教育旨在培养学生的道德判断力和道德敏感性。道德判断力即运用一定的道德标准对一定的事件或行为进行对与错、当与不当的判断的能力;道德敏感性即敏锐地感知、理解和体察自己、他人及社群的情感、需要和利益的能力。

在新的发展起点上,道德教育要紧密围绕立德树人这个根本任务,增强教育教学的针对性和实效性,提高学生的道德辨析力和控制力,使他们在纷繁复杂的社会现象面前,有能力自行判断和处置各种道德问题。

三、道德教育的内容与形式

(一)道德教育的基本内容

当代中华民族的道德诉求简单而明了,即建设中国特色社会主义和实现中华民族伟大复兴。前者是 2000 多年来儒家思想中"天下为公,社会大同"的现代表达式,后者是近现代历史上中华民族在危难中团结奋斗的追求。

1.以社会主义核心价值观为引领

将国家、社会、个人层面的价值要求贯彻到道德建设各方面,以主流价值构建道德规范、强化道德认同、指引道德实践,引导人们明大德、守公德、严私德。社会主义核心价值观既涉及道德也涉及法律,是道德建设的主线,

---

也是法治建设的主导。道德教育应当以社会主义核心价值观为主线,法治观作为核心价值观之一,在对公民的法治教育中亦应当作为重点。

2.坚持马克思主义道德观教育

倡导共产主义道德,弘扬社会主义道德,以为人民服务为核心,以集体主义为原则,以爱祖国、爱人民、爱劳动、爱科学、爱社会主义为基本要求,始终保持公民道德建设的社会主义方向。

3.重视中国精神与爱国主义教育

人无精神不立,国无精神不强。这场新冠肺炎疫情再次考验和磨砺了中华民族的精神意志,展现和锤炼了中华民族的伟大精神。抗疫精神应弘扬成为新时代的社会新风尚,成为推动社会治理现代化的又一强大精神力量。以爱国主义为核心的民族精神和以改革创新为核心的时代精神,是中华民族生生不息、发展壮大的坚实精神支柱和强大道德力量。道德教育中爱国教育是重点,应构建爱国主义教育和知识体系教育相统一的育人机制。

4.在继承传统美德中创新发展

自觉传承中华传统美德,继承我们党领导人民在长期实践中形成的优良革命道德传统,适应新时代改革开放和社会主义市场经济发展要求,积极推动创造性转化、创新性发展,不断增强道德建设的时代性、实效性。中华传统美德是中华文化精髓,是道德建设的不竭源泉。深入阐发中华优秀传统文化蕴含的讲仁爱、重民本、守诚信、崇正义、尚和合、求大同等思想理念,深入挖掘自强不息、敬业乐群、扶正扬善、扶危济困、见义勇为、孝老爱亲等传统美德,并结合新的时代条件和实践要求继承创新,充分彰显其时代价值和永恒魅力,使之与现代文化、现实生活相融相通。

5.坚持德法兼容并蓄

以道德滋养法治精神,以法治体现道德理念,推动社会主义核心价值观融入法治建设。将社会主义核心价值观要求全面体现到中国特色社会主义法律体系中,体现到法律法规立改废释、公共政策制定修订、社会治理改进完善中,为弘扬主流价值提供良好社会环境和制度保障。发挥社会主义法治的促进和保障作用,以法治承载道德理念,弘扬美德义行,把社会主义道德要求体现到立法、执法、司法、守法之中,以法治的力量引导人们向上向善。

6.积极倡导与有效治理并举

尊重人民群众的主体地位,激发人们形成善良的道德意愿、道德情感,培育正确的道德判断和道德责任,提升道德认知与推动道德实践相结合,提高道德实践能力尤其是自觉实践能力。遵循道德建设规律,把先进性要求与广泛性要求结合起来,坚持重在建设、立破并举,发挥榜样示范引领作用,加大对道德突出问题的整治力度,树立新风正气、祛除歪风邪气。

(二)综合运用多种形式深化道德教育

1.深化社会主义核心价值观宣传教育

社会主义核心价值观是当代中国精神的集中体现,是凝聚中国力量的思想道德基础。要持续深化社会主义核心价值观宣传教育,增进认知认同、树立鲜明导向、强化示范带动,引导人们把社会主义核心价值观作为明德修身、立德树人的根本遵循。坚持贯穿结合融入、落细落小落实,把社会主义核心价值观融入日常生活,使之成为人们自觉常用的道德规范和行为准则。

2.把立德树人贯穿学校教育全过程

学校是公民道德建设的重要阵地。要全面贯彻党的教育方针,坚持社会主义办学方向,坚持育人为本、德育为先,把思想品德作为学生核心素养,纳入学业质量标准,构建德智体美劳全面培养的教育体系。遵循不同年龄阶段的道德认知规律,结合基础教育、职业教育、高等教育的不同特点,把社会主义核心价值观和道德规范有效传授给学生。加强师德师风建设,建设优良校风,丰富校园文化生活,营造有利于学生修德立身的良好氛围。思政课程和课程思政相互呼应、相互配合,把公民道德建设的内容和要求体现到各学科教育中,体现到学科体系、教学体系、教材体系、管理体系建设中,使传授知识过程成为道德教化过程。

3.要把社会公德、职业道德、家庭美德、个人品德建设作为着力点

围绕实施公民道德建设工程,加强社会公德、职业道德、家庭美德和个人品德的建设。在这个过程中,要针对我国人情积习厚重、规则意识淡薄的情况,注重培育规则意识,倡导契约精神,弘扬公序良俗,引导人们自觉履行法定义务、增强社会责任感。推动践行以文明礼貌、助人为乐、爱护公物、保护环境、遵纪守法为主要内容的社会公德,鼓励人们在社会上做好公民;推动践行以爱岗敬业、诚实守信、办事公道、热情服务、奉献社会为主要内容的职业道德,鼓励人们在工作中做好的工作者;推动践行以尊老爱幼、男女平等、夫妻和睦、勤俭持家、邻里互助为主要内容的家庭美德,鼓励人们在家庭里做好成员;推动践行以爱国奉献、明礼守法、勤劳善良、宽厚正直、自强自

律为主要内容的个人品德,鼓励人们在日常生活中养成好品行。

4.树立良好家教家风

家庭是社会的基本细胞,是道德养成的起点。要弘扬中华民族传统家庭美德,倡导现代家庭文明观念,推动形成社会主义家庭文明新风尚,让家庭成员相互影响、共同提高,在为家庭谋幸福、为他人送温暖、为社会作贡献过程中提高精神境界、培育文明风尚。

5.以正确舆论营造良好道德环境

加强对道德领域热点问题的引导,着力增强人们的道德意识、法治意识、公共意识、规则意识、责任意识。发挥舆论监督作用,对违反社会道德、背离公序良俗的言行和现象,及时进行批评、驳斥,激浊扬清、弘扬正气。以先进模范引领道德风尚,以优秀文艺作品陶冶道德情操。发挥各类阵地的道德教育作用,特别是抓好网络空间道德建设。

6.深入开展学习宣传道德模范活动

道德模范是社会道德建设的重要旗帜,广泛开展道德模范、最美人物的学习宣传活动,弘扬真善美,传播正能量,倡导爱国、敬业、诚信、友善等基本道德规范,培养知荣辱、讲正气、做奉献、促和谐的良好风尚,激励人民群众崇德向善、见贤思齐,鼓励全社会积善成德、明德惟馨,积极倡导助人为乐、见义勇为、诚实守信、敬业奉献、孝老爱亲等美德善行。

7.抓好重点群体的道德教育

党员干部的道德操守直接影响着全社会道德风尚,要落实全面从严治党要求,加强理想信念教育,补足精神之钙;要加强政德修养,坚持法律红线不可逾越、道德底线不可触碰,在严肃规范的党内政治生活中锤炼党性、改进作风、砥砺品质,践行忠诚老实、公道正派、艰苦奋斗、清正廉洁等品格,正心修身、慎独慎微,严以律己、廉洁齐家,在道德建设中为全社会作出表率。

8.推动道德实践养成

充分发挥礼仪礼节的教化作用,广泛开展弘扬时代新风行动。如文明出行、文明交通、文明旅游、文明就餐、文明观赛等活动,引导人们自觉遵守社会交往和公共场所中的文明规范,深化群众性创建活动,持续推进诚信建设。推动各行业各领域制定诚信公约,加快个人诚信、政务诚信、商务诚信、社会诚信和司法公信建设,构建覆盖全社会的征信体系,健全守信联合激励和失信联合惩戒机制,开展诚信缺失突出问题专项治理,提高全社会诚信水平。推进学雷锋志愿服务制度化常态化,使"我为人人、人人为我"蔚然成风。

9.推进新时代校园道德文化建设

开展新时代道德主题宣传活动。如组织道德论坛、道德讲堂等活动,以"身边人讲身边事,身边事教身边人",以道德体验温润人心。推动文明班级、文明宿舍创建,组织开展"感动校园人物""最受欢迎的教师""最美学生"等评选活动。开展积极向上的学术、科技、体育、艺术和娱乐活动,围绕世界地球日、世界环境日、世界森林日、世界水日、世界海洋日和全国节能宣传周等,开展"节粮节水节电""节能宣传周"等主题宣传。规范开展升国旗、奏唱国歌、入党宣誓等仪式,强化仪式感、参与感,充分利用春节、清明、端午、中秋等重要传统节日和中华民族重大历史事件纪念活动、中华历史名人纪念活动、国家公祭仪式等,组织开展主题实践活动,丰富道德体验、增进道德情感;在生活中善待亲人以构建和谐家庭关系,善待朋友以凝结牢固的友谊,善待他人以构建和谐的人际关系,善待自然以形成和谐的自然生态。弘扬中华民族重信守诺的传统美德,开展"诚信考试""诚信生活""诚信借贷"等主题活动,推进诚信建设制度化,帮助学生树立诚信理念,建立诚信意识,将诚信价值准则内化于心、外化于行。全面加强校园网络建设,加强正面宣传,加大管理力度,注重网络信息的意识形态工作,防止有害信息传播。教育和引导师生崇德守法、文明互动、理性表达,远离不良网站,防止网络沉迷,自觉维护良好网络秩序,培育健康向上的网络文化。加强对网络道德舆情热点问题的引导,帮助师生形成正确的道德判断。

10.广泛开展学雷锋和志愿服务

弘扬雷锋精神和奉献、友爱、互助、进步的志愿精神,围绕扶贫救灾、敬老救孤、恤病助残、法律援助、文化支教、环境保护等,广泛开展学雷锋和志愿服务活动,精心组织大学生开展暑期"三下乡"社会实践,积极开展助力脱贫攻坚调研等专项活动,组织学生参加社会调查、生产劳动、志愿服务、公益活动、科技发明和勤工助学等实践活动,使大学生在社会实践活动中受教育、长才干、作贡献,增强社会责任感。

四、社会主义核心价值观是德法兼治的价值基础

(一)道德教育的重心在培育社会主义核心价值观

党的十八大提出社会主义核心价值观,倡导富强、民主、文明、和谐,自由、平等、公正、法治,爱国、敬业、诚信、友善的核心价值观,把国家、社

会、个人三个层面的价值要求融为一体。富强、民主、文明、和谐是国家层面的价值要求,自由、平等、公正、法治是社会层面的价值要求,爱国、敬业、诚信、友善是公民层面的价值要求。这个概括,实际上回答了我们要建设什么样的国家、建设什么样的社会、培育什么样的公民的重大问题。培育和践行社会主义核心价值观与中国特色社会主义发展要求相契合,与中华优秀传统文化和人类文明优秀成果相承接,全方位揭示了当代中国的价值目标。

习近平总书记指出:"我们要大力培育和弘扬社会主义核心价值体系和核心价值观,加快构建充分反映中国特色、民族特性、时代特征的价值体系,努力抢占价值体系的制高点。而在核心价值体系和核心价值观中,道德价值具有十分重要的作用。国无德不兴,人无德不立。一个民族、一个人能不能把握自己,很大程度上取决于道德价值。"①社会主义核心价值观,其实就是一种"大德",既是个人的德,也是国家的德、社会的德。核心价值观是一个民族赖以维系的精神纽带,是一个国家共同的思想道德基础。如果没有共同的核心价值观,一个民族、一个国家就会魂无定所、行无依归。社会主义核心价值观承载着凝聚我国社会共识的责任,这为实现德治与法治相统一提供了价值基础。以社会主义核心价值观为切入点让德治和法治深度融合,有助于培育社会公众的德治、法治理念,有助于推动德法兼治的实现。

党的十九大报告把"坚持社会主义核心价值体系"作为新时代坚持和发展中国特色社会主义的基本方略之一。这一方略,彰显了党对核心价值观建设的高度重视,为我们高举中国特色社会主义伟大旗帜,牢固树立中国特色社会主义道路自信、理论自信、制度自信、文化自信指明了方向。围绕立德树人的根本任务,要把社会主义核心价值观纳入国民教育总体规划,贯穿于基础教育、高等教育、职业技术教育、成人教育等各领域,落实到教育教学和管理服务各环节,覆盖到所有学校和受教育者。同时要充分认识把社会主义核心价值观融入法治建设的重要性、紧迫性,切实发挥法治的规范和保障作用,推动社会主义核心价值观内化于心、外化于行,使其内化为人们的坚定信念,外化为人们的自觉行动。

---

① 中共中央文献研究室.习近平关于全面深化改革论述摘编[C].北京:中央文献出版社,2014:88.

(二)把社会主义核心价值观融入法治建设

社会主义核心价值观是社会主义法治建设一以贯之的价值遵循。必须把社会主义核心价值观融入法治建设,这是坚持依法治国和以德治国相结合的必然要求,也是加强社会主义核心价值观建设的重要途径。把社会主义核心价值观融入法治建设,运用法律法规向社会传导正确的价值取向。

根植于全民心中的法治精神,是社会主义核心价值观建设的基本内容和重要基础。要坚持法治宣传教育与法治实践相结合,建设社会主义法治文化,推动全社会树立法治意识、增强法治观念,形成守法光荣、违法可耻的社会氛围,使全体人民都成为社会主义法治的忠实崇尚者、社会主义核心价值观的自觉践行者。

2016 年 12 月 25 日,中共中央办公厅、国务院办公厅印发《关于进一步把社会主义核心价值观融入法治建设的指导意见》。要求"坚持依法治国和以德治国相结合,把社会主义核心价值观融入法治国家、法治政府、法治社会建设全过程,融入科学立法、严格执法、公正司法、全民守法各环节,以法治体现道德理念、强化法律对道德建设的促进作用"。在法律效果与社会效果相统一的考量中,把道德成效作为评价办案质量的一个重要指标。同时,对执法、司法中发现存在的道德问题,发现法律法规、司法解释、司法政策等存在重大道德风险的,认真研究分析,依法修改完善。

把社会主义核心价值观融入法治建设,必须深入贯彻习近平新时代中国特色社会主义思想,全面落实依法治国基本方略,坚持依法治国和以德治国相结合,把社会主义核心价值观融入法治国家、法治政府、法治社会建设全过程,融入科学立法、严格执法、公正司法、全民守法各环节,以法治体现道德理念,强化法律对道德建设的促进作用。

1.社会主义核心价值观融入立法

立法是法治建设的前提和基础,将社会主义核心价值观融入立法,以明确各项法律法规的价值导向,是推动社会主义核心价值观融入法治建设的重要一环,对于严格执法、公正司法、全民守法等法治建设的各个环节将起到积极的推动作用。同时,社会主义立法体系的完善需要社会主义核心价值观的价值引领。2018 年 3 月,十三届全国人大一次会议通过宪法修正案,把国家倡导社会主义核心价值观正式写入宪法,将宪法第二十四条第二款中"国家提倡爱祖国、爱人民、爱劳动、爱科学、爱社会主义的公德",修改为"国家倡导社会主义核心价值观,提倡爱祖国、爱人民、爱劳动、爱科学、爱社会主义的公德"。

党的十八大以来,党和国家高度重视把社会主义核心价值观的要求转化为立法的宗旨和原则,使法律法规与国家的价值目标、社会的价值取向、公民的价值准则相融合,使制定的法律制度更好地体现道德理念,对于法治精神的倡导具有重要的意义。着力加强重点领域立法,完善立法规划,将部分道德领域的基本准则法律化,把法律的规范性和道德的引导性有机结合,推动社会治理的自觉实践。同时统筹各项立法,将道德建设中的软性约束转化为硬性规范,运用法律法规着力解决道德领域的难题,把实践中行之有效的政策制度及时上升为法律法规,坚持立改废释并举,扩大公众有序参与,提高立法的民主化水平,加强法律法规和制度文件的审查力度,听取各方意见,把与社会主义核心价值观要求不相适应的法律法规和政策制度,依照法定程序及时进行修改和废止,使立法充分体现公平、正义和社会责任,从而使每一项立法都符合宪法精神、反映人民意志、得到人民拥护,发挥好立法对社会主义核心价值观的引领、规范和保障作用。

社会主义核心价值观融入法治建设之"融入"并不是简单地将社会主义核心价值加进法治建设,而是要把法治思维、法治方式和社会主义核心价值观融为一体,共同营造良好的社会氛围与法治建设环境。

将社会主义核心价值观的基本规范从道德要求上升为法律规范。"注重把一些基本道德规范转化为法律规范,把实践中行之有效的政策制度及时上升为法律法规,推动文明行为、社会诚信、见义勇为、尊崇英雄、志愿服务、勤劳节俭、孝亲敬老等方面的立法工作。"例如,"常回家看看"本来是要求子女常回家照看父母的伦理道德要求,我国《老年人权益保障法》将其纳入法规,成为一种法律规范的要求。同时为了配合法律规定的实现,已有河南、福建、广西、海南等多地出台地方性法规,明确独生子女在父母住院期间享受护理假权益,这便是一个典型的"道德入法"案例。党的十八大以来,我国制定实施的《慈善法》《志愿服务条例》《英雄烈士保护法》以及部分省市出台的见义勇为人员奖励和保障条例、城市市容和环境卫生管理办法、文明行为促进条例、生活垃圾分类管理办法等法律法规,都是社会主义核心价值观融入法治建设的具体体现。

2.社会主义核心价值观融入执法

推进社会主义核心价值观融入行政执法的全过程。法治政府建设,关键是推进执法规范化,严密执法程序,坚持有法必依、违法必究和法律面前人人平等,提高行政执法的科学化、制度化和规范化水平。执法主体必须树立法治意识,做到执法必有法律依据;必须坚持公平公正,不能选择性执法,始终做到有法必依、执法必严、违法必究;执法主体必须按照权力清单执法,公正执法、文明执法、诚信执法、阳光执法,自觉接受法律监督,提高政府执法的公信力。

坚持正确的执法理念。明确为谁执法,将社会主义核心价值观融入法治化的社会管理。在执法过程中,通过公平正义的价值引导,保障法律面前人人平等;坚持依法行政、不断完善法治政府建设,规范政府部门的执法管理权责,涉及群众的问题,要准确把握社会心理和群众情绪以维护公民的合法权益,自觉接受社会监督,实现执法要求与执法形式相统一、执法效果与社会效果相统一。

完善执法机制。在社会主义核心价值观和法治精神的引导下,逐步优化执法方式、简化执法过程、细化执法内容,完善行政执法程序,建立执法全过程记录制度,建立权责统一、权威高效的行政执法体制。善于运用法治思维和法治方式,并充分利用现代科学技术手段开展公开透明的执法活动,通过日常的执法活动彰显价值导向。

3.社会主义核心价值观融入司法

社会主义核心价值观是全党和全民族共同的价值导向,其中所蕴含的公平正义的法治精神既鲜明体现社会主义核心价值观与法治二者的整体与部分的关系,更集中表达出对法治建设的本质要求。司法是维护社会公平正义的最后一道防线,司法公正对社会公正具有引领作用。

要提高司法公信力。司法过程中秉持社会主义核心价值观的价值标准,坚持以事实为依据,以法律为准绳,加强对司法活动的监督,让司法在阳光下运行,确保司法过程公平正义,司法结果符合实体公正,通过公正司法培育和弘扬社会主义核心价值观。

坚持正确的价值理念。司法案件过程中不仅注重案件的调解,更需要透过案件向社会传达价值信号,特别是在公众影响力大的案件中,要在明确案件权责的基础上,及时弘扬社会主义核心价值观,从而对社会起到示范引导作用。

建立完备的法律服务体系。通过加强司法救助、法律援助,统筹城乡、区域法律服务资源,在司法服务中彰显社会主义核心价值观的价值引领作用。

完善司法政策。遵循正确的价值引导,制定符合社会主义核心价值观要求的司法政策,为解决道德层面的疑难杂症提供明确的司法政策支撑。在司法过程中,运用法律不是意味着死抠法律的字眼,而是明白背后的价值目的,坚持法理情三者的有机统一,在尊重公众基本道德诉求的基础上,维护社会公平正义。

把握好法律与道德、法治与德治的辩证关系,在坚持严格、规范、公正司法的同时,充分关注和考量办案的道德效果,切实发挥好司法惩恶扬善的道德功能,让社会主义核心价值观深入人心。关注办案的道德效果,是提升法律、司法认同和权威的必然要求。法律凝结着社会的基本价值取向和道德规范,人们对法律的认同,很重要的是对其中蕴含的道德价值的认同。只有在办案中充分关注和实现道德效果,彰显道德的价值和力量,才能把法治意识与道德自觉统一起来,引导人们在每个案件中感悟法治精神、法治理念,让法律、司法权威获得坚实的道德认同。同时,关注办案的道德效果,也是实现法律效果与社会效果相统一的应然之义。只有在办案中充分关注道德因素,考量道德风险,积极彰显和弘扬社会主义良好道德风尚,才能避免案件处理伤害人们的基本道德情感,背离社会主义核心价值观要求,真正让人民群众在每一个司法案件中都感受到公平正义,主动信仰法治,尊法守法,服判息诉。

4.社会主义核心价值观融入守法

社会主义核心价值观融入全民守法层面,需要深入开展法治宣传教育,在法律的宣传活动融入社会主义核心价值观教育。坚持把法治教育与道德教育结合起来,深化社会主义核心价值观学习教育实践,以道德滋养法治精神。同时大力弘扬中华优秀传统文化,汲取中华法律文化精华,利用优秀传统文化蕴含的思想道德和法律资源,使之成为涵养社会主义法治文化和社会主义核心价值观的重要源泉。

5.建设一支高素质的法治工作队伍

实现全面依法治国,正规化、专业化、职业化的法律人才队伍建设是关键。社会主义核心价值观对于加强法治队伍建设,提升法治队伍的思想政治素质和职业道德水平具有重要意义。

首先,要加强对公职人员进行社会主义核心价值观培育,切实提高国家公职人员的法律意识和法治观念。深入开展社会主义核心价值观和法治精神教育,包括在立法队伍、行政执法队伍、司法队伍各个层面,通过社会主义核心价值观教育强化职业道德和职业操守,努力建设一支信念坚定、执法为民、敢于担当、清正廉洁的政法队伍。

其次,律师队伍是依法治国的一支重要力量,需要大力加强律师队伍的思想道德建设,通过对律师的培训和指导,将社会主义核心价值观内化于心,外化于行。

最后,坚持立德树人、德育为先的教育导向,在高校大学生教育中开展社会主义核心价值观和法治精神教育,培养一批坚持社会主义法治理念和社会主义核心价值观的法治人才后备力量。

(三)司法裁判应当彰显社会主义核心价值观

与推进国家治理体系和治理能力现代化建设的要求相比,把社会主义核心价值观融入法治建设还存在差距。有的法规和政策价值导向不鲜明,针对性、可操作性不强,保障不够有力;一些地方和部门在执法司法过程中存在与社会主义核心价值观要求不符的现象;部分社会成员尊法学法守法用法意识不强,全民法治观念需要进一步提高。

老人在小区撞伤儿童,就要离开,被邻居阻止,争执之中搏骤停死亡,好心的邻居要不要赔偿? 一伙人吃了"霸王餐",扭头就跑,饭店老板追到门外,没有打没有骂,结果一个逃跑的人自己摔伤,向饭店老板索赔医药费,饭店老板该赔这笔钱吗? 对于此类案件,最高人民法院公布了"标准答案"。2020 年 5 月 13 日,最高人民法院发布 10 件大力弘扬社会主义核心价值观典型民事案例。

以吃霸王餐逃跑摔伤反向餐馆索赔案为例,佘某某、李某系夫妻关系,二人经营餐馆。马某等人在佘某某、李某经营的餐馆就餐,餐费 260 元左右。李某因发现马某等人未结账即离开,于是沿路追赶。李某看到马某等人后,呼喊买单再走,马某等人分散走开,其中马某距离李某最近,李某便紧跟着马某,并拨打 110 报警。随后,佘某某赶到,与李某一起追赶马某,马某在逃跑过程中摔伤。经鉴定,马某损伤程度属轻伤二级,住院治疗产生医疗费等支出。马某遂诉至法院,请求判令佘某某、李某赔偿其因被追摔伤所造成的各项经济损失 4 万余元。

襄阳市中级人民法院审理后认为,就餐后付款结账是完全民事行为能力人都应知晓的社会常理。马某等人就餐后未付款,也未告知餐馆经营人用餐费用如何结账即离开饭店,属于吃"霸王餐"的不诚信行为,经营者李某要求马某等人付款的行为并无不当。佘某某、李某在发现马某等人逃跑后阻拦其离开,并让马某付款或者告知付款人的联系方式,属于正当合法的自助行为,不存在过错。马某在逃跑过程中因自身原因摔伤,与李某、佘某某恰当合理的自助行为之间并无直接因果关系,李某、佘某某不应对马某摔伤造成的损失承担赔偿责任。

司法裁判还承担着社会效果和价值导向的功能,一个公正的判决向全社会传递了正确的价值观,而一个错误的判决可能把社会风气打入冷漠、自私的阴影中。

公正司法是法治的生命线,是维护社会公平正义的重要手段。司法是维护社会公平正义的最后一道防线,司法公正对社会公正具有重要引领作用,要努力让人民群众在每一个司法案件中都感受到公平正义。人民法院作为国家审判机关,承担着执法办案、明断是非、定分止争、惩恶扬善、维护正义的神圣职责,在培育和践行社会主义核心价值观方面肩负着重要使命。法院的一纸判决不仅是对一起具体案件的处理,更是对社会风尚的一种引领。人民法院每年都要审结大量案件,其中一些看似很"小"的案件却产生了巨大影响力。一滴水,能折射太阳光辉。一桩案,能彰显法治道理。"小"案件传递法治正能量,引领道德新风尚,赢得社会各界的充分肯定,对弘扬社会主义核心价值观发挥了积极作用。

吃"霸王餐"是违反公序良俗的不文明行为,吃"霸王餐"后逃跑摔伤,反向餐馆索赔,不仅于法无据,更颠覆了社会公众的是非观。法律不能支持"谁惨谁有理""谁伤谁有理""谁闹谁有理",对吃"霸王餐"者无理索赔不予支持,发挥了司法裁判匡扶正义,引领诚信、友善、文明的社会风尚的积极作用。司法可以同情弱者,但对于违背社会公德和公序良俗的行为不能鼓励、不能纵容,法治不能"和稀泥",人民法院要通过司法裁判对符合社会主义核心价值观的行为作出肯定性评价,正面倡导公民助人为乐、见义勇为,用严肃、明晰的司法裁决提供正能量的法治支撑,彰显法律是站在见义勇为者一边,站在维护社会公德者一边。司法应该发挥定分止争的作用,引导社会积极向善,给善良者以力量,给勇敢者以保障,在具体司法个案中给出明确的是非观,切实发挥司法裁判正风俗、定人心、分是非、明善恶的社会功能。

第三节　法治教育和道德教育的现状及问题

一、我国法治教育和道德教育的基本状况

提高全民族道德素质和法治素养的基本途径是要加强宣传教育,通过宣传教育来提高广大人民群众,特别是增强广大青少年的道德观念、法治观念并践行社会主义核心价值观以及守法的自觉性。

(一)法治教育特别是宪法教育取得明显成效

深入开展法治宣传教育,让广大人民群众知法、懂法,才能用法、守法,依法治国才能有广泛、坚实的社会基础。这就需要我们全面推动法治宣传教育制度化、常态化,更加自觉地运用法治思维和法治方式引领改革发展。

1.深入开展法治宣传教育

把法治教育纳入国民教育体系和精神文明创建内容,由易到难、循序渐进不断增强青少年的规则意识。2016 年中共中央、国务院转发了《中央宣传部、司法部关于在公民中开展法治宣传教育的第七个五年规划(2016—2020 年)》(以下简称"七五"普法规划),明确法治宣传教育的对象是一切有接受教育能力的公民,重点是领导干部和青少年。"七五"普法规划要求法治教育要从青少年抓起,要把法治教育纳入国民教育体系,在大中小学设立法治知识课程,确保在校学生都能得到基本法治知识教育。

2016 年教育部、司法部、全国普法办印发了《青少年法治教育大纲》,提出以培育和践行社会主义核心价值观为主线,以宪法教育为核心,把法治教育融入学校教育的各个阶段,并提出了相应具体要求。推动宪法教育进校园、进课堂、进头脑。2017 年起,义务教育阶段的思政课教材更名为《道德与法治》,其中在六年级上册和八年级下册设置了法治教育的专册,突出宪法教育的内容。在高校思想政治理论课当中,亦加强了宪法教育内容,在《思想道德与法治》的教材中设置了专门章节讲授宪法。

深入学习宣传习近平法治思想,增强走中国特色社会主义法治道路的自觉性和坚定性。深入开展宪法宣传教育,弘扬宪法精神,增强宪法意识,形成崇尚宪法、遵守宪法、维护宪法权威的社会氛围。深入宣传中国特色社

会主义法律体系,重点宣传与经济社会发展和人民生产生活密切相关的法律法规,通过公开审判、典型案例发布、诉前诉后答疑等方式,引导全体公民自觉守法、遇事找法、解决问题靠法。

加强对重点人群的法治教育。从青少年抓起,把法治教育纳入国民教育体系,使青少年从小树立法治意识和法治观念。推动领导干部带头尊法学法守法用法,把领导干部带头学法、模范守法作为树立法治意识的关键,完善国家工作人员学法用法制度,建立领导干部应知应会学法清单制度,推动领导干部带头尊法学法守法用法,提高党员、干部法治思维和依法办事能力。

健全普法宣传教育机制。实行国家机关"谁执法谁普法"的普法责任制,建立和实施法官、检察官、行政执法人员、律师等以案释法制度,把法治教育纳入文明城市、文明村镇、文明单位、文明家庭、文明校园创建活动,强化基层党组织开展法治宣传教育职责,广泛开展群众性法治文化活动,开展普法益民和公益广告宣传活动,推动法律进机关、进乡村、进社区、进学校、进企业、进单位。

2.突出宪法宣传教育

宪法宣传一直是全民普法工作的重中之重。习近平总书记多次强调宪法具有最高的法律地位、法律权威、法律效力,指出要加强宪法学习宣传教育,弘扬宪法精神、普及宪法知识,为加强宪法实施和监督营造良好氛围。从设立国家宪法日,到实行宪法宣誓制度,从深入开展宪法教育,到党的十九大提出"推进合宪性审查工作",党的十八大以来,以习近平同志为核心的党中央高度重视宪法在治国理政中的重要地位和作用,把实施宪法摆在全面依法治国的突出位置。在全社会普遍开展宪法教育,推动宪法宣传教育制度化、常态化,形成学习宪法、尊崇宪法,弘扬宪法的氛围,更好地发挥宪法在新时代推进全面依法治国、推进国家治理体系和治理能力现代化中的国家根本法作用。

为夯实宪法教育的基础。教育部组织实施了"中小学法治教育名师培育工程",培育"种子教师",将法治教育骨干教师专项培训纳入"国培计划"的示范项目,还组建了若干青少年宪法教育研究中心等平台,并注重发挥教育系统人才优势和学科专业优势,加强理论研究,为青少年宪法教育提供科研支撑。

十二届全国人大常委会第十一次会议表决通过决定,将12月4日设立为国家宪法日,在全社会开展宪法宣传教育,大力弘扬宪法精神,教育引导各级组织和全体公民牢固树立宪法意识、增强宪法观念,自觉履行维护宪法尊严、保障宪法实施的职责。

设立"宪法宣传周"。把"国家宪法日"(12月4日)前后一周的时间作为集中宪法宣传的时间,加大宪法宣传的力度。在全国范围内开展宪法宣传周活动,在全社会弘扬宪法精神、树立宪法权威,延伸出宪法进企业主题日、宪法进农村主题日、宪法进机关主题日、宪法进校园主题日、宪法进社区主题日、宪法进军营主题日、宪法进网络主题日等活动。推动宪法进企业、进农村、进机关、进校园、进社区、进军营、进网络、进公共场所、进宾馆、进万家,以及"中国宪法边疆行"等活动。使宪法从文本走进现实,融入社会生活,贴近人民群众,增强人们对宪法的理解、感知与认同,强化和提升包括国家公职人员特别是领导干部在内的全体公民的宪法意识,共筑全民的宪法信仰。

(二)落实普法责任制加大普法力度

全民普法和全民守法是依法治国的基础性工作,实行国家机关"谁执法谁普法"普法责任制,逐步健全公民和组织守法信用记录,完善守法诚信褒奖机制和违法失信行为惩戒机制,形成守法光荣、违法可耻的社会氛围,使尊法守法成为全体人民的共同追求和自觉行动。全社会法治观念正在逐步增强。

党的十八届三中全会要求"健全社会普法教育机制";党的十八届四中全会要求"坚持把全民普法和守法作为依法治国的长期基础性工作,深入开展法治宣传教育";党的十八届五中全会要求"弘扬社会主义法治精神,增强全社会特别是公职人员尊法学法守法用法观念,在全社会形成良好法治氛围和法治习惯"。党的十九大报告明确要求:"加大全民普法力度,建设社会主义法治文化,树立宪法法律至上、法律面前人人平等的法治理念。各级党组织和全体党员要带头尊法学法守法用法,任何组织和个人都不得有超越宪法法律的特权,绝不允许以言代法、以权压法、逐利违法、徇私枉法。"

党的十八大以来,全民普法工作得到了政府和全社会的重视,法治宣传教育深入开展。一是推动法治宣传教育向基层延伸。法治宣传教育重在基层、重在群众。推动法治宣传教育进一步向基层延伸、在群众中开展,使群众在潜移默化中增强法治意识。二是抓住党和国家工作人员、青少年等重点人群开展法治宣传教育,使他们增强法治观念,带头遵守和维护宪法法律,成为尊法学法守法用法的模范。三是落实国家机关"谁执法谁普法"普法责任制,建立法官、检察官、行政执法人员、律师等以案释法制度,加强普法讲师团、普法志愿者队伍建设。通过扎实有效的工作,推动全社会牢固树立法治意识,让法治成为全民思维方式和行为习惯。四是进一步加大案例普法力度。推动司法、执法机关选择典型案例,尤其是加强对社会热点案件和事件的法治解读,把热点案事件依法处理的过程变成全民普法的过程。五是加强新媒体新技术在法治宣传教育中的运用,提高普法工作实效。

(三)法治文化建设取得新进展

2016 年 12 月,《关于进一步把社会主义核心价值观融入法治建设的指导意见》对法治文化建设提出具体要求:坚持法治宣传教育与法治实践相结合,建设社会主义法治文化,推动全社会树立法治意识、增强法治观念,形成守法光荣、违法可耻的社会氛围,使全体人民都成为社会主义法治的忠实崇尚者、社会主义核心价值观的自觉践行者;号召广泛开展群众性法治文化活动,建设中国特色社会主义法治文化,广泛开展群众性法治文化活动,丰富法治文化载体,形成良好法治文化环境。2020 年中共中央印发的《法治社会建设实施纲要(2020—2025 年)》中进一步明确提出要"建设社会主义法治文化。弘扬社会主义法治精神,传播法治理念,恪守法治原则,注重对法治理念、法治思维的培育,充分发挥法治文化的引领、熏陶作用,形成守法光荣、违法可耻的社会氛围。"

党的十八大以来,法治文化建设坚持法治宣传教育与法治实践相结合的原则,着力开展民主法治示范村(社区)、法治示范乡镇(街道)创建活动,进一步加强法治文化阵地和青少年学生法治教育基地建设,在全社会营造了一种尊崇法治、敬畏法律的良好法治氛围。

(四)全面加强思想道德教育

当前我国思想道德建设的主流是积极、健康、向上的,各方面高度重视对下一代的教育培养,努力提高未成年人的思想道德素质。党中央大力推进思想道德建设的成效十分显著,主要表现在:

第一,随着改革开放和现代化建设事业的深入发展,社会主义精神文明建设呈现出良好态势,公民道德建设迈出了新的步伐。

第二,坚持马克思主义的指导思想地位,用爱国主义、集体主义、社会主义教育人民,大力推进社会主义精神文明建设。

第三,不断发展社会主义文化,全国人民的思想道德素质和教育科学文化素质不断提高,全国人民的精神生活日益丰富,向世界展现出中华民族新的精神风貌。

第四,坚持发扬中华民族的优秀传统文化,积极吸收各国文明的先进成果,推动了社会主义文化日益繁荣。中华民族的传统美德与体现时代要求的社会主义道德相融合,社会主义核心价值观日益深入人心,成为我国公民道德建设发展的主流。

党的十八大以来,以习近平同志为核心的党中央高度重视公民道德建设,培根铸魂、正本清源,做出一系列重要部署,推动思想道德建设取得显著成效。中国特色社会主义和中国梦深入人心,践行社会主义核心价值观、传承中华优秀传统文化的自觉性不断提升,爱国主义、集体主义、社会主义思想广为弘扬,崇尚英雄、尊重模范、学习先进成为风尚,民族自信心、自豪感大为增强,人民思想觉悟、道德水准、文明素养不断提高,道德领域呈现积极健康向上的良好态势。

但是,同时也要看到,在国际国内形势深刻变化、我国经济社会深刻变革的大背景下,由于市场经济规则、政策法规、社会治理还不够健全,受不良思想文化侵蚀和网络有害信息影响,道德领域依然存在不少问题。一些地方、一些领域不同程度存在道德失范现象,拜金主义、享乐主义、极端个人主义仍然比较突出;一些社会成员道德观念模糊甚至缺失,是非、善恶、美丑不分,见利忘义、唯利是图,损人利己、损公肥私;造假欺诈、不讲信用的现象久治不绝,突破公序良俗底线、妨害人民幸福生活、伤害国家尊严和民族感情的事件时有发生。这些问题必须引起高度重视,采取有力措施切实加以解决。

二、当前我国法治教育和道德教育的主要问题

法治教育和道德教育都是思想政治教育的重要内容,纳入国民教育体系之中,成为大中小学思想政治理论课教学的组成部分。思想政治理论课是学校立德树人的主阵地和核心课程。特别是党的十八大以来,党和国家领导人及各级领导高度重视思想政治理论课的教学工作。经过各方面的努

力,思想政治理论课的教学效果取得了明显成效。同时也应看到,思想政治理论课教学仍然存在着一系列现实问题,如教学针对性不强、亲和力不够、获得感不足的问题还没有全面解决,思想政治理论课的教学质量还有很大提升空间。

(一)法治教育存在的主要问题

《青少年法治教育大纲》中指出:"从总体上看,青少年法治教育仍存在着对其重要地位和作用认识不深刻、定位不够准确;法治教育缺乏整体规划,方式方法有待创新;学校法治教育的评价体系不健全,教育针对性和实效性不强;学校、社会、家庭多元参与的青少年法治教育网络还没有形成;师资、教育资源的保障机制尚不健全等问题。"

1.多重因素不利于开展青少年法治教育

我国法治教育的发展在一定程度上提升了作为高校法治教育受众的大学生的法治素养,帮助他们从不知法到知法懂法。然而,现实生活中,大学生违法犯罪行为、法治意识淡薄等现象时有发生,法治素养亟待提升。个别高校大学生违法犯罪的行为情节严重,引起全社会的广泛关注。

当前大学生法治教育状况中存在的问题,分析其因素,主要有以下四个方面:

第一,社会法治大环境有待改善。一些不当的执法,法律适用不正确,有时出现相关部门相互扯皮,浪费司法资源,一些侵害百姓的事件,以及贪赃枉法,滥用职权,给大学生造成了不良的影响;网络时代里大众传媒法治思想还很欠缺,消极的社会环境影响十分不利于高校大学生法治思想的培育。

第二,学校教育偏重专业课、主课的学习。当前,法律专业的学生除外,高校对大学生进行法治教育的课程不多,基本上仅依靠"思想道德与法治"这门课程的有限教学。同时,高校法治教育的教材经过多次的调整和改版,法律部分的内容越来越精简,课堂上关于法治的内容碍于课时限制也难以系统地展开讲解。一些高校对法治教育的重视程度不高,一些任课教师本身的法律知识水准不够,加上课堂讲授方法呆板,法治理论学习与法治实践严重脱节等原因,难以让学生切实领会到法治的价值与魅力。

第三,家庭教育只注重升学和就业问题。家庭与每个孩子的成长息息相关,一些家长面对孩子升学和就业的压力,在家庭教育中出现偏差,单一地以学习成绩说话,成绩名次成为评价一个学生好与坏的标尺。急功近利的应试教育导致学生的综合素质得不到全面发展,孩子成为考试的机器,也就顾不上什么法治素养的培育了。

第四,学生自身认知和行为根源。改革开放以来,西方各种各样的腐朽思想和社会思潮涌入,严重地冲击着当代大学生,使其本来就不坚定的思想观念产生动摇,加之价值取向的多元化、功利性不断增强,增加了思想政治教育的难度。大学生正处在青春期,正是世界观、人生观、价值观形成发展关键时期,在大学里,一些大学生进取心下降,缺乏学习热忱与独立思考,法治信仰没有树立,法治观念比较淡薄,有的甚至走上违法犯罪的道路。

2.高校法治教育的课程建设尚不完善

教育部 2018 年的教材修订对《思想道德修养与法律基础》的法律部分做了重大的调整,从篇幅上来看,由原来的三章减为一章,占比有所降低;从内容上来看,由原来讲授较为具体的一些法律知识变为主要讲授比较抽象的法律概念与法治理论,这一趋势在 2021 年版的《思想道德与法治》教材里表现得更为明显。受此影响,留给法律部分的教学时间进一步被压缩。

高校法治教育没有以独立设置的课程为依托,教学课时紧张,教材内容单薄,与高校法治教育的实际需求有较大差距。中学至少还在高中、初中各拿出一两个学期,设置专册教材进行讲授,学习法治教育的相关内容。高校则从以往一门课弱化为目前教材里的一个章节而已,篇幅与重要性十分不相称。对于非法学专业的普通大学生,要求他们仅仅通过这样的课程的学习来达到提高法治素养的目的,显然是勉为其难的。而在教学实践中,要在极其有限的教学时间内将理论深厚、内容丰富的法律理论知识讲好讲透,让学生"入耳入脑",是一件高难度的事情。

3.对法治教育的重视度不够

我国大学生的法治教育从属于思想政治教育,大学生法治教育任务主要由作为高校思想政治理论课之一的"思想道德与法治"承担,但是该课程可用于法治教育的课时十分有限,与所承担的教育目标和教学任务并不匹配。

"思想道德与法治"课程虽然包含法治教育内容,但其有限的课时并不能满足对学生进行比较系统的法治教育的需要,而且从各高校实际执行情况看,法治教育有被边缘化的倾向,相关的教育投入严重不足,因此也就未能充分满足学生在法治教育方面的学习需求。目前这样的课程设置,对于大学生的法治教育而言显得非常薄弱。法治教育的确应该引起足够的重视，不应该被边缘化，有必要重新科学、合理设置大学法治教育课程。

4.胜任法治教育的师资力量不足

当前思政课教师队伍建设仍然存在一些问题短板，主要体现为：思政课教师队伍整体数量不足，学历结构、学理结构、职称结构、年龄结构还不尽合理，整体素质需要进一步提高；思政课的教学质量还不够高，思想性、理论性和亲和力、针对性还不够强，教学效果还需要进一步提升；思政课教师以学术讲政治的能力不够强，将科研成果转化为教学成果还存在不足；部分思政课教师职业归属感不强，职业发展还存在一些阻碍；思政课建设的体制机制还不完善等。

目前就总体而言，我国高校的法治教育工作很多是由无法律专业背景的教师担任，中小学这种情况更甚。虽然近年来采取了一些措施，例如教育部组织的"国培计划（2020）——中小学教师网络法治教育培训项目"，针对中小学从事法治教育的教师开展网络培训，但目前大中小学法治教育师资队伍本身的法律素养仍参差不齐，法治实践经验普遍欠缺，甚至法治教育中出现对法律讲解错误的硬伤，教学实效性堪忧。高校"思想道德与法治"的任课教师基本是由原"思想道德修养"和"法律基础"两门课转并而来，鲜有同时十分熟悉两门课的教师。因此，难免受原知识体系的制约，要么偏重道德教育，要么偏重法治教育，存在"两张皮"的现象，使得道德教育和法治教育出现断裂，难以实现法治教育和思想道德教育相融合的初衷。"思想道德与法治"这门课的内容涵盖面广，涉及的理论问题多，要真正讲好这门课程，对任课教师的专业基础、理论素养、学术功底等方面的要求是很高的。任课教师如果没有比较丰富的知识储备、比较厚实的理论素养和比较扎实的学术功底，是很难真正讲好这门课的。

目前绝大多数中小学讲授法治的老师一般都是由政治课教师承担，这些老师一般也都缺乏系统的法律教育培训，对法律知识的掌握主要通过自学，实际经验更是缺乏，对学生提出的实际具体问题不能很好地答疑解惑，学生为了应对中考、高考和平时考试大多采取死记硬背应试的学习方式，教学质量无法保证。

法治教育既具有思想政治性，又具有很强的法律专业性。其内容既有严密的法理逻辑性，又有很强的实践操作性。因此，法治教育不仅要求内容上的准确、系统，还要求方式上的多样、灵活。法治教育是为了提高学生的法律意识和法治观念,提高学生运用法律知识解决实际问题的能力,最终目的是提升法治素养。教师不仅要对学生进行法律基础知识教育,而且要对学生进行法律运用的实践能力训练,以深化学生对法律的认识,促进学生对法律真学、真懂、真信、真用。因此,在法治教育方面,不仅要根据实际需要科学设置课程,丰富教学内容,还要根据学生特点完善教学方式,提高教学实效性。

限于目前教材的问题和授课老师的水平,法治教育的理论性过强,联系实际不够,学生实践感悟也不足。因此,学生对法治教育感到比较枯燥,滋生只是应付考试的不良学习心态,进而导致学生对法律学习不深,领悟不透,难以树立对法律的信仰。学生获得感不足,没能通过法治教育切实增强尊法、守法、用法、护法的意识。

因此,我国法治教育的现状不容乐观,我们必须适应法治中国建设新形势的需要,重新思考法治教育的定位、内容和方式,采取有力措施加强和改进尤其是高校的法治教育。

(二)道德教育存在的主要问题

正如《公民道德建设实施纲要》中所指出的:"我国公民道德建设方面仍然存在着不少问题。社会的一些领域和一些地方道德失范,是非、善恶、美丑界限混淆,拜金主义、享乐主义、极端个人主义有所滋长,见利忘义、损公肥私行为时有发生,不讲信用、欺骗欺诈成为社会公害,以权谋私、腐化堕落现象严重存在。"

1.道德教育的效果直接影响以德治国的效能

对大学生进行道德教育,是落实公民道德建设实施纲要的要求,培养德才兼备的合格人才的需要。目前,大学生群体的道德素质总体上是良好的,但也存在一些值得注意的问题。如重功利实用、轻理想信念,重个人、轻集体,强调自由和利益、忽视纪律和责任等。随着社会转型,青少年思想道德教育面临着新形势下的新问题。培育新时代的时代新人,应建立在充分了解青少年思想发展特点和内在需求,树立以人为本的教育理念,把青少年思想道德教育立足于个体的全面发展上,体现在国家社会发展对未来公民素质的要求上。

2.道德教育的实际重视度仍然不够

在道德教育的重视与落实上,党和国家的高度重视与现实生活中的实际落实情况形成了一定的反差。道德教育历来都受到党和国家的高度重视,尤其是对青年学生的思想道德教育。但是,从家长、学校领导与老师这方面来看,情况并非如此。长期以来,道德教育不落实、不扎实的现象较为普遍。学生家长所关心的是自己子女的学习成绩,以及将来找到一份好工作,得到一份高报酬;学校所关心的更多的是科研、排名,多申报几个博士点,多争取几个重点学科、一级学科。当然,学校也常常要求广大教师、政工干部要关心学生、爱护学生,但校方更多的是关注学生在校期间不要出大事情,能平平安安完成学业。

3.道德认知与道德行为脱节

在道德教育的方式上,偏重道德知识、规范的传授与掌握,忽视学生道德品质和道德情感的培养与锻炼,忽视学生的道德情境感受和体验。在青少年中存在道德认知与道德行为脱节的现象。即知道应该怎样做,但是实际上并没有那样做,知与行是相分离的。这说明我们在道德教育方面存在着某些问题,如把道德仅当作一种知识、规范、原则教授,忽视了学生行为、习惯的培养。要求学生掌握一些道德知识、规范和原则是必要的,但是当学生把道德原则和规范仅仅作为一种知识来对待时,就背离了道德教育的初衷。学生参加有关道德的考试时,大多能得到一个不错的分数,但这些分数真能代表学生实际的道德水准吗?道德规范没有真正深入学生的内心世界,也就没有真正转化为学生的道德素质。

4.道德教育形式大于实效

在开展道德教育的时候,注重轰轰烈烈的、有新闻效应的集体活动,忽视默默无闻的个人修养。媒体上经常看到某某学校组织了"万人签名"活动,某某学校举行了全校大讨论的报道,"某某节""某某月"更是司空见惯。举办大型活动从一定程度上可以造声势,可以起到广泛发动学生的作用,一些好的活动还能引起学生的兴趣,产生激情,促使他们萌生理想、增强社会责任感等。但是,有组织的活动过多,也会产生一些问题。比如,有组织的活动只能解决一些普遍性的问题,难以细致具体,缺乏针对性,没有针对性也就谈不上实效性。一些活动组织者的精力或者说出发点更多的是放在了引起轰动和追求新闻效应方面,对活动的实际效果没有太多关注。这样一来,道德教育很难真正落实,对于提高学生个体的道德素养的效果不尽如人意。

5.青少年的心智成长与道德教育内容匹配不尽合理

在道德教育的内容上,还出现学历层次与道德教育内容不匹配的问题。从人的认知和心理发展角度来说,不同阶段需要进行相应层次的思想道德教育,这样才能收到实效,一旦错过了相应阶段,再进行"补课"的话,效果就很难说了。

三、部分其他国家法治教育和道德教育的有益启示

(一)部分其他国家法治教育和道德教育的基本情况

1.道德教育方面

教育的顶层设计重视德育。如新加坡政府把德育作为国家教育政策的三大基础之一,使之具有战略地位,并把德育尊为德、智、体、群、美五育之首。日本十分重视学校德育,把道德教育当作日本国运兴亡的关键。20世纪以来英国政府强化德育的国家管理,1978年建立"社会道德委员会"和"社会道德教育中心"等专门机构,研究制订学校德育计划,把培养"有德行、智慧、礼仪和学问"的绅士作为教育的出发点。新加坡、日本、英国、美国等国政府,每年都拨出相当数量的专款,资助进行道德教育的调查和研究工作。

系统编制德育方案。如日本文部省早在1977年就颁布了新的德育改革方案,其中包括关于爱国教育的内容规定。美国在20世纪70年代以来,对中学培养目标就提出了各种改革方案,其共同点是把学生培育成为"责任公民",即具有尊重他人的责任、遵守各种规则的责任、了解和遵守法律的责任等。

丰富德育内容。在美国,学校德育包括政治教育、道德教育、人格教育、价值观教育等。在新加坡,政府提出道德教育要"五强调",即强调国情,强调国家利益,强调新加坡特色,强调内容形式应符合时代要求,强调寓教育于故事之中。德国的中小学要求培养学生"具有必要的思想品质和行为标准,使他们具有为发展社会生活、发展科学技术的献身精神"。日本教育界提出了旨在培养青少年具有丰富精神和健康生活的"心的教育",包括使青少年具有探索真理的精神,热爱自然,对美和崇高的事物具有情感反应,珍惜生命,具有服务公众的精神,寻求自己的生活目标并努力去加以实现等。

落实德育课程。国外在加强道德教育中,普遍重视德育的正规化教育。

如日本的学校主要通过四个方面实施教育:公民课,即对学生进行法治教育,帮助学生了解法律与社会;社会课,主要讲授人文学科的知识和道德规范;道德课,即就某一道德主题组织有关教育活动;特别活动课,相当于课外实践教育。此外,美国、加拿大等国开设公民课,新加坡有道德教育课等。

加强德育场所和环境的建设。如在美国,各地区修建了很多纪念馆、博物馆、展览馆、国家公园,这些场馆规模宏伟,耗资巨大,每年还要动用大量财力、物力和人力进行维护和改进。采用了模拟、影视、图片、文字、实物、音响等许多现代化手段进行烘托和渲染,感染力极强。美国把这些场馆作为向人们特别是青少年进行美国传统教育、政治教育、爱国教育的重要场所,而且规定向青少年免费开放。

讲究德育的方法技巧。如新加坡的教育界人士为了改变学校道德教育中传统的说教式教学,鼓励学生参加讨论,提出了四种教学法:一是文化传递法,即把道德标准传递给学生,使之讨论所传递的价值观念;二是设身处地考虑法,即通过教学解除学生的心理障碍,如恐惧和不信任感等,鼓励学生在评论之前,能设身处地为别人设想,了解别人的感受、需要或利益;三是价值澄清法,即强调道德或价值观是经过自由选择、反省和行动澄清出来的,因此,应重视道德或价值观形成的过程,考虑选择、行动等环节;四是道德认识发展法,即通过道德两难问题,了解学生道德认识发展的阶段,提高认识层次。

设立学生辅导中心。如在美国的各大学里,几乎都设有学生辅导中心,设有专职人员,辅导中心所涉及的内容十分广泛,包括个人的成长、事业的选择和发展、学习能力的获取、心理障碍的排除等。

普遍开展社会实践活动。美国的大学不仅允许学生依照学校的有关规定组织学术、文化、宗教、政治等社团,锻炼能力,而且支持学生有组织地走向社会,承担一定的项目。如为伤残人员服务、为移民子女提供外语训练、为监禁青年指导等。活动的目的是了解社会,形成社会责任感和伦理道德观念。通过有意义的社会实践活动,培养青年为社会做贡献的意识,培养协调意识和团结互助精神。

2.法治教育方面

在国外学校教育中,法治教育一般包括在政治教育之中。许多国家通过开设不同的课程来对学生进行法治方面的教育。西方在公民教育中注重对学生的法治教育,例如美国对于中小学生的法律教育读本就包括对国家基本法律体系知识的介绍,涵括了从宪法到民法、商法、刑法等基本的法律规范,重视培养公民的规则意识。

美国真正意义上的法治教育,出现于 20 世纪 60 年代的"法律学习运动"。据了解,美国学校的法治教育,注重对学生进行权利义务相关的教育,旨在培养合格的美国公民。法治教育不仅有明确的目标和课程体系,而且教育部门注重通过联合法院、律师事务所等机构开展丰富多彩的社会实践活动,为学生提供参与法治实践的机会。为保证法治教育的有效实施,全美各州都有一个州立的法治教育专门网站和各种由国家机构支持的法治教育计划。美国大部分学校除了开设专门的法治类课程,其法治教育的内容也分布在历史课、政治课、人文课、职业道德课、社会研究课等其他课程的内容之中。

美国的法治教育主要是通过公民课来实施,其内容主要介绍美国的政治制度、宪法和公民的基本权利、义务、责任和品德;教育的目的是让学生从社会背景中去认识美国的法律和社会制度,做一个遵守法律和忠于美国制度的公民。法治教育从小学到大学,一环扣一环。中小学主要讲法律具体条文的内容,大学则侧重法治的形成、演变。如大学的核心课程有一门"制度——社会的结构",其内容:制度决定了社会生活的结构形式,任何人的一生都不能摆脱它的影响。学生应该了解诸如家庭、教会、立法和审判机关等主要机构,了解制度的产生和发展过程、功能和作用以及人们如何受它的影响等。这些课程设计非常巧妙,善于从学生日常生活中经常遇到的具象入手,再上升到抽象,由点到面,层层剖析,深入浅出,而不是停留在从理论到理论的原理介绍而已。

法国是一个重视法治的国家。法国的教育界人士认为,有必要加强法治方面的教育,系统地传授一些法律知识。传授的方式,主要是利用学校和班级生活的实际事例以及社会生活中的违法行为来进行。为了实施对学生的法治教育,教育行政部门对教师也提出了具体要求。首先,教师在任何时候都不能放弃自己的职责,应该把传授法律知识看成是自己的神圣任务。教师作为教育者,面对学生,应当有是非观念,不能忘记人的社会行为必须以法律为准绳,教师要消除学生对法律的不信任感。

日本也十分注重法治教育。在小学期间,学习交通法规,学习在公共场所应遵守的卫生法规,以及上课时应遵守的教育法规。中学的社会课内,包含公民权利义务、宪法等内容。在大学无论什么专业,都要学习相关的法律课。

新加坡建国之初,为根除恶习,陆续制定了一系列约束公民社会行为的条例和法令,并将这些条例和法令对全体公民进行广泛宣传教育。新加坡在运用法治方式促进道德遵守方面十分积极,对违反者处罚很严厉,甚至多年来还一直保留着"鞭刑"体罚的手段。新加坡为加强中小学生管理,还制定了《学校规则》,这些规则的内容成为学校法治教育的一个重要方面。

(二)部分其他国家法治教育和道德教育的启示

从部分国外学校法治教育和道德教育的理论与实践中,可以发现有一些共同的特点,主要表现为以下几点:

第一,法治教育和道德教育具有很强的政治功能。这个功能,在当代各国法治教育和道德教育中都被强化。如美国芝加哥大学开了一门叫"美国总统制"的政治法律课,要学生了解政府行政部门的背景、起源及历史改革,历届当选总统的品格、思想、意识和领导能力,领导人的施政方式,总统和国会、政党、法院、公众舆论、利益集团的关系等。在美国的法治教育中,通过介绍美国的宪法及法律知识,教导学生如何做一个在美国社会制度下的"好公民"。

第二,法治教育和道德教育形式、途径多样化,方法灵活多样。法治教育和道德教育的形式除了教学,还有大量的实践活动和环境熏陶的教育。在教育途径上,家庭和学校仍居重要地位,宗教、政党、社区大众传媒也逐渐成为重要的途径。在教育过程中,注重发挥学生的主体作用,调动学生学习的积极性。通过让学生亲自参加丰富多彩的活动,如升国旗、模拟选举等,让学生在活动中自我教育,从而增强学生的民主法治观念。在教育方法上,比较注重运用"渗透式""隐蔽式"等间接的教育手段,重视学校环境在教育中的潜移默化作用。如美国在学校管理方面强调"依法治校",学校的学生工作是依据国家的法律和学校的规章制度进行的,其特点不仅在于规范化,还有极高的透明度和严格的程序,法治化的学校管理本身就是对学生进行法治教育的有力手段。

第三,法治教育和道德教育中注重理论与实践相结合。这些国家的法治教育和道德教育,比较注重联系学生日常生活中遇到的实际问题进行教育,从具体现实中培养法治观念和道德理念。如法国的法治教育主要围绕学校和学生生活中的实例以及社会生活中的涉法行为来进行。新加坡在全国设立了14所"警察与少年"俱乐部,每个俱乐部由所在地警察署长与若干警员负责组织各种趣味性很强的学法活动,把青少年吸引到俱乐部参加活动,这既从小培养其遵纪守法的意识,又减少了青少年犯罪现象。

从其他部分国家的道德教育和法治教育中我们可以得到这样一些启示:重视隐形教育、渗透型教育的方法,较少直接灌输;重视实践引导型教学,较少理论直接阐述;重视受教育者的主体作用,避免被动学习现象;发挥学校、社会、政府、企业、家庭等多方面的教育力量,形成教育合力;不断改进学校法治教育和道德教育的方式方法,注意遵循教育心理规律;重视社区活动的思想教育功能,营造良好教育氛围;正面教育与启发教育并重,教育内容融合社会生活实际;道德教育注重引导受教育者的自我觉醒,重视指导教育与自我教育相结合,让受教育者在多元文化背景中"寻找自己"。

第四节　在改进中加强法治教育和道德教育

深入开展法治教育和道德教育是全面推进依法治国进程中的基础性工作,新时代法治教育和道德教育要以习近平新时代中国特色社会主义思想为引领,法治教育和道德教育在新时代应有新作为,不断谱写新篇章。

一、新时代法治教育和道德教育的发展趋势

(一)新时代法治教育的新要求

《中共中央关于坚持和完善中国特色社会主义制度 推进国家治理体系和治理能力现代化若干重大问题的决定》中明确提出,要"加大全民普法工作力度,增强全民法治观念,完善公共法律服务体系,夯实依法治国群众基础"。党的十九届四中全会对全民普法提出了新的更高的要求。

1.开展精准普法

从人民群众的现实需要出发,宣传人民群众需要的法律知识,重点宣传与人民群众关注的热点、难点相关的法律法规。注重采取人民群众喜闻乐见的形式和生动活泼的语言,促进普法贴近群众、融入群众、易被群众所接受,增强普法的实效性。

2.更加注重基层依法治理

把基层依法治理与系统治理、综合治理、源头治理紧密结合起来,推动建设自治、法治、德治"三治"融合的基层社会治理体系。把基层依法治理的立足点真正放到农村、放到基层,充分发挥法律在乡村建设、乡村治理和基层建设、基层治理中的引领作用、规范作用和保证作用。

3.贯彻依法治国和以德治国相结合

《中共中央关于坚持和完善中国特色社会主义制度 推进国家治理体系和治理能力现代化若干重大问题的决定》指出,坚持依法治国和以德治国相结合,完善弘扬社会主义核心价值观的法律政策体系,把社会主义核心价值观要求融入法治建设和社会治理,体现到国民教育、精神文明创建、文化产品创作生产全过程。

（二）新时代道德教育的新要求

党的十九大报告指出,社会主义核心价值观是当代中国精神的集中体现,凝结着全体人民共同的价值追求,要以培养担当民族复兴大任的时代新人为着眼点,强化教育引导、实践养成、制度保障,发挥社会主义核心价值观对国民教育、精神文明创建、精神文化产品创作生产传播的引领作用,把社会主义核心价值观融入社会发展各方面,转化为人们的情感认同和行为习惯。坚持全民行动、干部带头,从家庭做起,从娃娃抓起。深入挖掘中华优秀传统文化蕴含的思想观念、人文精神、道德规范,并结合时代要求继承创新。

2019年颁发的《新时代公民道德建设实施纲要》明确要求,广泛开展理想信念教育,弘扬民族精神和时代精神,加强爱国主义、集体主义、社会主义教育。深入实施公民道德建设工程,推进社会公德、职业道德、家庭美德、个人品德建设,激励人们向上向善、孝老爱亲,忠于祖国、忠于人民。深化群众性精神文明创建活动,推进诚信建设和志愿服务制度化,强化社会责任意识、规则意识、奉献意识。

人民有信仰,国家有力量,民族有希望。要提高人民思想觉悟、道德水准、文明素养,提高全社会文明程度,需要进一步加强思想道德建设。在总结过往经验教训的基础上,思想道德教育中人文主义、人本主义的色彩逐渐增多,道德教育的导向逐渐回归到关注人本身的发展、人的全面发展上来,体现了"人的自由而全面的发展"这一马克思主义的最高命题。思想道德教育始终应坚持遵循思想教育的科学规律和青少年的心理发展规律,坚持守正创新的原则,积极采取适应青少年学生的思想状况和思维特点的方式方法,扎实有效地开展道德教育,不断增强新时代道德教育的思想性、理论性和亲和力、针对性。

(三)形成大中小学法治教育和道德教育一体化格局

法治教育和道德教育是思想政治教育的重要组成部分。目前,大中小学的思想政治理论课教材、思想政治理论课教学内容存在比较严重的重复现象,其中也包括法治教育和道德教育方面。当然,重要内容存在一定的重复和交叉不是不可以,但不能简单重复,应体现出不同的侧重点或在广度、深度、高度、难度上存在差异。在大学阶段,不仅本科生、硕士生、博士生的思想政治理论课内容存在重复,本科生的四门思想政治理论课之间也存在一定的重复现象。高职高专两门思想政治理论课所用教材与大学本科生用的完全相同。以大中小学开展思想道德教育和法治教育为例,初中阶段、高中阶段的学习内容与大学阶段的《思想道德与法治》内容上交叉,存在不少重复,更重要的是不同教育阶段的教材内容编排彼此衔接不够合理,未能体现循序渐进、逐步深入的教学逻辑,甚至在一定程度存在难度、深度倒置的现象,至于道德教育和法治教育深度融合方面更是存在差距。因此,大中小学三阶段的法治教育和道德教育内容亟待合理整合,形成大中小学法治教育和道德教育一体化的格局,同时还应构建一体化的思想政治教育本科生、硕士生和博士生的课程体系、教材体系。

在全面推进依法治国的进程中,培育青少年的法治信仰无疑是重要的基础工程,必须构建起适应新时代要求的法治教育体系。国家正研究制定《法治宣传教育法》,以法治方式进一步完善法治教育体系,推进大中小学法治教育一体化,强化大中小学法治教育的衔接与配合。青少年是祖国的未来、民族的希望,加强青少年法治教育,使广大青少年学生从小树立法治观念,养成自觉守法、遇事找法、解决问题靠法的思维习惯和行为方式,是全面依法治国、加快建设社会主义法治国家的基础工程,是在青少年群体中深入开展社会主义核心价值观教育的重要途径。

(四)力求知识性与价值性、显性与隐性教育相统一

2019 年 3 月 18 日,习近平总书记在全国学校思想政治理论课教师座

谈会指出"思想政治理论课是落实立德树人根本任务的关键课程"。① 在此次座谈会上,习近平总书记对办好思想政治理论课提出了"六个要求"和"八个统一"的新思想、新论断②,对思想政治教育确立了新任务、新要求。法治教育和道德教育在知识性和价值性相统一、显性教育与隐性教育相统一方面尤为明显,法治、道德教育要注意法律、道德知识的传授,更要注重法治素养、道德素质的培养,必须坚持知识学习和价值引领相统一,让教育的内容既有政治的高度又能以理论的深度解答学生的思想困惑,实现以理服人、以情感人。

多运用案例教学,达到以理服人、以情感人的教育效果。例如,在讲授"全面依法治国基本格局中的全民守法"方面,可通过重庆公交车坠江事件,以真实案例触动学生的感官,进而讲述法律制度对公共安全的保障作用,再引导学生认识到全民守法的意义,融入新时代我国法治建设指导方针中关于"全民守法"的重要论断,加深对法律条文背后法治精神的理解,增强守法意识。道德教育同样也应多采用鲜活的现实事例释疑解惑,避免生硬晦涩的理论灌输。

法治教育和道德教育十分适合同时也应当符合显性教育与隐性教育相统一的要求。教法上应把知识教育与思想教育有机融合,课堂教学要以问题为导向,注意教学的针对性,要加强互动式教学,引导学生积极思考,在教学中注重理论联系实际,善用案例教学法,力求增强法治教育和道德教育的实效性。

将显性教育和隐性教育方式综合运用,提升法治信仰培育的实效性。可以开展形式更多样、内容更丰富的校内法治教育活动,如法治讲座、法治主题宣传、辩论赛、演讲赛、法治学习竞赛、观看优秀法治类电影等。还可以组织学生走出校门,开展旁听法院庭审、交通协管、社区帮教宣传等实践活动,这些都是隐性法治教育得以实现的有效途径。

（五）推进法治教育与道德教育有机结合

在新时代全面依法治国的背景下,要求每个人理应成为将道德素质与

---

① 习近平主持召开学校思想政治理论课教师座谈会,强调用新时代中国特色社会主义思想铸魂育人,贯彻党的教育方针落实立德树人根本任务［N］.人民日报,2019-03-19(01).

② 习近平.思政课是落实立德树人根本任务的关键课程［J］.求是,2020(17).

法治素养统一起来的"好公民",而不仅仅是成为道德上的好人。法治中国建设要求坚持法治与德治相结合,"七五"普法规划中要求推进法治教育与道德教育相结合,法治教育和道德教育要坚持德法兼修。

道德教育和法治教育内容不同,但也具有一致性,而且两者相辅相成,都是以"人"为出发点和落脚点来培养学生的思想道德素质和法律素质。围绕以人为本的要求依法育人、以德育人,在教育教学中将"德治"与"法治"相结合,既能对大学生思想政治教育起到积极的推动作用,也能促进学生对"法治"与"德治"关系更清晰的认知。

围绕政治认同、家国情怀、法治意识、文化自信、道德修养等重点模块,在教育理念上注重德法兼修、知行合一,在教育内容上循序渐进,以理服人,以情感人。广泛开设法治与道德讲堂,如中央电视台的《今日说法》《道德观察》此类栏目;公安部门或司法部门可以有条件地公开部分案件信息;注意寻找和发现道德典型,把社会公德、职业道德、家庭美德、个人品德等道德教育与法治宣传教育结合起来,广泛宣传道德实践与法治实践相结合的典型人物和事例。

(六)加强学生道德与法治的自我教育

马克思主义唯物辩证法强调了内因与外因的相互作用,因此只有内外因相结合才能更好地促进事物的发展。学生接受了社会、学校、家庭的德治与法治教育,是否能将这些理论知识转化为他们的内在价值素养和行为准则尤为关键。在信息爆炸的时代,在各种社会思潮的碰撞、价值观念的冲突背景下,青少年学生需要发展出自己的辨别能力,有质疑批判的精神,有正确的价值判断,有健康的心理状态。一方面,发挥主体作用,让学生学会自我教育。要让学生自身重视道德与法治的学习,只有在思想上重视了,才会有学习的动力。学生在平常的生活学习中,除了要学习好专业知识、技能,也要注重对法律基础知识和道德规范的学习和理解。除在课堂上学习好基本知识,还要将理论和实践相结合,将自己学习到的知识运用到实际的学习生活中。另一方面,要增强学生的道德自律、法律意识,从身边小事点滴做起,遵守道德规范,平日加强锻炼自己的自律能力。遇到事情,要控制自己容易冲动的想法和行为,在道德和法律规范的引导下,能够做到什么该为,什么不该为。学生在这方面的自我教育还有待加强和提高。

（七）运用新媒体技术改进课堂教学效果

2020年5月，教育部等八部门联合印发了《关于加快构建高校思想政治工作体系的意见》，倡导"把新媒体新技术引入高校思想政治理论课教学，打造高校思想政治理论课资源平台和网络集体备课平台"。应当充分利用"互联网＋"等新媒体技术，建设案例库、故事库、视频库、图片库、名言库、PPT素材库、实践题材库、思维导图库、试题库等，整合较为完善的法治教育和道德教育的教学资源。

在思政课的课堂上经常会碰到和手机争夺学生注意力的问题，如何把学生的注意力从其他方面引导到教学内容上？笔者认为"宜疏不宜堵"，与其让手机成为绊脚石，不如让手机成为可以利用的教学工具。以笔者所在学校思政课教学中使用的某款手机软件为例，主要特点是线上线下都可使用，手机平板电脑多平台可同时使用，每个教师和学生配有实名制的登录账户和密码，课堂点名便捷，在线测试或做练习、布置作业都很方便，还有课程专用的"在线答疑讨论板块"，有推送通知的窗口，有生师联系的微信通道，可以上传文字、图片、视频、PPT等多种形式的教学资料到平台云端供学生查看或下载。老师们还可以在平台上进行集体在线备课、教学资料资源共享。通过人机交互技术，可实现专题研讨、知识竞赛、在线调查等一系列工作，为思政教育提供了更多可选择的形式。学生可以自主选择学习时间，可以自主选择学习方法，可以自主控制学习进度，还可以自主控制学习的深度和广度，让思想政治教育随时随地都能进行。

近年来，智慧课堂、雨课堂、易班、学习通、中国大学慕课、清华在线、课堂派等一大批融合新媒体技术的教学平台、教育工具软件如雨后春笋般涌现出来。没有最好只有最适合，各学校和教师应当结合课程及本身实际情况和需要有选择地使用。此外，还可以引入微信公众号、微博、普法网站、法治和道德的专题电视节目等各类媒体多渠道开展法治教育和道德教育。

运用新媒体技术进行教学是大趋势，在互联网时代下老师必须学会使用这些技术，应以积极的态度应对新技术带来的教学方式转型，善用多媒体教学手段。例如，多媒体教学所用的视频尽量为短视频，视频时长一般不超过五分钟或者更短为宜。通过视频载体对学生的视听感官进行信息刺激，加深学习印象，提高学习兴趣，增强学习注意力。紧扣教学内容的合适视频未必都能够直接找到，有时需要任课教师对教学视频进行必要的剪辑加工，这就要求任课老师需具备一定的视频编辑能力,懂得操作一些视频编辑软件,对所收集到的视频素材做相应的剪辑,制作出适合课堂教学使用的短视频。

(八)推动法治教育、道德教育与精神文明创建相结合

一是要推动法治教育和道德教育与中国传统优秀文化相结合。将古代中国和现代中国的法治思想与中国的优秀传统文化相结合,打造贴近真实的社会生活具有法治元素的影视剧、文学作品等文化产品。二是要将道德和法治宣传教育推进图书馆、电影院、公园景区、农家书屋等各地公共文化场所,切实提升精神文明创建的法治效果。三是要推动法治实践和道德实践与社会公益服务相结合。法治和道德实践与社会志愿服务挂钩。例如,组织广大党员干部、民警、律师、公证员、司法人员等,广泛开展进社区、进农村志愿服务,努力为农民工、空巢老人、留守儿童及流动儿童等重点关爱人群提供法律援助、法律服务、矛盾调处等公益服务。

法治环境就是核心竞争力,道德教育和法治教育需要有良好的社会氛围。法治教育和道德教育与精神文明创建相结合,营造崇德向上循法而为的社会氛围,能够对法治教育和道德教育起到潜移默化的影响力。

二、法治教育和道德教育要以改革促发展求质量

(一)开拓道德教育和法治教育新平台

积极开展关于法治教育的实践活动,比如,邀请法院、检察院、律师所等方面的法律行家来校举办法治讲座,举行法治知识竞赛、法治文化主题表演、法治内容辩论赛、法治精神演讲活动、评选校园法治风云人物等,在丰富多彩的学生活动中,让学生亲身感受法治、了解法律、运用法律。还可以组织学生参加普法活动,听法治专题报告、旁听法院审判、参观法治文化教育基地等。

优化校园德育环境。通过挖掘校史校风校训校歌等道德教育的功能,加强校风教风学风建设,创建富有特色的班级文化,营造良好德育文化氛围。丰富德育活动内涵,例如组织开展以"我和我的祖国"为主题的爱国主义教育活动,发挥仪式教育作用,注重节庆纪念日的教育,发挥党团组织教育功能,激发情感共鸣,强化道德观念和道德感。

强化典型引导作用、家校协同作用、部门联动作用,深入挖掘和宣传国家功勋模范人物、先进典型的突出事迹,推动各类先进人物进校园开展思想政治工作,持续开展家庭教育主题宣传活动,打造社会实践大课堂,搭建社会育人平台。加强网络德育工作,运用慕课等网络教学方式在网络平台进行道德和法治方面的教育,利用网络传授知识。除了在网络平台上传关于道德与法治相关课程的课件资料,还可以在网络教育平台上传一些富于教育意义的有关视频、图片、文字等形式的资料,适当拓展学生对于道德、法治的知识面,作为对教材的有益补充。

加强督促检查,明确考核奖惩。把思想引导与利益调节、精神鼓励与物质奖励统一起来,确保思想道德建设举措在实践中得到有效落实。坚持德治与法治相结合的思维,运用舆论监督、校纪管理等各种手段,针对道德缺失、严重失信、诋毁英雄、传播谣言等恶劣言行进行严肃处理,引导师生强化规则意识和自律意识。

(二)完善"三位一体"教学模式改革

在采用课堂专题教学的基础上,结合实践教学,并融入网络教学方式,高校思政课的教学逐步形成了"课堂教学+网络教学+实践教学"的"三位一体"教学模式。这种教学模式逐渐成为一种主流模式,被越来越多的高校思政课教学所采用。

通过推进教学改革,构建法治教育"课堂专题教学+网络教学+实践教学"的"三位一体"教学模式,在一定程度上可以缓解法治教学内容丰富而课时数有限的矛盾。即课堂精讲,采用专题式教学,再辅之以网络教学,实行线上线下教学相结合,以点带面、点面结合的办法。以课堂上专题教学为主阵地,以课堂下网络教学为辅助,以课堂外实践教学为延伸、拓展。各教学环节相辅相成、协同合力,除了课堂教学,积极引导学生借助网络平台、社会实践等多形式、多渠道学习法律知识、掌握法律方法、参与法律实践、养成守法习惯、树立正确的法治观,在学习和生活中培养和锻炼法治思维,逐步提高法治素养,从而实现法治教育的目的。

近年来,种类繁多的各种教学改革,深刻改变了传统思政课的教学面貌,在总体上带来积极变化的同时,也不可忽视其中存在的隐忧。思政课教学有其特殊性,课堂教学作为主阵地不能丢,一些思政课教师面对课堂教学受到的冲击,呼吁要"回归课堂"。笔者赞同要"回归课堂",但同时认为现时的课堂教学也应当与时俱进,应积极采用新媒体技术创新思政课的教育教学方式,改革传统教学模式,以适应思想政治教育的新形势新变化新要求,形成思政课课堂教学、网络教学、实践教学"三位一体"的相互支撑的立体教学模式。

(三)推广线上线下融合式教学模式

教学方式采取线上线下融合式教学模式是发展趋势,将成为又一种主流教学模式。随着"互联网＋"时代的到来,大数据、云计算等先进技术逐渐被人们熟知,运用也越来越广泛,教育智能化、网联化程度也越来越高,线上线下融合式教学模式正在成为一种新兴的主流模式。

2020年突如其来的新冠肺炎疫情打乱了包括思政课在内的几乎所有课程原本的教学节奏,线上教学成了刚需,无形中给各高校思政课教学强化实践了一把线上教学方式。疫情过后,恢复正常线下教学,但疫情防控期间积累的宝贵线上教学经验不应轻易丢弃,应乘势利导积极推动线上线下融合式教学模式的改革发展。

习近平总书记指出:"做好高校思想政治工作,要因事而化、因时而进、因势而新。"①总结疫情防控期间线上教学的成功经验和做法,在恢复常态课堂教学后,要积极运用"互联网＋""智能＋"的思维和办法,不断丰富网络教学资源,实现线上线下融合式教学,并利用线上教学手段收集教学过程的动态信息数据,发挥大数据对思政课教学的促进作用。疫情结束后,线上线下结合的混合式教学模式在高校教学中得到推广和普及,将成为教学的基本模式。线上线下混合式教学是传统课堂学习和在线学习的有机结合,它将传统教学方法与在线教学的优势结合起来,强调在适当的时间应用适当的学习技巧,以达到最佳的学习效果。

在"互联网＋""智能＋"背景下,在教育方式上深度融合新媒体技术,普遍采取线上线下相交融的教学方式,这种新的混合式教学模式的运用对师生也提出了新的要求。其一,教师要具备较强的教学改革意识,能基于具体的课程去识别传统课堂教学形式的优势和不足,并有针对性地进行教学设计。其二,教师要具有教学研究能力,能够对混合式教学规律、课程目标、教

---

① 习近平:把思想政治工作贯穿教育教学全过程 开创我国高等教育事业发展新局面[N].人民日报,2016-12-09(01).

学内容及知识的难易程度进行充分研究,以便重构课程框架、重整教学资源、变革教学形式、重设学习效果评价体系、建立持续改进机制。其三,混合式教学不但要求教师具备传统课堂教学能力,更要求教师具备信息素养,能够运用信息化手段开展线上教学。

混合式教学对学生的要求主要是强化自主学习能力。在线教学因其跨时空性、灵活性等特点对高校学生的自主学习能力提出了挑战,所以,学生要合理安排学习时间,制订妥善的学习计划,加强对学习时间的管理和对自我学习的约束,需要从"要我学"向"我要学"转变。

在高校应对危机开展在线教育教学的实践中,疫情防控期间"停课不停教、停课不停学"的在线教学实践留下了宝贵的经验。通过改革传统的课堂教学方式,推动老师们积极引入"互联网+""智能+"等新技术,全面建构线上线下融合式的教学方式,实现线上线下教学的优势互补,提高课堂教学效率,达到"1+1>2"的效果。

"00后"的青年学生被称为"互联网原住民",生活深受网络影响,他们对"互联网+""智能+"等新时代学习的新特点更易接受、更加适应,网络时代的学生已经适应了线上获取信息的方式,学生通过网络平台学习已成为一种常态。针对这些新变化、新特点、新需求,大力推动传统教学方式与现代信息技术有机融合,实现线上线下融合式教学。

专题教学不可避免容易导致理论知识学习碎片化、不够系统的问题,有时教学内容跳跃幅度较大、前后逻辑衔接不尽合理。这些问题不可回避也不可忽视,应当通过进一步做实网络教学等方式予以化解和补强,引导学生自主开展探索性学习,充分发挥大学生的自学能力,为专题教学夯实基础、做好保障。

(四)改革创新课堂教学的方式方法

进一步推进课堂教学方式方法的改革创新。教学包括教与学,二者是一体两面的关系,因此,教学理念上不宜片面提倡以哪一方为中心。在具体的教学过程中,应当是以教师为主导、以学生为主体。

时代在发展和进步,学生自己就能够接收到大量的信息,如果只是单纯的说教,不能满足他们的求知欲,反而会让学生感觉到枯燥和无趣。因此,需要创新法治教育和道德教育的教学内容与教学方式,提高学生的学习兴趣。

可以在课堂上增设互动环节,提高学生的参与度。例如,课堂上增设更多特色互动环节,如定期举办以道德和法律冲突为主题的辩论会,提高同学的参与度;进行法律经典案例的法庭审判模拟重演,以模拟法庭的形式,鼓励同学参与其中;可定期邀请一些道德模范进入课堂,讲一些自己的心路历程,在潜移默化中对学生进行教导。也可以在课堂上播放真实案例,理论与案例内容相结合,帮助学生进行理解,并加入一些有关于道德和法律的热点事件讨论。

法治教育内容的选择,应当从实际出发,贴近学生、贴近生活,挑选学生在学习生活中用得上的法律知识,并使所学的知识得到实践的检验。同时也要发扬人本主义精神,关注学生的主体性,让学生由消极被动地接受知识教育转向积极主动建构自身的法律知识系统。

改进教学方式,改变老师讲课、学生被动接受的"填鸭式"教学模式。提供给学生更多实践锻炼的机会,通过实践学生可以对法律知识有更深入的认识,将单向理论知识灌输的教学方式转变为理论学习与实践领悟相结合的方式。

一堂生动的法治教学课应当善用鲜活的法律案例、最新的法律经典、法治影视作品等,将理论和实际结合起来,调动学生的学习积极性,还可以开设模拟法庭或法律情景剧等,寓教于乐,丰富法治教育的内容与形式,提高学生学习的兴趣和主动性、积极性、自觉性。要精心打造法治教育金课,让每堂课都富有活力、充满新鲜感,从而激发学生的学习兴趣,增强法治教育的吸引力和获得感,切实改善教育教学效果。

要提高教学的实效性,就要改进陈旧的"一听、二记、三背"的学习模式,不断创新教学方法,激发大学生学习的积极性、主动性、自觉性,提高学生的创新思维能力和自我教育能力。

可以在课堂教学中,采用案例式教学法,利用以真实的法律案件为基础所撰写的案例进行课堂教学,引导学生阅读、分析、评判和讨论,进而得出结论或解决问题的方案,深化对相关法律知识的认知,从而促进学生法治素质的发展。在案例教学中,教师应坚持基础理论与真实案例有机结合的原则,选取的案例应具有典型性、真实性、针对性和启发性。还可以采用讨论式教学法,教师根据教学内容、学生的实际情况,将具有社会性、典型性、启发性的问题提出来,让学生先去阅读教材、查找课外资料,再组织学生发表看法,相互交流,激发思维碰撞,产生思想火花。比如,在法治思维专题中,可以就法律和道德的典型两难案例展开讨论,让学生更深刻地体会现实中存在的某些"合情不合法"的情形,引导学生做出正确评判。

针对课堂教学互动不足、学生注意力分散、气氛不够活跃的问题,注意加强师生互动,注重启发式、参与式、探究式、案例式教学,想方设法调动学生学习的积极性和主动性。在课程学习中,要适当组织学生围绕典型案例和热点话题进行讨论。课堂上增加一些有趣的互动环节甚至是改变传统的课堂形式,尝试反转课堂等新的课堂形式。也可将时事的案例拿到课堂上讨论,激发学生的思考,鼓励学生发表自己的看法。

(五)加强实践教学

实践教学的价值在于"实践育人"。实践的观点是马克思主义理论的精髓。马克思、恩格斯在《德意志意识形态》中写道:"不是从观念出发来解释实践,而是从物质实践出发来解释各种观念形态。"[①]思政课教学内容与社会现实联系紧密,面对和化解的学生思想问题也比较复杂,需要通过内化和外化的动态过程逐步实现知行统一,从而推动受教育者自觉践行社会主义核心价值观。这正是思政课开展实践教学的价值所在,也决定了思政课除了课堂教学的主阵地,走出教室开辟实践教学第二课堂的必要性。

2018年4月,教育部颁发文件《新时代高校思想政治理论课教学工作基本要求》,文件中指出:"实践教学作为课堂教学的延伸拓展,重在帮助学生巩固课堂学习效果,深化对教学重点难点问题的理解和掌握。要制定实践教学大纲,整合实践教学资源,拓展实践教学形式,注重实践教学效果。"因此,应当强化思政课的实践教学,加大实践教学投入,让学生在社会实践中接受教育。

实践教学强调教师的引导和学生的主动参与,鼓励学生带着问题走出课堂,进行理论知识的拓展与深化、实践操作的锻炼与体悟。通过实践教学,学生在实践中达到自我教育、理论联系实际,促成知行统一的效果,进而巩固和深化课堂理论教学成果,实现理论教学与实践教学二者的交汇融通。为了让思政课教学内容更加贴近现实,强化理论联系实际,进一步增强学生学习的获得感,在思政课中普遍增加了实践教学的环节,随着实践教学改革

---

① 中共中央马克思恩格斯列宁斯大林著作编译局.马克思恩格斯文集:第1卷[M].北京:人民出版社,2009:544.

的推进,实践教学环节逐渐已成为思政课教学中的标配。

习近平总书记在全国思想政治理论课教师座谈会的讲话中指出:"要坚持理论性和实践性相统一,用科学理论培养人,重视思政课的实践性,把思政小课堂同社会大课堂结合起来,教育引导学生立鸿鹄志,做奋斗者。"①通过实践教学,促进知行转化,培养学生知行统一。社会实践活动是引导学生走出校门、接触社会、了解国情,使理论与实践相结合的良好形式,是大学生投身改革开放,向群众学习,培养锻炼才干的重要渠道,是提高思想觉悟、增强大学生服务社会意识,促进大学生健康成长的有效途径,有助于大学生更新观念,树立正确的世界观、人生观、价值观。开展社会实践活动,给同学们提供了更多接触社会的机会,拓宽同学们的视野。

高校的社会实践环节还有加强和改进的空间。必须坚持理论与实践的统一,既注意帮助学生认识客观世界,又注重指导学生改造主观世界,使学生通过知行统一进行自我锻炼、自我教育和自我完善,培养良好的思想道德素质和法律素质。法治教育要真正入脑、入心,实践教学是非常有效的一种教学模式。

具体而言,教师根据思政课的教学内容和学生的思想实际设计课堂外的教学实践活动,学生走出课堂,接触社会,使学生在社会实践中加深对理论的理解,并运用所学的理论认识、分析社会现象,将书本的理论知识转化为自身的知识和素质。实践教学的形式可根据实际情况和需要,采取一篇调查报告、一堂微课、一场演讲、一次实地走访、一段短视频、一篇经典原著选读心得、一篇思政课新闻报道、一幅思想艺术作品等多样化的实践形式。

思想道德教育不能仅靠说教,更要靠潜移默化、润物无声的影响,要让学生通过课内和课外教育活动的体验和思考,逐渐形成道德认知和良好的行为习惯,促进学生知、情、意、信、行的协调发展。要建立健全课堂教学和课外活动联动的有效机制,促进课堂教学和社会实践活动有机结合。

(六)构建科学合理的教育教学评价体系

目前,对法治教育和道德教育的评价指标体系还不够完善。中央全面

---

① 习近平主持召开学校思想政治理论课教师座谈会,强调用新时代中国特色社会主义思想铸魂育人,贯彻党的教育方针落实立德树人根本任务[N].人民日报,2019-03-19 (01).

深化改革委员会第十四次会议审议通过了《深化新时代教育评价改革总体方案》，提出了深化新时代教育评价改革应"改进结果评价，强化过程评价，探索增值评价，健全综合评价"，这为构建科学合理的教育教学评价体系确立了方向。法治教育和道德教育的教学评价指标体系是一系列经过系统化的指标集合，应反映评估目标的整体特征，并保证评估能根据指标要求，科学、有效地收集信息，从而对客体进行准确的价值判断。建立健全多元评价机制十分必要，采用教师自评、学生评价、同行评价、督导评价、社会评价等多种方式，对教学质量进行综合评价，对教学过程、教学效果、课程建设进行比较系统、客观的评价，评价的过程应有迹可循、有法可依，使评价更加公正、科学、有效。

（七）改进课程的考核方式

教育部颁发的《新时代思想政治理论课教学工作基本要求》文件，其中对思政课考核环节，明确提出要"改进完善考核方式。要采取多种方式综合考核学生对所学内容的理解和实际运用，注重考查学生运用马克思主义立场观点方法分析、解决问题的能力，力求全面、客观反映学生的马克思主义理论素养和思想道德品质。坚持闭卷统一考试为主，与开放式个性化考核相结合，注重过程考核。闭卷统一考试应集体命题，不断更新题库，提高命题质量。开放式个性化考核应具有严格的组织流程和明确可操作的考核评价标准。要合理区分学生考核档次，避免考核走形式，引导学生更加重视思想政治理论课学习。各门课程均须先学后考，不得以考代学"。

课程考核是整个教学过程的重要环节，对教与学都起着"指挥棒"的作用。如何考核将直接影响老师如何"教"、学生如何"学"。思想教育要做到"入耳、入脑、入心""真学、真懂、真信、真用"，需要发挥考核"指挥棒"的作用，促进师生对法治理论知识的教与学。根据思政课的思想教育的特殊性，思政课的学习考核应体现重学习过程、重学习态度、重知行统一的特点，高校法治教育的考核应少用机械记忆式的学习和考试方式，应更加注重考查学生对所学理论和知识的理解和运用，特别是法治思维能力水平的测试，从而推动教学实效性的提升。

有一种观点认为，思政课目的是思想教育，可以就讲理论不用传授知识。这样做就如同在沙滩上不打地基就起高楼，教学效果堪忧。另一种则是把思政课只作为知识课来上，没有上升到理论高度对学生进行思想引领，忽视了思政课教学的根本目的。因此，必须辩证地看待思政课知识性和理论性的关系。知识建构是理论建构的基石，思政课的教学离不开知识传授，思政课作为课程，首先应当具有知识性，但思政课的教学不仅是单纯的知识传授，是在知识学习中建构理论观点，进而达到在思想意识上引导和影响学生的目的和效果。把知识传授和理论建构结合起来，学生学习思政课才能有更多的获得感。因此，在考核的内容上理论和知识一个都不能少。

改进思想政治理论课考核方式，引导学生更加重视思想政治理论课学习。不断提高命题质量，力求全面、客观反映学生的马克思主义理论素养和思想道德品质。考试内容应当更加注重考查学生对所学理论知识的理解和运用，特别是运用马克思主义立场观点方法分析、解决问题的能力。强化学习过程的考核，加大平时考核的力度，及时对学生的学习效果进行检验与反馈。平时考核应建立起规范的、可操作的考核评价标准和组织流程。

思政课的考核应当重学习过程、重学习态度、重知行统一。考核模式应改变期末一次性考核或偏重期末考核的方式为全过程连续考核模式。通过构建以课堂教学为主阵地，以实践教学、网络教学为两翼的"三位一体"的考核模式，考核环节由课堂教学考核、网络教学考核和实践教学考核三大模块共同构成，发挥多种考核方式的协同性，实现考核过程的全覆盖，进一步提升考核的客观性、公正性。充分利用"互联网＋"和新媒体技术实施在线考核，加强平时的单元性小测，通过平时小测及时发现学生理论知识掌握的薄弱环节，以利于老师有针对性地开展教学。

发挥考核"指挥棒"的作用，促进师生对法治理论知识的教与学。法治教育应少用机械记忆式的学习和考试方式，应更加注重考核学生对所学理论知识的理解和运用，特别是考察法治思维能力水平，从而倒逼教学质量的提升，道德教育方面亦是如此。

（八）改革和完善相关的课程建设

思想政治理论课教学改革在不断深化，改革一直在路上。要加强高校法治教育，就必须下力气进行教学改革，推动教育供给侧改革。

推动相关的课程建设的改革与完善。必须落实法治教育纳入学校课程体系的要求，保证并适当增加法治教育的课时。高校法治教育应专门设置法治教育课程，改变高校法治教育边缘化、弱化的态势。进一步修订完善法治课程教材，优化教学内容，大中小学教学内容要合理衔接，避免简单重复。

应编写符合各阶段学生年龄特点的、系统的法律课程教材,并在教材编写形式上,采取图文并茂等学生喜闻乐见的形式,以提高学生的学习兴趣。

(九)不断充实师资力量

要按照"政治要强、情怀要深、思维要新、视野要广、自律要严、人格要正"的要求,建设一支政治素质硬、业务能力精、育人水平高的法治教育和道德教育的教师队伍。具有能够胜任教育教学任务的师资,是开展思想道德和法治教育的基础和前提。青少年学生的思想道德和法治教育,不是一朝一夕就能够完成的,不能寄希望于仅仅依靠一次性讲授或全靠学生自学完成,需要长期的学习、引导和实践的积累,才能够起到明显的效果。

教育教学的关键在教师,要不断充实法治教育和道德教育的师资力量。应通过做大增量,不断引进人才,壮大从事法治教育的师资队伍,同时优化存量,加强现有师资的培训,提升教师的专业素养。在加强法治教育师资力量建设方面可以采取考虑以下几点措施:(1)加大师资人才的引进力度,特别是对法治理论和法治教育要有足够的认识和研究的人才;(2)加强现有师资的业务培训,解决法治理论和法律知识储备不足、知识老化等问题;(3)提升自我造血能力,在马克思主义理论和思想政治教育学科中增加法治教育人才的培养方向;(4)加强集体备课和同行间的经验交流,努力提高教学能力与教育水平。

在实际教学过程中应考虑优化教师队伍的使用,针对思想道德与法治不同的教学模块可以由不同专业背景、不同科研专长的教师分别教授。"思想道德与法治"这门课由马克思主义学院的老师负责授课,任课教师的专业背景有所不同,有的老师是法学专业背景出身,这样的老师对法律有更全面的掌握和更深刻的理解,也就更适合于讲解法治方面的内容,学生也普遍反映有法律专业背景的老师上法治教育课更为生动有趣,能够对学生法律方面的问题和困惑更准确地进行答疑解惑。换个角度看,在思想道德教育方面亦是同样的情况。毕竟能够做到精通所有专业理论知识,打通不同教学内容模块都能做到精讲的老师少之又少,专业的事情还是需要专业的人士去完成,这样教学质量相对来说才更有可靠的保证。

(十)形成教育合力

各方应各尽其职,形成开展法治教育和道德教育的合力。政府领航教育方向,教育管理部门做好统筹规划,媒体是社会环境教育主抓手,司法部门要走进校园开展模拟实践,家庭是教育大后方,学校是教育主阵地,教师是教育引导者。我们应当将学校教育与家庭教育、社会教育相结合。学校、家庭和社会是学生接受教育信息的三个主要渠道,仅仅通过学校教育难以使法治意识和道德观念深入人心,只有三者紧密结合,才能使学生在耳濡目染的影响下,切实树立起法治意识和道德观念。青少年的法治教育和道德教育要充分发挥学校主导作用,与家庭、社会密切配合,拓宽教育途径,创新教育方法,实现全员、全程、全方位育人。

三、高校法治教育的专题教学设计探索

(一)通过专题式教学实现教材体系向教学体系的转化

要化解思政课教学内容繁多和思政课教学时数有限的矛盾,有效的途径之一就是课堂教学实行专题式教学,再辅之以网络教学,实现线上线下教学相结合,以点带面、点面结合的办法。为了将教材体系转化为教学体系,克服教学内容多而课时有限的矛盾,更好地发挥老师的教学专长和科研支撑教学的作用,同时避免照本宣科,目前高校思政课的教学越来越多采取了专题教学的教学模式,专题教学模式已成为一种常用模式。

教学体系与教材体系二者是辩证统一的关系。一方面,教学体系必须遵循和依据教材体系。教材集中体现着教育思想、培养目标和教学大纲的要求,教学内容的逻辑性根源于教材内容的结构之中。另一方面,教学是在把握教材的基础上对教材的超越。教学体系既要充分体现教材的逻辑结构和主旨内容,又要注意教学内容的可理解性及学生的接受程度。因此,教师对教材的使用应是对教材的二次开发,专题教学内容的生成是依据教材内容再加工设计的成果。

新时代高校法治教育面临的基本教学任务是,学习马克思主义法学理论,深刻理解社会主义法律的本质特征和运行机制,整体把握中国特色社会主义法律体系、法治体系和法治道路的核心要义,培养法治思维,尊重和维护法律权威,自觉依法行使权利与履行义务,做尊法学法守法用法的模范。

法治教育既要培养大学生守法、自觉履行法律义务的责任意识,也要培养依法维权、维护正当合法的自由和利益的权利意识。新时代的高校法治教育应当着重帮助大学生在了解中国特色社会主义法律体系的基础上,深

入学习中国特色社会主义法治理论,理解和掌握全面依法治国的核心要义。因此,高校法治教育教学应努力追求:(1)深化大学生对法治的认识及认同;(2)培养大学生树立法治信仰;(3)提高大学生的法治素养。

教材只是为教学提供了一个基本的依据,在具体的教学中,还需要将教材中简要呈现的内容从理论、历史、现实的角度再作更加丰富的展开,在教学展开中,通过深入浅出的讲解,引导学生理解教材的关键内容,实现教学的基本目的。一般而言,采用专题式教学是解决知识点多和教学课时少之间矛盾的较好方式。

(二)专题教学设计思路

通过精心设计专题教学方案,实现从教材体系到教学体系的转化。笔者认为,结合教材的教学内容和教学目标,可以设计如下教学专题:

1.法治专题一:法的基本理论

这一部分介绍法律的概念、起源和法的核心——权利与义务,在讲述法律权利和义务时,要对大学生进行权利义务观的教育,让学生对法律有一个整体认识,为后面专题的深入打下基础。

2.法治专题二:中国特色社会主义法律体系概述

这一部分介绍我国的实体法律部门和我国的程序法律部门,使学生对我国的法律体系有个整体认识。该部分还将宪法、民法和刑法主要知识点包括在内,比如:结合2018年宪法修正案,阐述宪法的形成与发展、宪法的基本原则与基本制度以及公民基本权利与义务;介绍民法的基本原则、民事主体、民事权利、民事责任和诉讼时效等基础知识;介绍刑法关于犯罪构成、正当防卫与紧急避险以及刑罚等内容。

3.法治专题三:建设法治中国

这一部分是习近平法治思想最集中的体现,具体包括法律的运行和全面依法治国的基本格局、法治体系的主要内容、坚持走中国特色社会主义法治道路等内容。增强大学生对中国特色社会主义法治理论的认同与自信。

4.法治专题四:培养法治思维

该部分主要围绕法治、法治思维的含义与特征,法治思维的基本内容以及如何培养法治思维与尊重维护法律权威,对法治精神的培育结合现实案例进行思考,培养和提高大学生的法治思维能力。

此外,还可以从"四个自信"的角度,设计高校法治教育专题框架:一是马克思主义法学基本理论概述专题,增强对中国特色社会主义法治理论自信;二是中国特色社会主义法律制度概述专题,增强对中国特色社会主义法律制度自信;三是走中国特色社会主义法治道路、建设法治中国专题,增强对中国特色社会主义法治道路自信;四是培育法治思维、弘扬法治精神专题,增强对社会主义法治文化自信。另外,还可以设置社会主义核心价值观融入法治建设专题、宪法修正案专题、民法典专题等法治教学专题。

要提升专题教学质量,一要坚持问题导向。着力解决大学生思想困惑,增强教学的针对性,才能提高思想教育的实效性。二要突出理论的思辨性。通过对问题抽丝剥茧、层层递进的深入分析和阐释,才能有效解决认识误区问题。三要注重理论联系实际。专题讲授光靠理论阐释是不够的,需要我们积极运用现实例子,讲好法治理论的中国故事,让高大上的理论能够接地气地娓娓道来,增进教学的亲和力,才能帮助学生更好地理解和掌握理论。

四、结合《民法典》教育阐释德法兼治的理论与实践

2020 年,中国法治史上的一件大事发生。十三届全国人大三次会议经审议表决通过了《中华人民共和国民法典》(以下简称《民法典》)。《民法典》被称为"社会生活百科全书",从生老病死到衣食住行,涉及每个人的方方面面,与每个人休戚相关,反映了民法对社会生活的普遍规范和指引作用。《民法典》以权利为主线,以保护民事权利为出发点和落脚点,坚持以人民为中心,切实回应人民对法治的需求,更好地满足人民日益增长的美好生活需要,与社会主义核心价值观高度契合,体现我国国情,具有时代特色。《民法典》的颁布是我国在全面推进依法治国进程中所取得的重大成就,意义非凡。党的十八大报告、党的十九大报告都明确指出全面推进依法治国必须坚持依法治国和以德治国相结合的原则。《民法典》全面贯彻这一原则,是体现法治与德治相结合的具体典范,是社会主义核心价值观融入法治建设的重要成果。高校思想政治理论课中的"思想道德与法治"作为对大学生进行法治教育的主渠道,应当在教学中及时反映这一重要的法治建设新成果,并结合《民法典》教育阐释好法治和德治关系的理论与实践,引导大学生充分认识和理解全面依法治国必须坚持德法兼治的重要意义。

(一)《民法典》是法治与德治相结合的具体典范

1986 年制定的《民法通则》,构建了我国民事法律制度的基本框架。经

过多年的改革发展,经济社会发生了深刻变化,民事法律实践中出现的新情况、新问题、新经验亟须通过立法更新,改革成果亦需法律的确认和保护,同时制定民法典的条件也日渐成熟。2014年党的十八届四中全会确定编纂《民法典》的重大政治任务和立法任务。2017年3月15日,作为《民法典》的开篇之作《民法总则》经十二届全国人大五次会议表决通过,迈开了编纂《民法典》的关键一步。2020年5月28日十三届全国人大第三次会议表决通过了7编1260条的《民法典》,于2021年1月1日生效。这是全面推进依法治国、完善中国特色社会主义法律体系,推进国家治理体系和治理能力现代化取得的重大成果。

1.《民法典》的突出亮点——社会主义核心价值观融入法治

《民法典》是我国社会主义法律制度的重要组成部分,具有鲜明的中国特色。《民法典》开篇第一条即规定:"为了保护民事主体的合法权益……弘扬社会主义核心价值观,根据宪法,制定本法。"开宗明义将"弘扬社会主义核心价值观"写入第一条,确立了我国民法的基本价值导向。

《民法典》确立的民事活动应当遵循的基本原则,是社会主义核心价值观在立法上的表达,体现了我国民事法律制度的价值取向。例如,平等原则,民事主体在民事活动中的法律地位一律平等,这是发展社会主义市场经济的客观要求,是社会主义核心价值观中平等观的具体落实。自愿原则,民事主体遵循自愿、自主、自治的原则进行民事活动,体现了保障自由的社会主义核心价值观。公平原则,民事主体在民事活动中应当符合社会公平正义的基本准则,体现了社会主义核心价值观中的公正观。诚信原则,民事活动要遵守诚实信用原则,是社会主义核心价值观中诚信观的具体展现。环保原则,规定民事主体从事民事活动,应当有利于节约资源、保护生态环境,把环保原则确立为基本原则之一,体现了党的十八大以来的新发展理念,也体现了社会主义核心价值观中的和谐观。

《民法典》汲取中华传统文化精华,弘扬中华民族传统美德,处处凸显着中华文化的印记,体现着中华民族的"精气神"。《民法典》不仅是法律条文的汇编,更是一个国家和民族精神的立法表达,对整个国家和民族起到引领的作用。综观《民法典》,把平等、自由、公正、诚信、和谐等理念植入《民法典》,不仅反映了社会主义核心价值观的要求,也是对中华优秀传统文化中讲仁爱、重民本、守诚信、崇正义、尚和合、求大同等思想精华的传承。[①] 体现了鲜明的民族性，彰显了文化自信。这些民法基本原则的确立，在规范人们行为的同时，也给人以更加明确的价值导向，引导人们自觉践行社会主义核心价值观。

2.《民法典》体现法治与德治相融合的若干亮点

《民法典》中有不少体现法治与德治相融合的亮点。例如：

将"失能老人"纳入监护范围。我国原来的民事法律制度中设立的监护制度主要是针对未成年人和精神病人的需要。面对我国已进入老龄化社会的实际，回应老龄化社会面临的问题，《民法典》确立了成年人监护制度，将"失能老人"纳入监护范围，完善了对老年人权益的保护，体现了"尊老"的传统美德。

明确规定保护胎儿利益。《民法典》规定涉及遗产继承、接受赠与等和胎儿利益有关的情形，胎儿视为具有民事权利能力。这不仅是对我国民法的进一步完善，更是一种社会价值观的体现，是在法律上把"爱幼"的传统美德落到实处。

鼓励见义勇为，明确救助者不承担民事责任。见义勇为是中华民族的传统美德，但是由于原先的民事法律规定不够完善，见义勇为者有时可能不仅得不到被救助人的感谢，反而会被追究责任、索要赔偿。近年来，诸如扶老人反被讹的案件一再发生，使越来越多的人对见义勇为产生犹豫。"扶不扶""救不救"的道德困境困扰着人们。加强对见义勇为者的立法保护，体现了国家意志对真善美的倡导。《民法典》第183条规定："因保护他人民事权益使自己受到损害的，由侵权人承担民事责任，受益人可以给予适当补偿。没有侵权人、侵权人逃逸或者无力承担民事责任，受害人请求补偿的，受益人应当给予适当补偿。"这种情形下，受益人适当补偿受害人的损失，符合追求公平正义的社会主义核心价值观的要求。《民法典》第184条进一步规定："因自愿实施紧急救助行为造成受助人损害的，救助人不承担民事责任。"自愿实施紧急救助行为，就道德而言是一种助人为乐的高尚行为。实施紧急救助行为因情况紧急，有时难免造成受助人意外损害。对受助人的损害，理应由违法侵权者承担责任，必要时还可以通过社会救助的方式解

---

① 关于《中华人民共和国民法总则（草案）》的说明［EB/OL］.［2020-07-05］.http://www.npc.gov.cn/npc/lfzt/rlyw/2016-07-05/content_1993422.htm.

决,但不该追究善意救助者的责任。《民法典》明确规定救助人不承担民事责任,是为见义勇为者提供法律保障,给救助行为创造更宽松、更安全、更有利的环境,有助于消除救助人的顾虑,鼓励更多、更果断的见义勇为行为,如此也才能让更多需要帮助的人受益。

保护英雄烈士的人格利益。针对公然诋毁英雄烈士的不良社会现象,《民法典》第 185 条规定:"侵害英雄烈士等的姓名、肖像、名誉、荣誉,损害社会公共利益的,应当承担民事责任。"英雄烈士的精神是社会主义精神文明的重要组成部分。依法保护英雄烈士的名誉,既体现了道德对法律的价值引领,也体现了法律对道德的制度支撑。保护英雄烈士的人格利益,回击少数人的历史虚无主义,表明法律坚定维护革命历史、崇敬先烈、不忘初心的价值观。

强调民事活动不得违背公序良俗。《民法典》第 8 条和第 10 条都明确规定从事民事活动"不得违背公序良俗"。所谓公序,即社会一般利益,包括国家利益、社会经济秩序与社会公共利益;所谓良俗,即一般道德观念和良好道德风尚,包括社会公德、商业道德和社会良好风尚。《民法典》之所以要规定公序良俗原则,是因为立法不可能预见一切损害国家利益、社会公益和道德秩序的行为而做出详尽的禁止性规定,故设立公序良俗原则,以准用道德规范的形式弥补法律禁止性规定中的不足,当遇有损害国家利益、社会公益和道德秩序的行为而又缺乏相应明确、具体的禁止性法律规定时,法院可直接依据公序良俗原则认定该行为无效。公序良俗不仅是人们内心的道德评判标准,而且成了判断民事行为法律效力的重要依据,其价值在于将道德伦理引入法律适用,起到扩充法律渊源、弥补法律漏洞的作用。中华传统法律文化具有援礼入法的特征,向来强调法律与社会伦理道德、风俗习惯的一致性。《民法典》批判继承了中华传统法律文化,把公序良俗作为开展民事活动和处理民事纠纷的法律依据,公序良俗的法律化有助于传承和弘扬传统美德,体现了法与德的有机融合。

维护医学和科研的伦理道德。根据《民法典》第 1009 条的规定,从事与人体基因、人体胚胎等有关的医学和科研活动,应当遵守法律、行政法规和国家的有关规定,不得危害人体健康,不得违反伦理道德,不得损害公共利益。这一规定体现了对人的生命的尊重和维护人格尊严的价值观。

高度重视人身关系。《民法典》第 2 条规定:"民法调整平等主体的自然人、法人和非法人组织之间的人身关系和财产关系。"和原先《民法通则》的表述不同,把人身关系置于财产关系之前的这种表述,表明了《民法典》对人身关系的高度重视。这为婚姻家庭法律关系明确了价值导向,充分体现了婚姻家庭的伦理性,同时把"树立优良家风、弘扬家庭美德"写进了《民法典》,有助于构建文明和谐的婚姻家庭关系。

人格权独立成编是世界民事立法的首创之举。《民法典》中人格权编的条文,阐明了人格权的基本内容,对生命权、健康权、名誉权、隐私权等民事主体享有的各项人格权进行了具体规范。《民法典》明确个人隐私、个人信息、网络虚拟财产等受法律保护,适应了互联网和大数据时代发展的需要,对新时代下的权利诉求做出了积极回应。《民法典》回应社会大众对相关权利保护的关切,体现了"立法为民"的精神。

完善合同法律制度,弘扬诚实守信的中华民族传统美德。针对社会中一些当事人不信守合同义务、欠债不还等突出问题,为构建诚信社会,保障债权顺利实现,防范违约可能导致的债务风险,除了在总则里把诚信定为民法基本原则外,在《民法典》合同编具体完善了合同保全、借款合同、融资租赁合同等有关规则,并增设专章规定了保证合同。体现了善用法治手段解决道德领域突出问题的思路,客观上强化了法治对于道德的支撑作用。

新增追究性骚扰的民事责任。《民法典》第 1010 条规定,违背他人意愿,以言语、行为等方式对他人实施性骚扰的,受害人有权依法请求行为人承担民事责任。机关、企业、学校等单位应当采取合理的预防、受理投诉、调查处置等措施,防止和制止利用职权、从属关系等实施性骚扰。这一规定体现了男女平等,维护妇女合法权益的精神,彰显现代社会的道德文明。

放宽诉讼时效。过去《民法通则》规定的普通诉讼时效期是 2 年,现在《民法典》改为 3 年,并且抚养费、赡养费、扶养费的追索不受诉讼时效的限制。《民法典》的这些新规定有利于债权人维权,有利于家庭成员更充分地维护自己的合法权利。营造有利于保护权利人合法权益的环境,才能更好地维护社会公平正义。

此外,完善代位继承制度,减少遗产纠纷;为解决居民小区纠纷提供法律依据,维护和谐邻里关系;规定"自助行为"制度,引导社会成员合理维权;完善离婚损害赔偿制度,保护无过错方权益;完善公平责任原则,使公平责任更加公平合理……纵观《民法典》全文,社会主义核心价值观始终贯穿其中,德法兼容并蓄是其突出亮点,《民法典》以其鲜明价值导向,彰显"法安天下、德润人心"的精神,堪称全面推进依法治国中坚持法治与德治相结合的典范,是社会主义核心价值观与法治建设相融合的具体成果。

(二)结合《民法典》教育讲好法治与德治关系的中国故事

作为时代新人的大学生是中国特色社会主义的建设者和接班人,能否正确对待法治和德治的关系,将对国家和社会的治理方式有深远影响。要引导大学生正确理解依法治国和以德治国的关系,厘清一些模糊甚至错误的认识,这就需要我们对法治与德治关系问题进行深入研究,对相关内容教学改进方法、创新方式,才能更好地引导大学生准确把握相关理论,进一步加深大学生对法治和德治及其关系的理解。

2020 年 5 月 29 日,《民法典》刚通过的次日,中央政治局就"切实实施民法典"举行第二十次集体学习。习近平总书记在学习中指出:"民法典在中国特色社会主义法律体系中具有重要地位,是一部固根本、稳预期、利长远的基础性法律,对推进全面依法治国、加快建设社会主义法治国家,对发展社会主义市场经济、巩固社会主义基本经济制度,对坚持以人民为中心的发展思想、依法维护人民权益、推动我国人权事业发展,对推进国家治理体系和治理能力现代化,都具有重大意义。"习近平总书记还强调:"民法典要实施好,就必须让民法典走到群众身边、走进群众心里。要广泛开展民法典普法工作,将其作为'十四五'时期普法工作的重点来抓……要把民法典纳入国民教育体系,加强对青少年民法典教育。"随后习近平总书记在《求是》杂志发表文章指出,要加强《民法典》普法工作。广泛开展《民法典》普法工作,将其作为"十四五"时期普法工作的重点来抓。把《民法典》纳入国民教育体系,加强对青少年《民法典》教育。聚焦《民法典》总则编和各分编需要把握好的核心要义和重点问题,阐释好《民法典》的基本原则、基本要求和一系列新规定新概念新精神。①

2020 年 7 月中宣部、教育部等八部门联合印发通知,部署开展《民法典》学习宣传工作。通知要求,在全国深入开展《民法典》学习宣传活动,要深入学习宣传习近平总书记关于全面依法治国的重要论述特别是关于《民法典》的重要指示精神,深入学习宣传实施《民法典》的重大意义,深入学习宣传《民法典》的基本原则和主要内容,让《民法典》走到群众身边、走进群众

---

① 习近平.充分认识颁布实施民法典重大意义,依法更好保障人民合法权益[J].求是,2020(12).

心里。通知指出,把《民法典》教育纳入国民教育体系,加大《民法典》在大中小学法治教育中的内容占比。[①]

联系《民法典》阐释法治与德治相结合理论,以此作为契合点,对学生进行《民法典》教育,可以一举两得,实现《民法典》教育与思想政治理论课教学的有机融合。《民法典》的有关学习内容可与阐释德法兼治理论相结合,使理论阐释更加密切联系实际,同时也可提高《民法典》学习的理论高度。

专题教学已成为思想政治理论课教学改革常用的一种典型模式。专题教学需要坚持以问题为导向,在"基础"课的教学中,可以围绕法治和德治相结合这一重大理论与实践问题,精心组织设计教学专题。专题讲授中光靠理论阐释是不够的,需要我们联系实际,积极运用现实例子,讲好法治与德治关系理论的中国故事。作为社会主义核心价值观融入法治建设的生动篇章,《民法典》的有关内容可在"基础"课的相关专题教学中结合运用,联系如前述的《民法典》有关内容进行阐释,穿插具体案例,充分挖掘新出炉的《民法典》资源,优化教学内容,让理论能够更接地气,更好地对学生进行答疑解惑,帮助学生走出认识误区,准确把握法律与道德、法治与德治、依法治国和以德治国的辩证关系,树立起正确的法治观。进一步加深大学生对法治与德治相结合理论的理解。

《民法典》以法律确立伦理价值导向,引导全社会崇德向善,成为法治和德治相结合的具体典范。法治教育应积极结合《民法典》阐释法治和德治关系的理论与实践,使大学生深刻认识法律的道德底蕴,进一步加深大学生对依法治国与以德治国相结合原则的理解,坚定对中国特色社会主义法治的认同与自信。

---

① 中宣部等八部门联合印发通知 部署学习宣传民法典[N].光明日报,2020-07-14.

参考文献

[1]中共中央马克思恩格斯列宁斯大林著作编译局.马克思恩格斯全集:第3卷[M].北京:人民出版社,2002.

[2]毛泽东.毛泽东选集:第4卷[M].北京:人民出版社,2006.

[3]邓小平.邓小平文选:第1卷[M].北京:人民出版社,1994.

[4]邓小平.邓小平文选:第2卷[M].北京:人民出版社,1994.

[5]邓小平.邓小平文选:第3卷[M].北京:人民出版社,1993.

[6]习近平.习近平谈治国理政:第1卷[M].北京:外文出版社,2014.

[7]习近平.习近平谈治国理政:第2卷[M].北京:外文出版社,2017.

[8]习近平.习近平谈治国理政:第3卷[M].北京:外文出版社,2020.

[9]习近平.习近平谈治国理政:第4卷[M].北京:外文出版社,2022.

[10]习近平.论坚持全面依法治国[M].北京:中央文献出版社,2020.

[11]中共中央宣传部,中央全面依法治国委员会办公室.习近平法治思想学习纲要[M].北京:人民出版社,学习出版社,2021.

[12]中共中央宣传部.习近平新时代中国特色社会主义思想三十讲[M].北京:学习出版社,2018.

[13]中共中央宣传部.习近平新时代中国特色社会主义思想学习纲要[M].北京:学习出版社,人民出版社,2019.

[14]中共中央文献研究室.习近平关于全面依法治国论述摘编[M].北京:中央文献出版社,2015.

[15]江泽民.江泽民文选:第2卷[M].北京:人民出版社,2006.

[16]中共中央文献研究室.江泽民论有中国特色社会主义(专题摘编)[M].北京:中央文献出版社,2002.

[17]中国法学会研究部.马克思恩格斯论法[M].北京:法律出版社,2010.

[18]王磊.马克思恩格斯论道德[M].北京:人民出版社,2011.

[19]本书编写组.思想道德修养与法律基础[M].北京:高等教育出版社,2018.

[20]本书编写组.思想道德与法治[M].北京:高等教育出版社,2021.

[21]《习近平法治思想概论》编写组.习近平法治思想概论[M].北京:高等教育出版社,2021.

[22]本书编写组.习近平总书记教育重要论述讲义[M].北京:高等教育出版社,2020.

[23]骆郁廷.思想政治教育原理与方法[M].北京:北京师范大学出版社,2019.

[24]张耀灿,等.现代思想政治教育学[M].北京:人民出版社,2006.

[25]陈立思.比较思想政治教育[M].北京:中国人民大学出版社,2011.

[26]《伦理学》编写组.伦理学[M].北京:高等教育出版社,人民出版社,2012.

[27]张文显.法理学[M].北京:高等教育出版社,北京大学出版社,2011.

[28]中共中央宣传部理论局.法治热点面对面[M].北京:学习出版社,人民出版社,2015.

[29]中共中央宣传部理论局.中国制度面对面[M].北京:学习出版社,人民出版社,2020.

[30]全国"八五"普法学习读本编写组.大学生法治教育读本[M].北京:法律出版社,2022.

[31]韩震,严育.社会主义核心价值观·关键词:法治[M].北京:中国人民大学出版社,2015.

[32]罗翔.法治的细节[M].昆明:云南人民出版社,2021.

[33]苏力.法治及其本土资源[M].北京:北京大学出版社,2015.

[34]王利明.法治:良法与善治[M].北京:北京大学出版社,2015.

[35]梁治平.论法治与德治:对中国法律现代化运动的内在观察[M].北京:九州出版社,2020.

[36]颜晓峰.建设法治中国[M].北京:社会科学文献出版社,2015.

[37]钟枢.法治中国建设述要[M].北京:当代世界出版社,2021.

[38]公丕祥.马克思主义法学中国化的进程[M].北京:法律出版社,2012.

[39]易中天.帝国的终结:中国古代政治制度批判[M].上海:复旦大学出版社,2007.

[40]刘平.法治与法治思维[M].上海:上海人民出版社,2013.

[41]高国安,刘允正.以德治国方法论[M].北京:经济管理出版社,2002.

[42]谢岳,程汝竹.法治与德治[M].南昌:江西人民出版社,2003.

[43]怀效锋.德治与法治研究[M].北京:中国政法大学出版社,2008.

[44]纳麒,吕怀玉.哲学视野:法治与德治新论[M].北京:社会科学文献出版社,2010.

[45]杨俊一.依法治国的理论与实践创新研究[M].上海:上海社会科学院出版社,2015.

[46]王红梅.高校法治教育实效性研究[M].北京:中国社会科学出版社,2021.

[47]卢涛,李军海.大学生法治观念和契约精神养成研究[M].北京:经济科学出版社,2017.

[48]邢国忠.社会主义法治理念教育研究[M].北京:中国社会科学出版社,2011.

[49]吕微平,曾炜琴.法安天下,德润人心——厦门大学新时代中国特色社会主义法治建设学术研讨会论集[C].厦门:厦门大学出版社,2019.

[50]吕微平.德治与法治相结合的社会治理情况调查[M].厦门:厦门大学出版社,2019.

[51]习近平.思政课是落实立德树人根本任务的关键课程[J].求是,2020(17).

[52]习近平.坚定不移走中国特色社会主义法治道路 为全面建设社会主义现代化国家提供有力法治保障[J].求是,2021(05).

[53]习近平.充分认识颁布实施民法典重大意义 依法更好保障人民合法权益[J].求是,2020(12).

[54]习近平.加快建设社会主义法治国家[J].求是,2015(01).

[55]本刊评论员.必须坚持依法治国与以德治国相结合[J].求是,2014(24).

[56]陈大文.关于大学生道德教育与法制教育有机结合的探讨[J].思想理论教育导刊,2011(03).

[57]张会峰.社会主义核心价值观中"法治"及相关问题阐析——兼论大学生法治观教育中必须澄清的几个问题[J].思想政治教育导刊,2015(06).

[58]罗国杰,夏伟东.论"以德治国"[J].求是,2001(15).

[59]沈荣华.法治现代化论[J].新华文摘,2001(03).

[60]王千华.中国法治与德治辨析——在传统与现代语境之间[J].中共中央党校学报,2001(04).

[61]丁锐华.胡锦涛同志民主法治与德治思想解析[J].毛泽东思想研究,2010(03).

[62]童潇.社会管理创新中的法德共治模式及其运行机制[J].科学社会主义,2012(02).

[63]李叔龙.论社会体制转型期的"法治"与"德治"[J].思想理论教育导刊,2013(09).

[64]齐强军,王军伟.论"德治"的法治基础及作用机理[J].社会科学家,2015(03).

[65]李良栋.坚持法律的规范作用与道德的教化作用相结合[J].社会科学研究,2015(02).

[66]奚广庆.依法治国需与以德治国相结合[J].中国特色社会主义研究,2015(01).

[67]关健英,王颖.法治与德治:思想史的视角及现代审视[J].齐鲁学刊,2015(06).

[68]杨伟清.法治与德治之辨[J].道德文明,2015(05).

[69]王伟,汪荣有.德法并举:实现社会治理水平现代化的根本途径:"社会治理中的法治与德治"研讨会综述[J].道德文明,2015(05).

[70]罗文.新时代法治教育研究[M]//高等教育教学实践探索——厦门大学解决方案.厦门:厦门大学出版社,2020.

后　记

　　不忘初心，方得始终。本书的撰写缘起 2016 年获得的教育部高校示范马克思主义学院和优秀教学科研团队建设项目"法安天下、德润人心——法治和德治关系的理论与实践研究"，作为该课题的研究成果，书稿于 2020 年 6 月完成初稿，几经修改终于成书。

　　在本书成稿和所依托的课题申报、研究的过程中，除了笔者自身的耕耘，还得到了许多方面的协助和支持，在此表示衷心的感谢！感谢本课题组的成员章舜钦、曾炜琴、吴文琦、吕微平、郑雁、王圣宠等老师对课题研究的积极参与。感谢厦门大学马克思主义学院石红梅教授、厦门大学社科处等方面的帮助与支持。感谢各位书稿评审专家给予的宝贵意见。感谢参与本课题调研并撰写调查报告的诸位同学：厦门大学马克思主义学院邓登瑶、葛开勇，管理学院单淑瑶、王文慧、陈思远、王雨霏、邵玥、易舒云、李嘉琪、邓雯丹、周晓晴、王瑜、吴欣婧，以及人文学院田洋戈、朱梦瑶、王佳佳、张佳琪。本书的出版，特别感谢马克思主义学院领导的大力支持。此外，还要感谢我的家人，本书能够得以完成离不开你们的支持！

　　本书是笔者对法治和德治及其关系的理论与实践问题的一次梳理与思考，由于水平所限，所述内容、观点仅是个人的认识与理解，疏漏与不足之处敬请专家学者斧正。

　　谨以此书献给我的母校厦门大学百年华诞。愿法安天下、德润人心！

罗　文

2021 年 11 月 30 日于厦大海韵北区